应用社会心理学新论

李伟民　戴健林　著

人民出版社

责任编辑：陈寒节

责任校对：湖　催

图书在版编目(CIP)数据

应用社会心理学新论/李伟民　戴健林　著

－北京：人民出版社，2006.12

ISBN 7－01－005967－5

Ⅰ.应... Ⅱ.①李... ②戴... Ⅲ.社会心理学　Ⅳ.G912.6

中国版本图书馆 CIP 数据核字(2006)第 141312 号

应用社会心理学新论

YINGYONG SHEHUI XINLIXUE XINLUN

李伟民　戴健林　著

人 民 出 版 社 出版发行

(100706　北京朝阳门内大街 166 号)

北京市双桥印刷厂印刷　新华书店经销

2006 年 12 月第 1 版　2006 年 12 月北京第 1 次印刷

开本：710 毫米×1000 毫米 1/16　印张：15

字数：228 千字　印数：3000 册

ISBN 7－01－005967－5　定价：28.00 元

邮购地址：100706　北京朝阳门内大街 166 号

人民东方图书销售中心　电话：(010)65250042　65289539

目　录

前　言

　　本书是我们所承担的国家社会科学基金项目"西方社会心理学应用研究的新进展"的研究成果,该项目自立项之日起至今日完成费时多年,其间因研究队伍的调整变动、文献资料的繁杂以及初期成果的修改评审,使我们不得不一再地修改和重新确定研究的具体内容、主题方向乃至整体的架构,深感对于一门不断发展更新的学科以及其日益拓展前沿研究的理解与把握绝非轻易之事。幸有国家社科基金办的同志们一以贯之的支持,方能坚持如初,才有今日眼前的这本著作。在此要向国家社科基金表示诚挚由衷的感谢。

　　应用社会心理学的产生离不开社会心理学面向社会现实所进行的应用研究,但是其并不能简单地等同于这些应用研究。在20世纪40年代时库特·勒温就开始了围绕食物习惯改变进行的社会心理学应用研究并率先倡导以解决社会冲突和问题为取向的"行动研究",但在后来四十多年社会心理学的发展过程中这种应用取向的研究既未得到进一步的发展,也未能对社会心理学的学科发展产生明显的影响。直到20世纪70年代时,伴随着社会心理学自身发展所遭遇的学科范式的危机以及产生重大影响的社会问题的出现,对社会心理学基础研究的反思和自省以及对社会心理学应用研究的重新关注和重视,才为关注现实解决现实问题的社会心理学应用研究开启了重生的大门,也为应用社会心理学的产生确立了学科专业的应有位置。时至今日,应用社会心理学的研究不仅得到了明显加强和增进并已受到越来越多社会心理学家的关注与重视,而且应用社会心理学的发展也已成为当今社会心理学学科发展的重要方向之一,成为了社会心理学有效地运用于其他学科与现实社会的主要途径。

　　国内社会心理学界对应用社会心理学的了解认识与传播开始于20世纪80年代末,吴江霖教授较早地撰文介绍和讨论了社会心理学应用研究的主要内容和领域(1989),其后张少波等将J.韦恩特著的《应用社会心理学》翻译出版(1991),为人们了解和学习国外应用社会心理学的研究提供了一个直接客观的模本,进一步有关应用社会心理学学科研究与发展的系统总结、推广和研讨则起自乐国安教授主编出版的《现代应用社会心理学》(1995)和《应用社会心理学》(2003)两本著述以及相关的研究论文。由此可见,应用社会心理学的研究在国内已有了一定的知识基础与一个较好的开端,进一步发展则需要跟随学科前沿和密切联系国情实际地深入研究了。

　　本书为应用社会心理学通论性著作,着重分析探讨和论述了应用社会心理学学科研究的基本原理、学科特征以及相关的基础理论问题与主要研究方法,侧重阐述了应用社会心理学广泛研究并具有独特性的主要领域和内容,较为全面地叙述介绍了国外应用社会心理学研究的最新进展和发展动态。

　　考虑到应用研究所涉及的一些基础、原理性问题往往影响着学科研究的定位和取向,对此我们在书中进行了尝试性的探索和讨论。我们认为应用社会心理学的研究应包括研究的应用和应用研究两个方面,前者指运用社会心理学研究所得的知识和理论分析、解答与应对各种实际问题,后者则指运用社会心理学研究的观察视角、分析思路以及研究方法分析、解答与应对各种实际问题,两方面相辅相成,互相促进。应用社会心理学应成为一种"行动中的社会心理学"与注重影响干预的方法技术对策研究的有实践效用的社会心理学。应用社会心理学与应用心理学之间应有所差异与不同,应用社会心理学的研究应重视和考虑到文化观念、价值取向和社会道德的影响,应强调应用社会心理学的研究集中在现实社会中的"社会性领域",而不是"自然性领域"。在具体的应用研究中不应放弃理论知识的探讨与积累,而是应侧重有助于实际问题分析解决的分析型中层理论和应对型小型理论的研究,以使科学与技术在应用社会心理学研究中得到较好结合与相辅相成的效用。

　　在本书的写作过程中,我们尽量地参考了国内外有关应用社会心理学研究的重要与新近的研究成果,并努力准确完整地将这些研究成果融会于本书的内容之中,没有这些先行者的辛勤努力与贡献,本书的完成是难以想象的,为此我们要对书中参考和引证的各种著述与文献的作者表示深深的敬意与感谢,科学研究的每一步前进都离不开前人的积累与奉献。对于书中文献资料的引证与转述中所可能存在的差错与失误,我们愿意承担起完全的责任。

由于缺乏足够的有关书籍和文献资料以及我们的水平能力的局限,因而在本书的写作中未能将著述的应用研究内容包含容纳更多的新近研究内容,如原先拟定的关于社区和社会问题方面的应用研究内容等,这些内容都是比较新和比较前沿、且符合我国国情实际需要的重要内容,今后的研究尚有待就此展开进一步的深入探讨与实证分析。对于书中存在的不足和问题,我们深感不安,并恳请同行与读者给予指正与不吝赐教。

本书各章的写作主要由李伟民和戴健林两人完成,其中第一章由李伟民和戴健林两人共同完成,第二章、第三章和第八章由李伟民单独完成,第四章和第五章由戴健林单独完成,第六章与第七章分别由李伟民与张照、李伟民与李璐、陈明哲共同完成,初稿完成后由李伟民进行了全稿的统编。在此对参与本书写作的其他作者表示感谢。

人民出版社的陈寒节先生对本书的出版予以了积极大力支持和及时有效帮助,没有这些支持与帮助,本书的著述将有可能束之于高阁而难以面市。对此我们表示由衷和诚挚的感谢。

李伟民(广州中山大学社会学系)
戴健林(华南师范大学公共管理学院)
2006 年 10 月于广州

第一章　应用社会心理学的由来与进展

任何门类的科学研究都有基础研究(basic research)与应用研究(applied research)的区分,对于心理学来说,也是如此。按照德国应用心理学大师闵斯特伯格(H. Münsterberg)的说法,心理学的基础研究只是关心理论上的对人的理解,而应用研究的主旨则在于把科学的心理学的原理服务于人们的实际目标。① 若以此见解来看待作为心理学的重要分门的社会心理学,那么我们也可以顺理成章地按照最常为教科书引用的奥尔波特(G. W. Allport)关于社会心理学的定义,把基础社会心理学的目标描述为理解个体的思想、情感和行为怎样受到他人真实的、想象的或潜在的存在影响,而把应用社会心理学的目标看作是试图运用由基础研究得到的理论、原理和知识来解决社会所面临的现实问题,并可把这种对现实社会问题的干预的目的看作是直接影响人们的行为。我国社会心理学界的元老、著名心理学家吴江霖也曾经明确指出:"社会心理学的基础研究主要注意发现社会心理学的基本知识而不顾及或不大顾及它的即刻的实用价值。社会心理学的应用研究主要注意找寻解决某些社会问题的具体办法而不顾及或不大顾及社会心理学基本知识的搜集。"②

然而,正如美国社会心理学家韦恩特(J. M. Weyant)所指出的那样,社会心理学的基础领域和应用领域的界限并非人们想象的那么清晰,大量的研究

① H. 闵斯特伯格著,邵志芳译,《基础与应用心理学》,浙江教育出版社 1998 年版,第 298 页。
② 吴江霖:《建设中国马克思主义社会心理学的根本问题》,原刊于《广州师院学报》1989 年第 2 期,见吴江霖著:《心理学论文集》,广东人民出版社 1991 年版,第 240–252 页。

工作很难被明确地归入基础研究或是应用研究的范畴之内,因为这些工作既可能增进了人们对相关问题的理解,也可能包含了对实际问题的解决。① 因此,要清晰地描述阐明应用社会心理学研究的领域、对象及特点等问题将可能是一项十分复杂的工作。对此,需要首先考察了解一下应用社会心理学自身的由来发展、现状与进展,由此才能形成关于应用社会心理学全面系统的认识与了解。

第一节　社会变迁与应用社会心理学的发展

社会变迁发展中的现实需要是任何一门学科发展的巨大推力,这是毋庸置疑的事实,社会心理学也不例外。

然而,如果回顾社会心理学的发展历史,在社会心理学诞生的 1908 年之前,似乎没有明显的证据表明有什么解决社会现实问题的迫切需求驱使着标志这一诞生的两本教科书——麦独孤(W. McDougall)的《社会心理学导论》和罗斯(L. Ross)的《社会心理学:大纲与资料集》——的出版,而更多地表明这门学科的出现只是从古希腊到 20 世纪初的漫长历史中某种知识或理智发展的逻辑必然。② 即使是在社会心理学正式诞生后的相当长一段时间,其发展的主流趋势均是关注实验室实验,即从原先带有明显思辨性质的描述性研究转向实验研究,对着眼于现实效用的应用研究不感兴趣。其中的代表人物是美国实验社会心理学大师奥尔波特(F. H. Allport)。在 1916 年到 1919 年间,奥尔波特在哈佛大学完成了一系列关于社会促进作用的实验室实验,用以说明群体对个体运动的影响;1924 年,奥尔波特出版了社会心理学历史上首次

---

① J. M. 韦恩特 著,张少波 等译,《应用社会心理学》,东南大学出版社 1991 年版,第 3—6 页。
② 一般认为,社会心理学的思想渊源可以追溯到古希腊,参见高觉敷主编:《西方社会心理学发展史》,人民教育出版社 1991 年版;W. S. 萨哈金著:《社会心理学的历史与体系》,周晓虹等译,贵州人民出版社 1991 年版;周晓虹著:《现代西方社会心理学史》,中国人民大学出版社 1993 年版;刘恩久主编:《社会心理学简史》,江苏教育出版社 1988 年版。

依据实验材料写成的《社会心理学》一书。奥尔波特所倡导的社会心理学研究的实验主义立场,对这门学科在现代发展的影响十分巨大,以至于"社会心理学已经几乎无例外地都成了'实验'社会心理学,甚至当代欧洲社会心理学家也认为他们是实验家"。①

一、霍桑研究:社会心理学应用研究的滥觞

如上所述,社会心理学在诞生以后,实验主义立场的基础研究是发展的主流,社会心理学家似乎很少有意识地关注这门学科的现实效用。直到20世纪20年代末期,这种情况才有了改变,其标志是以美国哈佛大学心理学家梅奥(G. E. Mayo)为首的研究小组在对芝加哥的西方电气公司霍桑工厂的研究中,"偶然"发现社会心理因素对提高生产效率和员工的满意程度具有很大影响。众所周知,这一发现对于现代组织管理思想的变革具有里程碑式的意义。

19世纪末20世纪初,在相当长的一段时间里,西方管理的理论和实践所关注的焦点是包括工厂的照明条件、通风状况、刺激性的工资制度以及合理的休息时间等因素对生产效率的影响,人们普遍认为,物质工作环境和工人的健康状况与生产效率之间存在着明确的因果关系。霍桑工厂是一个从事电话、电报设备制造的工厂,具有较好的工作条件,比较完善的娱乐设施、医疗制度和养老金制度等,但员工们仍然愤愤不平,生产业绩也很不理想。为探求原因,1924年11月,美国国家科学院的全国科学研究委员会决定组织一个由心理学家等各方面专家组成的研究小组在霍桑工厂进行研究。

这个研究小组起先主要从事工作条件与生产效率关系的考察。他们进行了多种试验,目的是测试某些工作条件的改变——例如改变照明度、改变支付工资的办法、让工人提前下班、延长休息时间、供应点心等——对生产效率的影响,也即考察照明强度等物质条件与生产效率之间是否存在线性的因果关系。但实验结果却表明上述条件的变化对生产效率不发生多大影响。

----

① J. P. 查普林和 T. S. 克拉威克著,林方译,《心理学的体系和理论》(下),商务印书馆1984年版,第329页。

这样的实验进行了近 3 年的时间,研究小组无法对上述结果进行解释,因此他们最终只得放弃研究。

1927 年,梅奥领导另一个研究小组,与西方电气公司的有关人员一起,继续在霍桑工厂进行试验。

研究小组提出了新的理论假设,它们是:

1. 改进物质条件和工作方法导致产量的增加。

2. 工间休息和缩短工作日,可解除疲劳。

3. 工间休息可减少工作的单调性。

4. 个人计件工资制,对增加产量可起促进作用。

5. 管理方法的改变,即人际关系的改善使得工人的态度得到改进,并使产量得到提高。①

梅奥等人对这 5 个假设——进行检验,其结果是前面 4 个假设均先后被否定,而只有第 5 个假设得到了验证。研究人员认为,不是工资,也不是照明度和工作时间等其他条件,而是改善了的由人际关系所制约的"士气",导致了工人工作积极性的提高,并最终导致了生产效率的提高。更确切地说,组织中的非正式群体的人际关系才是生产率和工人满意度强有力的决定因素。

显然,霍桑研究不是一项社会心理学的应用研究,因为研究者的最先目的是控制诸如照明和工作时间改变等非社会心理的变量对产量的影响,只是由于研究过程中得到的令人惊讶的发现才促成了组织管理研究中对人际关系的重视,然而不管怎样,霍桑研究为社会心理学干预企业管理打开了一条影响深远的通路,霍桑研究以及在此基础上建立起来的人际关系学说对于把管理方式从重视物质因素的阶段推进到重视人的因素的新阶段作出了历史性贡献。正因如此,霍桑研究不仅是社会心理学应用研究的开局——尽管这不是一项社会心理学家有意识进行的应用研究,而且成为了应用社会心理学的一个分支——工业社会心理学(当代管理心理学的前称)诞生的标志。②

---

① 见俞文钊编著:《管理心理学》,甘肃人民出版社 1989 年版,第 58 页。

② 见乐国安主编:《应用社会心理学》,南开大学出版社 2003 年版,第 2 页。

20 世纪 30、40 年代,尽管西方社会心理学家的主要旨趣仍然集中在实验室实验,但也有不少人开始把关注的目光投向现实世界的各种问题。由于世界性的经济危机和其后的第二次世界大战爆发的刺激,社会心理学家把比较多的精力投入到对与那个特定时期出现的特殊问题的研究,涌现出一批应用研究的成果。尤其是战争环境为社会心理学和其他学科的学者们提供了独一无二的社会实验室,社会心理学家也开始获得"社会工程师"的称号。为了适应战争的需要,一大批美国社会心理学家和其他学者一起被政府征召,并受军方资助,投入到一系列与战争有关的社会问题的研究中,其中涉及人员管理和士兵招募,敌方和己方士兵的士气及其调控,宣传战和心理战,德国和日本的民族性格,战略轰炸对敌方的影响等。这期间的一个代表人物是公认的社会心理学大师勒温(K. Lewin),他不仅在基础研究方面极有建树,而且也是应用研究的富有创意的倡导者。

二、勒温:社会心理学应用研究的创始

回顾社会心理学的发展,大概没有谁会否定勒温在当代社会心理学中的巨大影响,美国著名社会心理学家费斯廷格(L. Festinger,1980)在他主编的《社会心理学回顾》一书中,曾这样评价勒温对当代社会心理学的影响,他说:"正如在今天很少被提到但却改造了人类学面貌的鲍亚士一样,勒温对社会心理学有着一种普遍而深刻的影响。他的思想以及其意义和内涵,曾严密指导了研究的方向,并被纳入修改,而具体表现为更为新颖而特殊的理论体系。"[①]我国有学者认为,由勒温开创的所谓"勒温传统",与精神分析和行为主义一道,共同构成了当代社会心理学的三大思想传统或三种主要范式。[②]众所周知,勒温的场论,他的群体动力学研究,提供给后人以无穷的思想灵感。

实际上,当代社会心理学中的应用研究也是由勒温开创和奠定的。勒温在提供给社会心理学许多独具创意的概念和理论之外,也非常重视运用社会

---

① 转引自高觉敷主编:《西方社会心理学发展史》,人民教育出版社 1991 年版,第 137 页。
② 转引自高觉敷主编:《西方社会心理学发展史》,人民教育出版社 1991 年版,第 137 页。

心理学的原理解决现实问题,促进社会变革。许多人认为,他领导的"食物习惯改变的研究"是应用社会心理学出现的一个重要标志,也是应用社会心理学的一个经典范例;他倡导的将理论研究与社会实践相融合的"行动研究"(action research),作为一种被普遍接受的研究方法或方法论,对后来的社会心理学以及其他一些领域的发展亦具有深远的影响。

(一)食物习惯改变的研究

第二次世界大战时期,由于好的肉食要供应前线,普通老百姓的肉食供应变得短缺起来,因此如何使得普通家庭通过食用动物的内脏器官来代替牛肉牛排以维持肉食供应变得至关重要。由于美国人普遍喜爱食用其他部位的肉,因此要劝说老百姓食用内脏并非易事。勒温和其他人——其中包括著名的文化人类学家米德(M. Mead)——一起,接受政府部门的委托来共同解决这一问题。他以"人们为什么吃他们所吃的食物"这一问题来开始这项研究,在研究过程中,他应用了自己的场论。按照这一理论,人们的许多行为习惯要改变起来相当困难,因为这些习惯都是在某一社会背景下形成的,而且普遍得到了巩固。如果某个个体试图改变这些习惯,那么他会受到别人的抵制。例如,在我们的社会中,在餐桌旁打嗝被普遍认为是不雅的行为,即使某个人认为这种行为并非有什么不妥,但他或她可能迫于社会的压力而不得不遵从这种禁忌。场论的一个重要含义即是,若要诱使行为发生持久的改变,重要的是改变行为的社会背景。

基于这一理论,勒温推论,改变饮食习惯的关键是促使老百姓参与到作出食用内脏的决策中去。既然个人作出转为使用内脏的决定可能要遭遇他人的抵制,那么决策过程中群体的参与就可以为饮食习惯的改变提供社会支持。为了检验这一假设,勒温把家庭主妇安排到两种条件下进行研究。在第一种条件下,家庭主妇听了一次演讲,演讲内容除了指出家庭食用内脏将有利于战争以外,还提供了动物内脏的营养价值以及如何烹调它们的资料。也就是说,演讲是以一种通过向人们提供有关信息来进行劝说的通常方式来进行的,作为听众的家庭主妇除了偶尔提问外,她们的角色是被动的。在另一种条件下,由一名担当领导者角色的人在与家庭主妇们进行集体讨论的情况下向他们提供与第一种条件实质上相同的资料。为了促进在作出改变肉食习惯决策时的群体参与,领导者在要求他们说出或举手表示是否准备在家里尝试食用内脏时结束了讨论。勒温预期,较之演讲,讨论与决策中主动的群体参与将更有效地促进家庭主妇们产生实际的行为改变。研究结果证实了勒温的假设。随后收集到的资料表明,第一种实验条件(听演讲)下,家庭主妇中只有3%的人在家里试食了一块动物内脏,而第二种条件(参与群体讨论与决策)下,有32%的主妇在家里至少食了一块动物内脏。①

(二)行动研究

在社会心理学界,人们公认勒温是一位杰出的理论家和实验家,但是他又不是坐在书斋里沉溺于思辨的理论家,也不是整天呆在实验室里沉迷于操作的实验家,而是如他的学生和传记作家马罗(Marroul)所说的那样是一个"实践的理论家"。② 他毕生关注社会现实,致力于在社会心理学(以及其他社会科学门类)和公共事务与社会实践之间架起沟通的桥梁,致力于理论与实践的结合,致力于研究与行动的统一,使社会心理学的知识能为改造社会服务。

行动研究即体现了勒温的这一思想。勒温认为,心理学不仅要追求对行为的解释,而且要去发现如何去改变人们的行为,如何使人们生活得更加美好。在这种意义上,上述的勒温与米德等一起完成的"食物习惯改变的研究"即是一个行动研究,因为在这个研究中,他们把研究与实践融合在一起,并且解决了现实的社会问题。勒温在其《解决社会冲突》(1948)一书中说:"社会实践所需要的研究,是一种行动研究,一种关于社会行动(各项形式)的条件和效果的比较研究,一种可以导致社会行动的研究。"③从勒温的这一说法中我们可以看到,行动研究是以真正的社会现实生活为背景,以解决实际问题

---

① J. M. 韦恩特著,张少波等译,《应用社会心理学》,东南大学出版社1991年版,第5—6页。
② 转引自周晓虹著:《现代西方社会心理学史》,中国人民大学出版社1993年版,第206页。
③ 转引自申荷永著:《心理场论》,中国和平出版社1996年版,第119页。

为方向的心理学研究,而且,它不仅要提出有效的解决问题的方案,而且要参与把这种方案付诸行动,付诸现实政策的制定,达到改良社会的目的。

行动研究既是勒温的心理场论的一种基本观点和指导思想,具有方法论的意义,同时又是一种有效的具体研究方法或研究技术。作为一种研究手段的行动研究体现为一套程序:从社会实践和社会实践的参与者中搜集信息,经过理论研究和实验分析后,再将结果反馈到社会实践中去,以达到对实践过程的影响。在这一过程中,反馈是一个关键环节,我们可以把它看作是研究与行动的中介,它保证了发现事实与利用事实之间的有效联系。① 运用行动研究的观点和技术,社会心理学研究者们对态度改变、社会风气、种族歧视、人际交往等种种实际问题进行了卓有成效的研究。

也有学者指出,行动研究除了作为一种观点和方法,一种研究技术,还有另外一重意义,即勒温所说的是一种社会工程。它导致了一种可叫做 T—group(Basic Skill Training Group) 的群体训练技术(我们或可称之为"敏感性训练")的产生。勒温用这种技术来训练人们的社会敏感性、人际关系的敏感性以及适应群体生活的基本能力。他把这种敏感性训练看作是改进人们社会行为和促进人际交往的一种手段,并且把有关的研究、训练和行动看作是一个相互依存的整体②。

由于行动研究的这一特性,我们看到,无论是作为一种研究取向或研究观点,还是作为一种研究技术,它不但可以给广大社会心理学工作者以理论上的借鉴和启发,而且可以在解决现实问题、促进社会变革上发挥积极作用。

勒温有一句常为人们引用的名言:"没有什么比一个好的理论更为实用的了"。由于勒温理想中的社会心理学是以实际应用的强烈倾向出现的,因此,在他的直接领导和后继影响下,从 1945 年到 1955 年的 10 年时间里,勒温于 1945 年创立的一个组织——社区关系研究会,共推出了 71 项与行动研究相关的成果。但在他于 1947 年逝世以后,由于战后的资本主义社会又处于相

---

① 见申荷永著:《心理场论》,中国和平出版社 1996 年版,第 119 - 120 页。

② 见申荷永著:《心理场论》,中国和平出版社 1996 年版,第 120 页。

对稳定、平静的状态,社会心理学家们对解决现实问题的兴趣随之降低,应用研究受到轻视。与勒温相反,以后的社会心理学家几乎完全转向了实验室实验,转向发展和检验理论与原理,勒温生前倡导的行动研究也日益冷清。人们似乎相信这样的说法,如果要使这门学科建立科学的可信性,就必须强调基础研究。

在战后这样的社会背景和重视进行在实验基础上的理论建构的学术气氛中,社会心理学的应用研究也没有完全停滞或销声匿迹。在实验室实验占主导的情况下,应用研究在一些局部领域仍得到了某种拓展,特别是一些应用研究的分支已经日趋成熟,并成为独立的学科问世。例如,工业社会心理学得到了进一步发展,教育社会心理学也作为一门新兴学科于60年代诞生了。

到了20世纪60年代后期和70年代早期,经过20年以实验室实验为标志的基础研究之后,西方(主要是美国)社会心理学经历了一次与其所处的社会的危机同步共生的具有广泛影响的学术危机。就社会因素而言,大家知道,60年代晚期,西方尤其是美国出现了战后最为严重的社会动荡,黑人民权运动、妇女解放运动、学生运动等各种社会运动风起云涌,在冷战背景下所激发的剧烈的社会冲突和社会问题,迫切需要社会心理学家拿出解决方案,而习惯于长期在象牙之塔里做研究的社会心理学家们却对此显得束手无策。于是,批评之声四起,由于它无力去帮助解决诸如此类的重大现实问题,因而人们就有理由怀疑它的存在价值,或者它本身就面临着某种亟待解脱的困境或危机。

这次危机或又可被称作深刻的对学科理智精神的自我怀疑。批评家们普遍质疑那种沉溺于精心设计的严重脱离真实与现实的实验室实验的社会心理学是否是一门严肃的科学;人们更普遍关心的而且也是更重要的问题是,在人为设计的实验室情境中观察到的行为是否与人们在现实世界中的真实行为有任何联系。基于诸如此类的对于这门学科发展的根本性问题的普遍怀疑与反思,社会心理学家又重新走出了实验室,在自然情境中进行更多的研究——现场实验或现场研究。然而,转向现场研究的运动最初并非是一种向应用研究的回归,而只是在现实情境中检验基础理论的一种手段。但社会心理学家对于在真实情境中进行研究的普遍接受,以及相应的现场研究方法的改进,从某种意义上可以说为 70 年代以后应用社会心理学的重新兴起铺平了道路。学者们开始再度思考社会心理学的理论与社会现实的结合问题,勒温当年极力倡导的行动研究也再度复兴,越来越多的社会心理学家投身到应用研究的行列。

三、20 世纪 70 年代以后的应用社会心理学

自 20 世纪 70 年代以后,在经历过那场危机之后,原先比较分离的社会心理学的基础研究和应用研究出现了整合的趋势,社会心理学家在关注实验研究的同时,关注实际问题的研究也成为一件相当自然的事情。这种趋势发展到现在,可以说当代社会心理学的应用研究领域已经涉及到人类社会生活的各个角落,如今,要说起哪个社会生活领域没有被社会心理学家关注,已经是一件十分困难的事情。这种情形,可以从奥斯坎普(S. Oskamp)撰写的第一本专门论述社会心理学应用研究的著作《应用社会心理学》一书中(此书在 1998 年又出了第二版)略见一斑。[①] 在这本书的第三篇里,他提到了社会心理学的各个应用领域,包括:

第八章 教育情景——学校里取消种族隔离

第九章 组织情景——职业满意

第十章 环境问题——能源保持

第十一章 健康与健康保护——吸烟

第十二章 法律问题——关于陪审团和审判员的研究

第十三章 大众传播——传播的内容与效果

在奥斯坎普之后,韦恩特(J. M. Weyant)出版了另一本《应用社会心理学》著作,[②]这本书涉及的社会心理学的应用领域包括:

第二章 心理健康

---

① S. Oskamp. Applied Social Psychology New Jersey: Prentice - Hall. 1984.

② J. Weyant. Applied Social Psychology Oxford University Press. 1986.

由此不难看出,社会心理学的应用研究在这一时期不仅显现出明确广泛的空间领域,而且也有了长足的进展。正是这一时期的研究为应用社会心理学的形成奠定了牢固坚实的基础,同时也显现了应用社会心理学研究的广阔前景。

第二节　学科制度建构与应用社会心理学的发展

任何一门学科要得到发展,除了社会变迁发展的外部推动之外,同时还要仰赖于一个有效的学科制度的良好建构。一个学科之所以成为一个学科,原因之一就在于它有自己独特的研究范式(paradigm),社会心理学也不例外。

我国学者吴国盛认为,学科的范式有观念层面的,也有社会建制和社会运作层面上的。观念层面上的范式建构,目的在于形成一种知识传统或思想传统(intellectual tradition),或者具体地说是一种研究纲领(research program),以便同行之间相互认同,也有利于新人被培养训练成这项学术事业的继承者;而社会建制和社会运作层面上的范式建构,起其目的在于形成一个学术共同体(academic community),它包含着学者的职业化、固定教席和培养计划的设置、学会组织和学术会议制度的建立、专业期刊的创办等。这后一方面,我们称之为学科的制度建设。①

---

① 吴国盛:学科制度的内在建设,www. phil. pku. edu. cn/personal/ wugsh/fields/thinking/30. htm – 14k

　　另一学者方文则认为,学科制度是规范特定学科科学研究的行为准则体系和支撑学科发展和完善的基础结构体系,前者可称之为学科制度精神,后者可称之为学科制度结构。所谓学科制度精神主要包括:(1)全部人类智慧活动史所蕴涵的人文理念或人文精神;(2)界定作为规范科学活动过程普遍原则的科学阶层或学者阶层独具品质的精神气质;(3)与之对应的可以测度的操作规则。而作为支撑学科研究的物质基础的学科制度结构,则至少应包括四类基本范畴:(1)职业化和专业化的研究者及他们赖以栖身的研究机构和学术交流网络;(2)规范的学科培养计划;(3)学术成果的公开交流和社会评价;(4)稳定的基金资助来源。①

　　从学科制度建构的视角来考察应用社会心理学的发展,我们发现,在占有学科统治支配地位的美国社会心理学的发展图景中,在近一个世纪的历程中,构成主脉的是建立在实验基础上的基础社会心理学。尽管心理学家麦独孤的《社会心理学导论》和社会学家罗斯的《社会心理学:大纲与资料集》两本教科书的出版被认为是社会心理学诞生的标志性事件,同时也标志了社会心理学从其历史的开端之起就存在着两种具有相对独立,各有其理智诉求、历史意识和学科制度基础的社会心理学——心理学的社会心理学(Psychological Social Psychology,PSP)和社会学的社会心理学(Sociological Social Psychology,SSP)。但麦独孤和罗斯并没有为这两种社会心理学建立起各自的或统一的研究范式,也即没有为后继的研究者们树立起一种具有标识作用的研究纲领,他们的理论和方法体系也没有为这门学科的传统的形成奠定坚实的基础。史学家一般认为,真正形成美国社会心理学知识或理智传统的是实验社会心理学,它由奥尔波特(F. H. Allport)所奠定,又由勒温等人一起促成,并使之成为其后的社会心理学家在正常情况下必须遵循的标准研究范式。从这层意义上来说,许多人把奥尔波特在 1924 年出版的以实验研究为基础的社会心理学教科书《社会心理学》看作是现代第一本社会心理学教科书,是一点也不令人奇怪的。事实上,奥尔波特在这本书所确立的实验主义方法取向,在

---

　　① 方文:社会心理学的演化:一种学科制度视角,《中国社会科学》2001 年第 6 期。

现代社会心理学随后几十年的发展中产生了举足轻重的影响。

方文在考察了社会心理学的学科历史后指出,这门学科的主流历史话语的建构与人格和社会心理学大师 G. W. 奥尔波特(F. H. 奥尔波特的胞弟)和权威出版物《社会心理学手册》密切相关。①《社会心理学手册》初版于 1954 年,二版于 1968 年,三版于 1985 年,四版于 1998 年,是主流社会心理学发展的最为权威的晴雨表。而奥尔波特为该手册初版本所撰的卷首论文"现代社会心理学的历史背景",被认为是主流社会心理学的标准、正统而权威的历史解释文本。在奥尔波特眼中,只有实验程序才是对社会心理和社会行为的研究正途,这门学科最主要的使命是解释或理解个体的思想、情感和行为怎样受社会上其他人实际的、想象的和隐含的存在的影响,也即它的主体应建立在以理论和方法体系的建构为出发点的基础研究上。因此,社会心理学的应用研究难以进入美国乃至世界社会心理学的主流话语之中似乎可以说是一种合乎逻辑的结果。

但这并不意味着应用社会心理学就没有发展的空间,实际上,应用研究自从勒温以后,就是社会心理学科发展的重要一翼。在前述内容中,我们已谈到,第二次世界大战所引发的剧烈的国际社会动荡、20 世纪 60 年代冷战背景下西方国家尤其是美国风起云涌的社会运动,是刺激社会心理学应用研究发展的社会推力,从而也表明这门学科在解决社会冲突和社会问题上具有的现实或潜在的实际效用。但这并非说社会心理学的应用研究纯粹是靠外力来推动的,事实上,我们在前面也指出过,以勒温为代表的一批学者对于社会心理学的应用研究是有着高度的学科自觉和学术关怀的。从学科制度的角度来看,可以说正是勒温为这门学科注入了干预社会现实的某种思想传统及其操作规则,而且他本人与合作者(包括学生)为解决现实问题所做的大量卓有成效的工作为后继研究者起到了很好的示范作用,以至于后人在提起应用社会心理学研究时,首先想到的正是勒温的这种研究,这种以发生在真实生活情景中的问题为中心的研究。另一方面,勒温等人于 1936 年创立的"社会

---

① 方文:社会心理学的演化:一种学科制度视角,《中国社会科学》2001 年第 6 期。

问题心理学研究会",也可以说是一种为响应他的学科发展理念而建立的一种学科制度结构,或社会建制和社会运作层面上的范式建构。这一机构一直是应用社会心理学发展的重要支柱。从某种意义上可以说,正是社会心理学的"勒温传统"所蕴涵的面向现实的研究取向,使应用研究获得了不竭的灵感和力量,并使其成为推动整个社会心理学发展的有力翅膀。

作为学科制度建构的重要一环,权威出版物的重要意义不言而喻,对应用社会心理学来说也是如此。在美国,在占据主导地位的心理学的社会心理学中,有关应用社会心理学题材的研究成果的发表刊物不算少数,其中有:《应用社会心理学杂志》(Journal of Applied Social Psychology)、《应用社会心理学年刊》(Applied Social Psychology Annuals)和《应用社会心理学进展》(Advances in Applied Social Psychology)。① 这些刊物为社会心理学的应用研究者提供了广阔的交流空间和介入社会问题解决的重要平台。而奥斯坎普在1984年发表的第一本专门论述社会心理学的应用研究的著作《应用社会心理学》以及韦恩特在1986年发表的另一本同名著作,则无疑标志着应用社会心理学的研究发展到了一个较为成熟的稳定阶段。

第三节　社会心理学与应用社会心理学的发展

应用社会心理学的发展与社会心理学自身的发展演进密切关联,如上所述,社会心理学的应用研究对应用社会心理学的产生起到了显著的影响。另一方面,社会心理学自身的发展变化,特别是其不同学科背景的研究取向和学科分支的演变,对应用社会心理学的研究以及未来的发展都产生明显和持续深远的影响。

---

① 见吴江霖:《社会心理学现状——在广东省社会心理学会成立大会上的报告》,原文发表于《广州师院学报》1985年第2期,载于吴江霖著:《心理学论文集》,广东人民出版社1991年版,第222－239页。

一、社会心理学的主流取向

当今世界各国的社会心理学多是以美国的社会心理学为楷模,以美国的社会心理学为社会心理学的主流,而美国社会心理学的影响也最大。作为一门独立的学科,社会心理学在某种意义上确是由美国心理学家在美国本土上一手创制和生产出来的,严格地说,1908 年出版的两本社会心理学教科书其内容仍然是 19 世纪欧洲的心理学家和社会学家所做的有关社会心理学的研究在美国的翻版,还不是真正现代意义上的社会心理学,而 1924 年出版的由奥尔波特(F. H. Allport)撰写的社会心理学教科书才标志着真正的现代社会心理学的产生。奥尔波特所构造的社会心理学体系与他所有前辈们的体系之间毫无相近之处①。奥尔波特的书一出版就迅速统治了美国的社会心理学界②。

美国的心理学家从开始进行心理学研究的最初之时起就受到了冯特及其所创立的心理学体系的深刻影响,但这种影响是片面的,不完全的。铁钦纳从德国转赴美国任教,他所带去的就是地道的冯特式的心理学,从体系到研究方向都保持着冯特的传统,但也仍然是不完整的,铁钦纳只给美国的心理学家带去了冯特所创造的心理学的自然科学的一半,即实验心理学或称作生理心理学,而把冯特所创造的心理学的社会科学的另一半即民族心理学留在了德国。这就使得美国的心理学家从一开始起就认为只有像研究自然现象那样研究人的心理活动和过程,心理学才能成为真正的科学,才能彻底洗净使心理学忍辱含屈的哲学思辨的玄虚和诡辩;也使得美国的心理学家从一开始就有意识地要把关于人的心理和行为的研究像研究物理现象和生理现象一样来进行。因此,心理学在美国开始建立之时起就是朝向自然科学的方向发展的,不仅使用自然科学的方法来研究人的主观意识、内在的心理活动、过程和状态,而且用看待自然存在物的眼光来看待人类自身,使人类自然化或非人化,使心理学的研究对象一步步地从人还原为动物、再进一步还原为

---

① 见萨哈金．W. S. 著,周晓虹等译,《社会心理学的历史与体系》,贵州人民出版社 1992 年版。
② 见 G. 墨菲与 J. 柯瓦奇著,林方等译,《现代心理学历史导引》,商务印书馆 1982 年版。

没有生命灵魂和血肉之躯的物体和机器。美国心理学的这种发展无疑严重影响了以心理学的社会心理学为主流的美国的社会心理学,使其不仅在研究方法上沿用了传统的实验方法,而且研究的着眼点也只是局限于个体自身,而忽视个体与社会之间的联系,轻视社会对个体的影响作用。

在另一方面,法国的社会学家也在较早的时候开始了社会心理学的研究。不过他们更多地是凭借着从有关精神病学的研究中所获取的启发和联想,而不是社会学的原理、法则或思想,而且他们所感兴趣和关心的是群体和大众,而不是单独的个体。如塔尔德就根据模仿来对集群行为作出社会心理的解释,但他认为模仿本身乃是人在催眠状态下受他人暗示的结果[1]。黎朋关于群众心理学的研究也同样表现出法国精神病学的影响所打上的烙印[2]。然而,法国社会学家在社会心理学领域内所做出的这些努力及贡献并不为美国的社会心理学们所接受和认可。虽然罗斯根据塔尔德所写《模仿律》一书的原理写出了社会心理学的第一本教科书,这表明他所遵奉的是法国社会学的社会心理学,但仍被认为是籍敢为天下先而成一时之功名[3],过后很快就失去了影响。而黎朋关于群体意识的主张和观点则受到了美国社会心理学家奥尔波特的猛烈抨击。美国社会心理学家所表现出的对法国社会学家的社会心理学研究的拒绝和否认,实质上是针对法国社会学家偏重于群体、大众及更大规模的个体的聚合体的研究而来的,美国的社会心理学从一开始建立之时起就是个体主义取向的,只研究个体,并依据个体来看待和解释群体,否定团体不同于个体的独立地位及作用。如奥尔波特就认为[4],只有在个体之中才能够发现作为个体之间互动基础的行为机制和意识过程。那种不是以个体心理学作为自己全部基础的团体心理学是不存在的。所以,虽然麦独

---

[1][2] 见 G. 墨菲与 J. 柯瓦奇著,林方等译,《近代心理学历史导引》,商务印书馆 1982 年版,第 607 页。J. 查普林与 T. 克拉威克著,林方译,《心理学的体系和理论》,商务印书馆 1989 年版,第 309–314 页。

[3] W. 萨哈金著,周晓虹等译,《社会心理学的历史与体系》,贵州人民出版社 1992 年版,第 125–126 页。

[4] F. Allport. Social Psychology 1924 Boston:Houghton Mifflin.

孤 1908 年出版的《社会心理学导论》一书使他声名远扬,可他后来转赴美国任教时出版的《群众心理》一书却鲜为人知,并没有受到当时社会心理学界的重视。

美国的心理学虽然是源自于欧洲大陆,但在美国心理学家从欧洲把心理学搬到美国本土之后不久,就开始使之不断美国化了,如美国的机能主义心理学。时至今日,美国的心理学则主要是美国文化的产物,是美国社会生活方式的结果。[①] 事实上,现今世界各国心理学的发展都受到其本国社会文化的影响,都带有着某一特定文化的印记,尽管人们一直在努力创造一种超越时空限制、放之四海皆准的、所谓"文化中立'的心理学,也即自然科学的心理学,但时至今天,心理学王国的大部分领域仍不能摆脱文化的约束和制约。[②]美国社会文化的核心是个人主义,崇尚个人的自由、自主和独立,追求个人自身内在价值的自我实现,注重个人的独特性。这种个人主义的文化与美国心理学注重个体的传统有着密不可分的相互联系。不过,这种个人主义在处理自我与他人之间关系时是排他的,自我与他人之间界限分明且不容动摇;在对待自己与环境、社会之间关系时是个人取向的,强调个人的自主控制和能力;因而被称为是自我包容的个人主义(Self – Contained individualism),并被认为是典型的美国式的个人主义。[③] 这种个人主义的文化虽然对心理学的影响有其积极的一面,如关于个体差异的研究,关于自我的认识和研究,但同时也促使心理学从注重个体走向了割裂个体与社会之间的联系,夸大个体的极端,导致美国心理学陷入了由个体的主观内部意识过程和其自身外显的行为活动所构成的狭小的世界之中。美国的社会文化对心理学的这种影响无疑会波及到心理学科的各分支学科,尤其是那些与社会、历史和文化的过程和因素有紧密关联的分支学科,社会心理学自然包括在内。

综上所述,受心理学科自身发展的影响和社会文化的影响,美国的社会

---

① 见 L. Brant,American Psychology ,American Psychologist. 1970. Vol 25 , p1091 – 1093.

② 见 R,Ardila. International Psychology, American Psychologist. 1982. Vol 37 , p323 – 329.

③ 见 E,Sampson. The Debate on Individualism, American Psychologist. 1988 ,Vol 43 ,p15 – 22.

心理学发展至今表现为以个体为本,注重个体内部的活动和过程,轻视社会文化因素的影响,严格地奉守心理学的传统和教条。所以,严格地说,"社会心理学"一词中的"社会"一词,其意实指人、个体,而不是真正的社会;实指关于人的,针对人的、个体之间的、人与人之间的,而不是关于社会的、个体与社会或人与社会之间的。诸如此类的用法尚有社会认知、社会促进,社会影响等。

在上世纪 70 年代,以美国为代表的主流社会心理学陷入了"危机"之中。① 这一"危机"从 70 年代初开始,一直持续到 80 年代。如有研究者调查发现,在较为活跃和有影响的社会心理学家中,约有三分之一多的人认为直到 80 年代初社会心理学仍处在危机之中。② 分析起来,这种危机的起因既有来自学科自身内部的,也有来自学科自身之外的。这种危机既表现为一种"生存的危机",即作为一门依附于心理科学,倾向于自然科学的分支学科而存在遭遇到批评、责难和面临着困境,同时又表现为一种"发展的危机",即原有的理论、方法和应用在促使社会心理学进一步向前发展上受到了批评、怀疑和否定。例如格根(K. Gergen)就提出,社会心理学的研究基本上是一种有关历史的探索(historical inquiry),因此与自然科学是不相同的,它所涉及的事件和现象大多是不可重复的和随时间流逝而变动不定的,是有时间界限和历史条件的。用自然科学的眼光将社会心理的过程看作是一种最基本的心理过程,这显然是错误的,而对社会心理的研究仅仅专注于心理学角度的探索也只会造成对社会心理学的曲解和错误的认识。③ 麦圭尔(W. McGuire)则从方法论的角度指出,已有社会心理学的研究范式存在着明显的缺陷和不足并且已经影响了社会心理学的健康发展,使得社会心理学的研究成为一种不伦不类的舞台剧目的编导(stage managing)活动和对已有事实的寻找发现的过程,因此必须发展出新的研究范式才能够使社会心理学走出令人不满和失望

---

① A. Elms. The Crisis of Confidence in Social Psychology. American Psychologist. 1975. Vol30. p967 –976.

② F. Moghaddam. Psychology in the Three World. American Psychologist. 1987 Vol 42, p912 – 920.

③ K. Gergen. Social Psychology as History. Journal of Personality and Social Psychology. 1973 Vol 26, p300 – 320.

的困境。① 时至今日,这场危机已成为过去。它对美国社会心理学所产生的影响是不可忽视的,但这种影响并没有引起一种革命式的变化,美国的社会心理学仍旧朝着原来的方向走在过去的道路上,从上世纪70年代起的这场危机在今日的社会心理学家眼中仅被看作是社会科学漫长历史中的一次小小的骚乱而已(minor perturbation)。所以,当今以美国为代表的主流社会心理学仍然是以个体为本,偏重于个体内部的过程和活动,偏重于个体与个体之间的相互影响和互动,在个体的内部过程和外部行为之间的联系中,在个体与个体的联系中寻找关于人的社会心理和社会行为的起因和答案。只要我们翻阅一下近几年出版的美国的社会心理学教科书就能够了解到美国社会心理学的这一特点。

从上所述以美国为代表的主流社会心理学的产生和发展过程来看,摆在我们面前的一个最基本的问题就是社会心理学的研究是应该着眼于个体自身内部的各种心理活动、过程与外显行为之间的互相联系、着眼于个体与个体之间的互相影响和制约;还是着眼于个体与其周围环境中的各种社会的和文化的过程及因素之间的联系。是以个体为中心,从心理到行为;还是以个体与社会的互动为起点,在个体与社会的联系中寻找关于人的心理和行为的解释。很显然,对这些问题的回答本身就是一种选择,这种选择既是一种发展的前提,也是一种发展的结果,它会导致某种发展的进程,同时也会被发展本身所不断强化着。

二、不同学科背景的社会心理学

社会心理学从其一出现之日起就表现出两种不同的研究和发展的取向,即心理学的取向和社会学的取向,并由此形成了心理学的社会心理学和社会学的社会心理学。这两种社会心理学自成一体,各有自己精深的理论、偏好的研究方法和专注的研究领域及问题。分析比较这两种不同的社会心理学则可以发现,它们各自具有不同的学科背景和传统,表现出不同的学术研究

---

① W. McGuire. The Yin and Yang of Progress in Social Psychology: Seven Koan. Journal of Personality and Social Psychology. 1973, Vol 26, p446 – 456.

和发展的倾向。心理学的社会心理学表现出自然科学的学科传统和学术取向,采取自然科学研究的基本观点,认为人类社会行为的规律和法则如同自然现象一样,是超越时间和超越空间的,因而是放之四海而皆准的,不受时代、历史和社会发展的限制和约束的。因此将人看作是动物、机器,采用自然科学的实验方法把人放在实验室中来观察他们的行为反应和变化。社会学的社会心理学则表现出社会科学的学科传统和学术取向,主张将人置身于群体和社会中来进行研究,认为人的社会行为是发生在与他人及社会的互动活动中的,是受社会规范、准则及个人在社会中所担负的角色及占有的地位所影响和决定的。因此,人的社会行为就如同人自身一样,是社会的产物、历史的产物和文化的产物。因此,对人的社会行为的认识和理解是可以从对社会、历史和文化的研究中所获得。对于这两种截然不同的社会心理学,是择其中之一而从之,抑或是合其二者而成一,或者是其他,这又是摆在社会心理学家面前的一个选择,而且是自社会心理学产生以来就一直不断地困扰着一代又一代社会心理学家的一个古老的选择。回顾社会心理学近百年来的发展历史,可以看到在 40 年代时,美国的社会心理学家就曾尝试进行过选择,将两者合二为一。如哈佛大学在 1946 年组建了一个"社会关系"系,由社会心理学、社会学、文化人类学和临床心理学 4 个学科组成,密歇根大学也在同年设置了综合心理学和社会学两门学科的社会心理学博士课程,哥伦比亚大学则在 1961 年也尝试把社会心理学独立出来组建成一个系。[①] 所有这些在专业系科设置上的尝试和努力其最终结果都是不成功的,甚至在教科书的写作上两种社会心理学也是各写各的,两者之间的综合合作则很少。如美国在 1947 年到 1980 年间出版的 73 本社会心理学教科书中,75% 为心理学的社会心理学家所撰写,22% 为社会学的社会心理学家所撰写,只有 3% 为两者合作撰写。[②] 顺其自然,不做人为地硬性地选择,则两种社会心理学共生并存,平

[①] G. Lindzey. & E. Aronson. Handbook of Social Psychology NewYork: Random House. 1985, Vol 1. p48 –49.

[②] G. Lindzey. & E. Aronson. Handbook of Social Psychology NewYork: Random House. 1985, Vol 1. p48 –49.

行发展,这就是美国社会心理学的现状之一。从表面上来看,在两种社会心理学之间进行选择如同是在同一学科之中并存的两种流派或取向之间进行选择,但实际上,这两种社会心理学不仅在各自的理论、研究的对象、问题、着眼点方面有许多根本不同之处,而且更重要的是他们在各自所代表的学科传统、学术研究取向以及他们对社会心理现象和社会行为活动所持有的认识观方面也有着本质的不同。代表着自然科学的学术传统的心理学的社会心理学,在理论上和方法上持自然科学的态度,按照自然科学的逻辑进行社会心理学的研究,寻求一种能够跨越时间、空间来解释和说明社会心理的通则性的法则。代表着社会科学学术传统的社会学的社会心理学,在理论上和方法上坚持一种社会的和历史的观点,主张根据社会发展、文化承传和历史演进的轨迹来寻求和探索社会心理和社会行为在有限时空中的变化和发展。因此,对这两种社会心理学进行选择实质上是对自然科学和社会科学进行选择。而过往美国社会心理学家将两者合二为一的尝试之所以不成功,其主要原因恐怕就在于要将这两种本质不同的学科派别或取向简单地合并在一起,组合为一体,犹如期望将水和油融合在一起一样,这自然是难以做到的。

　　自然科学和社会科学是关于世间一切客观存在的知识系统,也是人类了解世间万物的认知系统。作为科学,这种知识和认知的系统具有着一种普遍适用和四海皆准的性质,因此才会有世界各国之间知识的传播和技术的引用。但是自然科学和社会科学之间又有着根本的差别,这种差别并不是表现在两种科学与其外部环境之间的相互作用影响方面,因为任何一门科学其本身都是文化和历史的产物,受特定的社会、文化和历史因素与条件的制约,自然科学在其发展的过程中曾受到封建统治和宗教神学的禁锢与打击,社会科学更是饱受意识形态的纷争、统治权力的争夺及政治斗争的需要等多方面的摧残和扭曲。科学发展有其内在的逻辑法则和必然规律,而自然科学和社会科学两者之间的根本差别就在于两者自身内部的这种法则和规律。自然科学是关于物质存在的直接经验的研究,由于物质本身其存在与发展是不以人的主观意识为转移的,是自然界所固有的,因此关于它的研究就是客观的,价值中立的,而所获取的知识也是具有规律性和普遍性的,是放之四海皆准的通则。自然科学所标榜的"科学性",其全部意义就在于此。社会科学则是关于人的社会存在的研究,其中既包括关于人的社会存在的直接或间接的感性经验,也包括有人自身的主观内潜的意志、动机和体验,而且更重要的是社会科学实是人类自己认识自己的活动和过程,而人类自己的认识活动是与人类自己的社会存在联系在一起的,是同一个事物的两个相辅相成的方面。因此,在社会科学的领域内,研究的主体是能够影响和改变关于客体的研究和关于客体的认识的。这就使得社会科学无法达到自然科学的"客观""中立"和"普遍性"。在科学的认识论和宇宙观最初产生和形成之时,其所包容的关于科学的观点和认识就是与那个时代的数学、力学和化学紧密联系在一起的,就是与关于物质世界、宇宙自然的自然科学的认识观联系在一起的。这种视自然科学为一切知识之尺度的"科学主义的"认识论与宇宙观直至今天仍被认为是至高无上的、真理性的。因此,社会科学为了成为科学,具备有科学的客观性和普遍性,就要像自然科学那样,是实证的,寻求超越时空限制和影响的通则的,就要对人的社会存在采取还原主义的认识态度,就要在研究的范式、研究的方法上自然科学化。心理学是如此,社会学是如此,社会心理学也是如此。所以,今天的社会心理学,无论是心理学的社会心理学还是社会学的社会心理学,都已经具有了自然科学的特征,在研究的范式和采用的方法手段上自然科学化了。

正是由于上述的这种状况,才使得关于心理学的社会心理学和社会学的社会心理学的选择成为一个长期存在、悬而未决的选择。社会心理学毕竟是一门研究人的社会存在的科学,因为人的社会心理和社会行为本身就构成了人的社会存在的一部分,因而是与研究宇宙自然中物质存在的自然科学有着根本差别的。但是,社会科学发展至今,无论是在科学的认识论上还是在科学的方法论上都一直存在着自然科学化的状况,一直是以自然科学为标准和楷模的,始终没有发展出社会科学自己独有的方法论、认识论及至研究的范式。因此,面对前述的选择,或者是择二合为一而就之,但是这已被证明是难以成功的;或者是择自然科学而附之,但这将使社会心理学仍然走在过去走过的道路上;再者是择社会科学而从之,但随即就会发现今日的社会科学至少在研究的范式和采用的方法手段上已经相当自然科学化了。很显然,我们所面临的这一选择是一个难以决断的选择。

三、本土与跨文化比较心理学

心理学这门学科是在欧洲诞生和成长的,以后又在美国本土上落脚安家,不断发展壮大,并传播到世界各国。第一次世界大战之前,欧洲的德国和英国拥有心理学的优势,占有心理学大国的地位,其他国家的心理学研究者都向这两个国家,尤其是德国的心理学家顶礼膜拜。从上世纪 30 年代开始,美国的心理学出现了较大的发展,逐渐形成了心理学的优势,占有了心理学大国的地位。拥有人数众多的心理学家,出版发行门类齐全、数量繁多的学术著作和刊物,获得富足的基金资助和先进的研究设施,又广招世界各国的研究者和学子,所有这些形成了一种强大的影响力和不容置疑的地位象征。这种状况直到今天仍然保持着。莫格哈丹曾撰文论及心理学的这种状况,并认为根据心理学的发展水平及其影响的大小,可以划分出心理学的三个世界,即美国为第一世界,英国、德国、加拿大等西方国家及前苏联组成第二世界,北非、拉美、亚洲等地区的众多发展中国家组成第三世界[①]。但是在过去的 20 多年里,心理学的这种世界格局不断地出现了一些新的变化。在上世纪 70 年代的社会心理学领域内有两股有别于以美国为代表的社会心理学主流的支流在形成和发展着,其中一支是欧洲的社会心理学,另一支是亚洲的本土心理学。

就如同在政治上美国经常感受到欧洲大陆各国的竞争和在经济上感受到日本的挑战一样,在心理学领域内,美国也不断遭受到来自其他国家对美国心理学唯我独尊、一统天下局面的不满和抗争,这种不满和抗争又突出地表现在心理学领域中的那些与社会的制度、文化和传统有紧密联系的分支学科和研究领域中。在上世纪 60 年代末和 70 年代初时,欧洲社会心理学开始与以美国为代表的主流社会心理学分道扬镳,自己独树一帜,着手于不同的

---

① F. Moghaddam. Psychology in the Three Worlds. American Psychologist. 1987. Vol 42, p912 - 920.

研究方向,建立起自己的学术组织,出版自己的学术刊物和著作,发展至今成为具有欧洲学术传统特征的欧洲社会心理学,如较注重研究团体及宏观层面的社会心理现象。这无疑是对美国式的社会心理学一统天下的反叛和挑战。在心理学的第三世界中,尤其是非西方文化背景的国家中,这种对美国心理学的不满和抗争也在不断汇聚和积蓄,最后就产生了以本国自己的社会制度、文化背景和历史传统为依据来进行心理学研究的尝试和努力,由此就出现了本土心理学。[①]　本土心理学的形成和发展集中在发展中国家和地区,这些国家由于迫切希望本国的社会经济能有较大较快的发展,因而期望各种科学研究都能有较大的应用价值和实用性,能够为本国的社会经济的发展作出直接的贡献,要求借鉴引进的科学与学术应该与本国发展的实际需要有较高的关联。在这种背景下,以美国为主流的西方心理学在被引进发展中国家时,其本身原有的实际效用和应用价值自然要经受一次新的考验,理论体系、概念和原理及至整门学科的知识系统也自然会受到重新认识、重新评价和重新建构。这在那些文化传统、价值观念和风俗习惯与西方国家截然不同的国家和地区更是如此。本土心理学产生和发展的另一内在原因就在于,多数发展中国家其社会的自身构成中一直存在着两个发展不均衡的部分,即传统社会的部分和现代社会的部分。传统的部分是这些国家原有的,在本国自身的文化、历史的长期发展中所形成的,是为本国人民所已经适应了的;现代的部分则是外来的,非自生的,是在发达和先进国家地区的影响下借鉴、学习和运用的产物,其与社会的传统部分之间存在着难以协调的矛盾冲突。这种不协调和矛盾冲突既反映了社会制度及运行发展机制上的从旧到新的转换和变迁的矛盾,也提示了不同的历史、文化、传统之间相互协调融合和顺应的艰难。对于渴望进步和发展的国家来说,现代化无疑具有强大的吸引力和榜样作用,但是历史、文化和传统又是这些国家所无法丢弃也不愿丢弃的。正是在这种背景之下才产生出本土化或本国化的愿望和尝试。本土心理学向人

---

①　R. Brislin. Cross – Cultural Psychology: Human Behavior in Global Perspectives. NewYork: Wiley. 1979. p29 – 36.

们所提出的一个最基本的问题就是,作为一个心理学科发展相对落后和缓慢,发展水平相对较低的国家和地区来说,其在试图较快发展本国心理科学时,是重视和强调从发达国家引进和移植的,抑或是提倡和扶持本国本土自生自长的。而这个问题所包含的深层内容则是心理学的发展是否要考虑各国自己的社会、文化、历史和传统等因素的影响制约作用,是否要根据各国自己的社会文化和历史传统及所面临的实际问题和事实上已有的实际需要来确定发展的策略。

在第二次世界大战结束后,心理学研究领域中的文化比较的研究开始出现并不断得到发展,到了70年代,跨文化心理学兴起。① 之后又有跨文化社会心理学的出现,进行社会心理的文化比较研究。文化于是就成为研究社会心理学时所不可轻视的一个重要变量。特里安迪斯(H. Triandis)曾经提出了社会心理学家在进行文化比较研究时所应该考虑的7种变量,其中除了生态系统、生存系统、社会系统和个人系统这4种变量,所剩下的3种变量(文化系统、投射系统、社会化系统)实质上均属文化变量。由于文化变量的重要,因而有必要划分得精细确切些。② 心理学研究中文化比较研究的出现意味着社会文化因素在制约和影响心理活动过程中的作用得到了正式的承认和肯定,而一种文化必然是与其所存在于其中的那个国家、地区或民族的历史、传统及社会紧密相连,融合在一起的,因此,肯定文化在心理活动和过程中的作用就意味着承认社会的制度和变迁、历史和传统对心理活动和过程所具有的影响和制约作用,就意味着在不同的社会及文化背景下,人们的心理应该有其不同的特征和规律;在不同文化背景的国家和社会中,应该有带有其本土文化的色彩和印记的本土心理学。所以,就这点而言,本土心理学与跨文化心理学两者之间有着异曲同工之处。

由上所述可见,在上世纪70年代世界社会心理学领域中出现的较大事变

---

① H. Triandis & R. Brislin. Handbook of Cross – Cultural Psychology. Boston:Allyn and Bacon. 1980. Vol5,p6 – 12.

② H. Triandis & R. Brislin. Handbook of Cross – Cultural Psychology. Boston:Allyn and Bacon. 1980. Vol5,p116 – 125.

里,除了众所周知的美国式的主流社会心理学的危机外,尚有以不同国家、地区为代表的支流社会心理学的崛起以及文化比较的社会心理学的出现。而所有这些变化都反映出社会心理学家对社会、文化及历史因素在社会心理和社会行为活动中所具有的影响作用的日益重视和强调,标志着社会心理学在遭遇危机的同时所面临的一个新的转机。

　　社会文化因素在社会心理学研究中所具有的重要意义是无可否认的,事实上在上世纪40年代时就已经有社会心理学家在进行文化比较的研究了,如克兰伯格(O. Klineberg)①,问题在于我们是把文化看作为一个等同于其他刺激变量的变量,如同现今的跨文化心理学家所认为的那样;还是将文化这一因素看作为是进行社会心理学研究的基本前提和理论起点,如同倡导本土心理学的心理学家所认为的那样。这无疑是摆在发展中国家,尤其是非西方文化背景的国家的心理学家和社会心理学家面前的一个选择。对于西方心理学家来说并不存在这样一个选择,因为跨文化心理学本身就是在西方文化的土壤里生长出来的,就是西方本土文化的产物,所以这门学科本身仍不时表现出以西方文化为中心和参照标准的优越感。不过,跨文化心理学在研究的范式上仍遵循以实验法为主的心理学的传统范式,恪守心理学固有的自然科学的方法观。而本土心理学发展至今所表现出的一个突出的特点,即是从本土的传统文化出发去发掘和寻找构建本土理论的概念、要素和法则。从本土的传统心态、传统观念和传统习俗出发去剖析和探索本土心理的脉络。这种研究路线自然不同于心理学传统的从理论假设到实验检验,着眼于有限时空中的现时行为进行实证研究的研究范式,而表现为一种文化分析和文化诠释的研究范式,一种关于文化的心理学研究或者是关于心理和行为的泛文化研究。由此来说,跨文化心理学是在心理学研究的原则下进行文化比较的探索,本土心理学则倾向于在传统文化分析的基础上进行心理学的探索,两者毕竟有所不同。对于非西方文化背景的国家和地区中的社会心理学家来说,在此两者之中作出选择和取舍也是势必难免的。

---

　　① O. Klineberg. Social Psychology　NewYork：Holt. 1940.

以上三方面的论述立足于社会心理学自身发展过程与历史的比较分析之中,面对这些不同方面的社会心理学究竟何去何从? 是选择自然科学倾向的、实验的、美国式的主流社会心理学还是选择社会科学倾向的、非实验的、本土心理学呢? 抑或是其他的组合和选择。对这个问题的回答及选择取决于我们对社会心理学这门学科的全面认识,也取决于我们对社会心理学今后发展的预期和设想。无论是重建抑或是发展社会心理学,也无论是进行社会心理学的基础研究还是进行社会心理学的应用研究,都不可避免地会面临这些问题和选择的挑战与影响。对于直面各种社会现象和社会问题的应用社会心理学来说,学科取向的选择和文化比较的选择尤显重要,因为这极大地影响着研究应用的可行性和应用研究的实际效用,影响着应用社会心理学研究的实际进展及所包容与涉及的社会领域和面向。在某种程度上,应用社会心理学在上世纪 80 年代以后的复兴恰是对 70 年代社会心理学学科危机予以回应与反省的产物。

第四节 应用社会心理学的新进展

应用社会心理学在近十多年内的发展已经引起越来越多的社会心理学家的关注和重视,应用社会心理学的研究也得到了明显的加强与增进。社会心理学家巴伦(R. A. Baron)和伯恩(D. Byrne)指出,应用社会心理学的发展是当今社会心理学变化发展的重要方向之一,人们对社会心理学应用研究的兴趣在不断增强,应用研究的领域也在不断扩展和深入,社会心理学知识和理论的有效用的输出已不再是一个疑问了。[①] 应用的议题在社会心理学学科内原本就不是新的议题,在应用研究领域中,新的进展主要还在于应用研究领域的不断扩展和深入。将上世纪八十年代里奥斯坎普与韦恩特的两本书

① R. A. Baron & D. Byrne 著,黄敏尔等译,《社会心理学》(第十版),华东师范大学出版社 2003 年版,第 14 – 16 页。

中所归纳概括的应用社会心理学研究的主要内容与现今流行的西方社会心理学教科书里所介绍的应用研究内容相比较,可以看到在这方面的一些新的变化与进步。①

一、一些社会心理学家早期应用研究所关注的问题和研究领域,在近些年的研究进展中得到了不断地加强和深入,例如关于司法与法律过程中目击者作证和陪审团裁决的研究、关于组织中工作态度和领导过程的研究等,成为社会心理学应用研究长久不衰的传统与基础领域。

二、一些社会心理学家早期应用研究所关注的问题和研究领域,在近些年的研究进展中逐渐地被改变或减少了。例如关于教育领域中学校里的公平教育与种族隔离问题、合作精神与成就动机培养等方面的研究明显地减少并为学校和教育心理等其他分支的研究所替代;关于大众传播的研究也分散到诸如政治影响、法律遵从以及环境改变等不同方面的研究之中。

三、一些在上世纪八十年代开始被关注并系统研究的领域得到了不断地加强和进一步发展,逐渐成为应用社会心理学研究的主要和重要的领域。例如关于健康行为和压力应对以及促进健康的研究,关于环境保护与节约能源的研究等。这些方面应用研究的加强与拓展,显示了应用社会心理学研究的不断进展与社会变迁发展实际需要的紧密关联以及围绕现实问题开展研究的鲜明取向。

四、伴随着研究的不断深入和拓展,出现了一些崭新和系统的研究进展,丰富和充实了应用社会心理学的研究内容,扩展了其研究的领域。例如在健康方面的研究中有关医患关系和疾病认知的研究;在组织方面的研究中关于组织公民行为的研究;在法律方面的研究中有关公民守法和司法认知的研究;在环境与发展方面围绕主观幸福感和收入消费进行的社会认知研究。

由上所述来看,以美国为代表的西方应用社会心理学在自上世纪八十年

---

① 参见:D. G. Myers, Social Psychology (8th) 2005, McGraw – Hill Companies, Inc.

　　S. E. Taylor 等著,谢晓非 等译,《社会心理学》(第十版),北京大学出版社 2004 年版。

　　E. Aronson 等著,侯玉波 等译,《社会心理学》(第五版),中国轻工业出版社 2005 年版。

代以来的十多年中,在研究的内容与所涉及的研究领域方面的变化与进展主要表现为在原有基础之上的调整转变和不断地更新拓展,而且始终是依循着社会心理学围绕人与人之间互动影响的路径与思路,针对现实中的问题和需要进行应用研究。

我国社会心理学家乐国安也曾对美国应用社会心理学发展的基本动向做过一个归纳描述。① 由于美国社会心理学在当今世界范围内的社会心理学领域中仍占有主流权威的地位,因而通过对其的了解也可以在相当程度上观察捕捉到应用社会心理学变化发展的最新动向与可能趋势。美国应用社会心理学发展的主要特点为:

1. 以现实问题为中心的研究取向。
2. 明确的价值定位,即研究要促进社会的发展、改善人类的生活。
3. 广泛涉及不同层次的社会心理和社会行为问题的内容和领域。
4. 注重研究的社会效益与价值。
5. 研究者应具有跨学科的视野。
6. 强调在现场情境中进行研究的方法。
7. 研究结果应与实际应用的可能性紧密联系。

在上述这些特点中,最为突出的是"以现实问题为中心的研究取向",这可以说是应用社会心理学的要义所在,体现了它与以理论为中心的基础研究的根本差别。实际上,应用社会心理学以问题为中心的研究取向是从勒温开始的,在以后的研究实践中又获得了后继学者的广泛认同。以问题为中心,就意味着社会心理学家在开展应用研究时应努力瞄准社会中的现实问题而展开进行研究,由于现实社会中的问题层出不穷,又涉及到不同的层次和方面,并且其中有些问题是可以预见的(例如,城市化过程中的犯罪问题),有些又是难以预见的(例如,"非典"或恐怖活动引起的社会恐慌问题),因此,应用社会心理学的研究内容必定是广泛多方面的,需要考虑研究方法的多学科综合与现场实地的研究,需要重视研究的实际社会效用,需要考虑研究各方面

---

① 乐国安主编:《应用社会心理学》,南开大学出版社 2003 年版,第 5－10 页。

的价值意义和取向。所有这些都使应用社会心理学的研究更为明显地区别于社会心理学的基础研究,显现出鲜明地应用社会科学的属性和特征了。

我国社会心理学家吴江霖教授在反复考察了美国应用社会心理学的研究后,于 1989 年发表重要论文《建设中国马克思主义社会心理学的根本问题》①,文中参照借鉴美国应用社会心理学的研究提出社会心理学应用研究具体应该包括的 9 个方面的内容:

1. 法律社会心理学
2. 医疗社会心理学
3. 工业社会心理学
4. 商业社会心理学
5. 教育社会心理学
6. 宣传社会心理学
7. 审美社会心理学
8. 婚姻幸福社会心理学
9. 环境社会心理学

吴江霖所提出的应用社会心理学的研究领域虽然也只是一个概略,但是事实上要具体列出每一个应用研究领域几乎是不可能的,因为很多实际问题的应用研究是难以确定其学科专业甚至研究领域的边界,因而难以归类。但是从中不难看到的是,只要社会心理学的基础研究提供了足够的理论、知识和方法的支持,那么应用社会心理学的研究天地就应该是无限广阔的,并能够为人类社会的美好生活提供越来越多的支持、帮助和促进。

---

① 原文发表于《广州师院学报》1989 年第 2 期,见吴江霖著:《心理学论文集》,广东人民出版社 1991 年版,第 240－252 页。

第二章 应用社会心理学原理

应用社会心理学,顾名思义,即是一门将社会心理学的理论、方法和知识内容运用于现实实际中的社会实践的应用学科,用美国社会心理学奥斯坎普(S. Oskamp)所下定义来说,应用社会心理学即是将"社会心理学的方法、理论、原理或研究结果应用于理解和解决各种社会问题"。① 由此可见,应用社会心理学是以社会心理学为基础,其自身并不拥有超出社会心理学学科范围之外的,为其所独有的理论、方法和知识体系。应用社会心理学仅仅是一种"研究的应用"(application of researchs)层面上的社会心理学。这种认识固然有其合理的一面,而且也真实地体现了应用社会心理学这门学科的重要特征和性质,但仍难免片面和简单,缺乏对应用社会心理学作为一门应用学科所具有的本质属性的深刻洞见和明晰辨识。例如,社会心理学的研究表明,电视电影中的暴力情节和内容极易诱发青少年的模仿和侵犯行为,原因之一即在于这些情节和内容提供了一种情绪宣泄和冲动满足的非理性方式,因而对于尚未成年的青少年具有较大的影响效果。这种关于原因的分析和解释无疑使人们对青少年模仿电视电影暴力行为的现象有了一个方面的清晰明了的认识,但仍难以从中获得如何使青少年不为电视电影的暴力情景所吸引或者尽可能减少其对青少年的不良影响的一些具体的方法措施和计策。也即是说社会心理学的研究能够提供给人们一种认识和理解,应用社会心理学则是依据和实际运用这种认识和理解去解决现实问题,两者之间虽有不可分割的联系,

---

① S. Oskamp. Applied Social Psychology. 1984. New Jersey: Prentice – Hall Inc. p11 – 13.

但也绝非同一回事。对此,只有当我们进一步分析了解了基础研究和应用研究两者之间的差别与关联以及一系列相关的问题之后,才能够对基础社会心理学和应用社会心理学之间的联系与差别以及关于应用社会心理学的研究对象、学科特点等一系列最基本的问题逐渐形成清晰准确的原理性的认识和理解。

第一节　基础研究和应用研究

判断一门学科的研究或一位研究者正在进行的研究是基础研究还是应用研究,对此人们可以从多个方面或角度着手进行。一项研究的结果如果能够为人们运用于实际生活和工作之中,有助于解决人们所面临的实际问题,满足人们的各种现实需要,那么这种研究就很容易被人们看作为是应用研究,被认为是有用的学问;反之,一项研究的最终结果如果仅仅是使该门学科和研究领域的知识理论有了新的增进和累积,而与现实社会的实际问题和需要并无什么关联,那么就很容易被人们判断为是基础研究,或者被看作是不实用的学问。这里实际上就涉及到了研究的效用(utility)问题。人们还可以根据研究本身与现实的关联(relevance)来辨别判断研究的基础性或应用性。一项研究如果其研究的目的和研究的内容与现实社会的需要和所存在的问题保持着密切的联系或有较多的相符,研究的起因、所研究的问题以及所期望的结果都源自于现实社会的需要,那么这种研究就与现实社会具有较高的关联,是一种应用性研究;反之则是基础性研究。

上述的这些内容虽然有助于辨别基础研究和应用研究之间的差别,而且与人们的常识经验也较为吻合,但是相对于基础研究和应用研究的实际状况来说仍难免过于简单,基础研究和应用研究并非只是一个连续体的两个遥遥相对的对立极端,两者之间仍会有交叉叠合之处。例如,社会心理学中的许多研究其内容和所关注的问题都是来自于社会现实和日常生活之中,如由崔普莱特(N. Triplett)于1897年进行的骑自行车实验被普遍认为是最早进行的社会心理学实验研究,其内容和开展研究的灵感即与日常生活紧密相连;米尔格莱姆

(S. Milgram)所做的"权威服从"的实验研究其内容和激发研究构思的理念与启发也都和第二次世界大战时期所发生的事件密切联系在一起。但是所有这些研究至今仍被看作为致力于知识积累、理论发展和增进人类认识的基础研究。具有相同或相近特征的这类研究在社会心理学这门学科各方面的专业研究中还有很多,从而使人们难以仅仅根据一两个方面的特征或指标就能够很好地辨别确定基础研究和应用研究,因此就有必要进一步完备和扩展有关这一问题讨论分析的内容。

除了研究自身所具有的实际效用和现实关联两个方面外,基础研究和应用研究之间还存在着其他几方面的差别:

一、基础研究是一种理论取向的研究,研究的目的在于增进和更新理论知识,不管研究中采用了什么方法和程序、分析了什么现象与问题,研究的构思与设计始终是围绕某一理论假设和推论来进行的,最终所期望得到的结果也在于对理论的检验和证实。应用研究则是一种问题取向的研究,研究所关注的现象和内容多是为社会普遍关注重视的各种问题和重要事件,而不是学科专业知识理论的新进展和新突破。应用研究的目的在于通过研究能够最终寻找到有助于问题解决的途径、方法和对策,从而使人们能够较好地解决应对所面临的各种问题。因此应用研究往往是一种具有显著实际效用和现实关联的研究。

二、基础研究开展进行的起因往往来自于学科专业自身内部,依循学科自身发展的内在逻辑不断拓展更新和持续下去,为学科自身发展的持久惯性和内部激励所驱动,因而表现出一种"为了研究而研究"的价值取向。应用研究则与之不同,其开展进行的直接起因多来自于现实社会的实际需要,因而应用研究的内容和主题会依随社会需要的变化而经常不断地变更,难以保持始终一贯的逻辑联系;同时,应用研究的冷热兴衰也与社会所提供的外部激励密切相关,明显地受学科之外的外部激励因素的引导和影响。在这方面,基础研究和应用研究之间的差别往往就表现为"学术性研究"(academic research)和"职业性研究"(professional study)之间的差别。①

---

① R. Kidd & M. Saks. Advances in Applied Social Psychology. 1980. New Jersey: Lawrence Erlbaum Associates. p25.

三、在实际的研究过程中,基础研究侧重和强调对所研究的现象、问题与起因和各种影响制约因素进行剖析,以期形成理论层面的说明解释,因此在分析时习惯于从概念、原理和法则开始进一步推论到具体事实现象。应用研究则关心重视所研究的现象问题可能或已经产生引致的结果和影响,期望通过研究能够认识这些结果和影响发生变化的过程,由此确定干预控制这些结果和影响的方法和对策,因而在分析时习惯于从具体的事实现象着手进一步归纳出普遍的原理法则。

四、与上一点相联系,在实际研究的方法操作上,基础研究与应用研究之间也存在着明显差别。基础研究多采用分析的方法,如同化学和物理学研究中的分析一样,将所研究的事物、现象和问题的各组成部分或因素逐个分离开来进行检验,以确定相互之间的关联和关系,并据此来形成理论的观点和结论。应用研究则习惯于采用综合的方法,将所研究的事物、现象和问题的各组成部分或因素联系汇集在一起,进一步归纳概括出其共同的特征及影响,从而确定事物、现象和问题本身与所引发的后果和影响之间的相互联系。

五、基础研究与应用研究之间的差别还表现在各自在研究中对知识经验的追求探索有所不同。基础研究在研究中致力于探索和发现具有恒久价值和意义的真理性知识,对所研究的事物、现象和问题及有关的理论和知识始终抱着一种怀疑和审慎的态度,并且努力寻求理论建构和知识累积的新进展与新突破,以期望有所创新。而应用研究在研究中则致力于搜寻和摸索具有实际功效和作用的实用性知识,对所研究的事物、现象和问题及有关的理论和知识持有一种实用和功利的态度,满足于理论和知识对于问题解决所具有的即时实际效用,并将此作为应用研究所不懈追求的理想境界。

尽管基础研究与应用研究之间存在有上述这些方面的多种多样的差别,但两者并非水火不容,也不是风马牛远不相及,两者之间仍然存在有重要和显著的共通相近之处,存在着无法割裂和剥离的相互联系,忽视与否认这种联系和相通的存在,则会对两者的研究产生消极负面的影响。多伊奇(M. Deutch)在讨论基础研究与应用研究各自不同的研究取向时就曾指出,片面地强调某一方面的研究而轻视另一方面的研究,就会使研究者如同戴上了黑眼罩一样,看不到理论取向的基础研究所具有的重要应用价值,或者是忽视了问题取向的应用研究所具有的潜在的理论贡献。[1] 梅约和拉弗兰斯(C. Mayo & M. LaFrance)也指出,基础研究和应用研究的人为分隔有可能导致基础理论和原理难以充分得到应用,同时又使应用研究缺乏专业学科的理论指导而削弱了应用的实际效用。[2]

　　具体而言,基础研究和应用研究两者能够相辅相成,互相促进。基础研究能够为应用研究提供和确立一个专业学科的分析视角、思路和起点,基础研究所建构起的理论能够为应用研究分析所面临的问题和现象提供一种进行说明解释的要领和知识的系统。应用研究则可以为基础研究提供一种验证理论、发现新领域以及推广运用学科专业知识的条件和机会,为基础研究的持续深入发展提供一种现实的激励和指引。基础研究和应用研究两者之间的这种互动关联是确保理论实际有效和应用知识具有理论深度的不可缺少的前提。

第二节　应用研究与研究的应用

　　与认识和理解应用社会心理学有关的另一个重要问题即是关于"应用"二字的涵义如何理解和辨识的问题。人们通常所理解的"应用"往往是指将某一学科研究的理论、知识与方法技能运用于现实生活中各种实际问题的分析和解决之中,使得这些问题能够在专业学科的科学理论和方法的指导帮助下,而不是在生活常识与实际经验的盲人摸象式的体会感受指引下,得到较好的解决。这样的一种普遍地为人们所采用的关于"应用"的解说,简洁明了,通俗易懂,因而成为人们认识和分辨应用性学科研究的基本标准和指针。在应用社会心理学的著作中,这种观点和认识也随处可见。但是这样的一种

---

①　见 J. Werant. Applied Social Psychology. 1986. Oxford University Press. p4 – 5.
②　见 J. Werant. Applied Social Psychology. 1986. Oxford University Press. p4 – 5.

表述仍然存在着一些模棱两可、含糊其辞之处,仍未能达到对"应用"之词义通达透彻的辨识和解说。例如,要想解决所面临的现实实际问题首先就必须通过分析研究而达到对问题的认识和了解,并将这种认识了解与学科的理论知识融为一体,形成关于所要解决实际问题的专业学科的理论分析和解答,进一步还需要研究探讨如何将这种理论与知识的观点主张与原理分析转化为解决实际问题的实际方法和技术以及运用这些方法技术的切实可行有效的过程和步骤。这样的两个方面在实际的应用研究中缺一不可,前者可以称之为理论分析的部分,是应用得以开始进行的基本前提,后者则可看作是方法设计的部分,是应用得以实现的必要保证,两者都包含了对实际问题的研究和应用。如果在对"应用"词义的表述和理解上片面地强调某一方面或者是含糊其辞不置可否,这无疑将会使人们对应用的认识和理解出现偏差和误解。事实上,上述包含在"应用"意义中的两个方面均具有应用的特征与研究的性质,都要围绕着实际问题进行专业的分析和思考。

从学科整体来看,从应用研究中关于所要解决问题的理论分析与方法设计的研究这两个方面的主次轻重来看,可以将应用研究区分为两种不同的类别,即侧重于问题分析解释的"研究的应用"与侧重于问题解决方法设计研发的"应用性研究"。两者之间的差别与不同主要在于:

一、研究的应用以对现实问题解决的理论分析为取向,侧重于对现实问题的特征、成因、变化规律及各种可能的影响因素等进行分析探讨,或者依据学科自身已有的理论,或者是尝试在问题分析中概括提炼出理论性的说明解释,以期形成关于所要解决问题的原理性的概括总结和规律性的认识了解。从这种研究中可以产生指导问题解决的基本思路、主要途径以及可以考虑的着手的方向。

应用性研究则以对现实问题解决的方法技术设计为取向,侧重于对解决现实问题的具体方法技术和实际的操作规程进行研究开发,或者是利用学科自身已有的方法和技术,或者是在新的研究开发过程中产生形成新的方法技术和技巧,以期获得与掌握切实可行有效的解决问题的实用之术。从这种研究中可以得到的往往是解决问题的具体方法、专门的技术、独特的技能以及精巧的过程操作,甚至会包含一些关于方法技术的研发、运用和操作的方法论层面的认识和思考。

两种类别应用研究的这一差别是两者之间的基本和重要的差别,影响着两类应用研究在其他各方面的同异与关联,也影响着人们对应用研究的认识和理解。通常人们所理解的应用研究,包括一些专业学科的研究者所认为的,多是指方法研发意义上的应用研究,而将理论分析意义上的应用研究看作是基础研究,这显然是一种片面的认识,将理论的分析探讨与应用研究隔离开来甚至对立起来。勒温所说的没有什么比一个好的理论更为实际有用的名言应该成为认识和理解应用研究的基本指针。

另一种关于应用研究的片面但也较为普遍的认识和理解即是认为,所谓的应用就是将专业学科已经研究出的理论、知识和方法简单直接、一成不变的拿来去套用需要解决的现实问题,套得上、用得了、有效果,就肯定学科研究的价值和效用,否则就将学科的理论和方法搁置一边,另寻经验、常识甚至是个人意愿来着手进行问题的解决。这显然是一种急于求成、不计长远的肤浅浮躁的拿来主义应用观,对于专业学科的进步与发展,无论是基础研究还是应用研究,都将是有害无利的。从认识的角度来看,这种实用取向的拿来主义应用观完全忽视了应用研究所需要和包含的必不可少的研究成分,将研究与应用隔离甚至对立了起来,片面强调专业学科研究在解决现实问题中的实用效果,进一步则有可能导致应用研究脱离学科的指导和推动,失去专业的严谨和精确,走向依据有限的实际经验隔墙猜物和摸石头过河般的茫然试误之中。

二、研究的应用与应用性研究虽然都是以现实中存在的实际问题作为自身分析探讨的目标对象,但在问题的选择取舍上仍存在有一定的差别和不同。

研究的应用侧重于根据专业学科自身已有的理论进行对现实问题的理论分析,寻求对所要解决问题的原理性的概括总结和规律性的认识了解,因而已有的理论成为应用性研究的源头和根本,而所要分析解决的现实问题则如同是需要理论之泉水滋润灌溉的干枯的禾苗与田地。因此在研究的应用中,选取适当切实的理论或概括提炼新的理论是第一重要的,只有所运用的理论是切合问题的实际和解决问题的需要,才能产生形成对问题的原理性和规律性的正确认识与了解,才能使研究有助于问题的解决。因此,研究的应用在问题的选择取舍上会受到原有学科理论与专业知识局限的约束和影响。

应用性研究则侧重于研究开发解决现实问题的具体实用的方法技术和过程操作,寻求有效可行的解决实际问题的用武之术,因而方法技术的研制和运用成为应用性研究中第一位的需要,这就如同是开渠引水一般。好的方法技术可以促进推动问题的解决并最终使之圆满解决,差的方法技术则有可能增加问题解决的额外困难和成本,甚至是无法圆满解决问题。因此在应用性研究中,方法技术的研发和过程操作的设制往往会超越原有学科的局限和定位,借鉴和利用相关的学科专业,这就使得应用性研究在问题的选择和取舍上有着较大的选取空间和多样性,也较少地受到学科原有的研究领域、理论知识和方法技术的束缚与局限。

三、应用性研究与研究的应用之间的另一方面差别与不同还在于研究的应用能够通过对现实问题的理论分析促进学科已有理论和知识的完善与成熟,推动学科理论研究的前进和发展;而应用性研究则有助于学科的知识原理和方法技术的推广、运用和普及,促进科学与现实生活的融合。

研究的应用由于侧重于对问题的理论分析,无论是运用学科已有的理论进行,或者尝试在问题的分析过程中产生形成理论,因而其结果都会在不同的方面和程度上对学科现有的理论产生影响,或者是检验显示了理论的信度和效用,或者是修正和完善了理论的不足和欠缺,或者是推陈出新概括提炼出了新的理论。这样的一些理论运作的过程不仅能够拓展应用研究的分析深度,同时还有助于学科理论研究的更新与发展。

应用性研究则因为着重于将学科的知识原理通过一定的方法手段运用于解决现实实际问题之中,因而在应用过程中可以将学科的知识理论简约化、通俗化和操作化,使之得以广泛传播和推广,并影响人们对现实问题的认识和思考以及相应的行为活动。因此,应用性研究对于现实社会的干预和影响明显比研究的应用更为直接和显著。

四、研究的应用与应用性研究两者在对现实问题解决的研究过程中都需要确立和保持明确的问题取向和效用目标,以对实际问题的分析、解答和解决为研究宗旨,但是两者各自为实现这一目标所需要的专业学科知识的累积和素养却有所不同。

研究的应用因其自身理论分析的取向,因而在进行研究应用时需要有对学科理论厚实精深的钻研和素养为前提,这样才有可能对现实问题进行较好的分析和解释。缺少了这一点就有可能使理论的运用走向生搬硬套,使关于现实问题的理论分析和研究变成为现实问题对理论教条的注解和诠释。

应用性研究则因其解决问题的取向,因而在进行研究应用时需要有对学科知识广泛通博的认识了解以及对学科专业技能方法精专娴熟的掌握运用,同时还需要有对相关学科的较多的认识与了解,因此相对研究的应用而言,应用性研究在开展进行时需要有较为宽广博杂的知识储备。缺少了这一点则往往会使方法技能的应用事倍功半,影响问题解决的效用,并可能进一步使问题难以得到很好的解决。因此,在解决问题的应用过程中,不同方法技能的综合运用和比较对照往往是减少避免这方面欠缺不足的有利选择。

第三节　应用社会心理学与应用心理学

心理学这门学科由于其所研究的对象和内容与人们日常的生活、学习和工作密切相关,无论是学术理论的研究还是实际问题的分析,都与人们在现实社会中的所作所为和所思所欲紧密相连,因而在人类社会中,心理学的知识和经验被运用于人类自身的活动和生活之中是由来已久和普遍多样的,从某种意义上来说,心理学这门学科从一开始就是朝着贴近现实、深入生活的应用方向迈进的。因此在心理学的众多分支学科里,具有实用特征和应用取向的分支学科占了大多数,这也就使得人们逐渐地形成了这样一个认识,即应用心理学(也包括应用社会心理学)只不过是各分支学科应用研究的汇集总结而已,只是一个内容相对多样化的研究领域,尚不足以成为一个有别于其他的、独特的分支学科。事实上起码在专业自身的发展进程中,应用心理学正在逐渐地走向职业化,与孕育其的母体学科越来越远了。

应用心理学的这种学科独特性和专用性的模糊不清也影响了其与应用

社会心理学之间所存在的差别与界限,使得应用心理学与应用社会心理学在所实际应用的理论、知识及针对问题提出的解决方法和对策上常常互相混淆、难以区分。这种状况在有关的教科书中最为明显和常见。事实上,应用心理学与应用社会心理学两者之间存在着多方面的根本性差别,这些差别的根源并不在两者各自实际研究的应用方面,而是存在于心理学与社会心理学两者之间由来已久、根深蒂固的学科归属与专业知识构成的多方面不同之中。了解认识应用心理学和应用社会心理学之间的这些差别与不同将有助于对应用社会心理学认识了解的进一步深化和准确,而不仅仅是概念界定语词字面上的望文生义或断章取义。

应用社会心理学和应用心理学之间的差别与不同在于:

一、两者各自进行应用研究的出发点有所不同。应用社会心理学从其产生形成之初就是以现实社会中所发生、存在的社会现象与社会问题作为自身研究的对象和内容,寻求对这些现象、问题的分析和解释,表现出明显的现实取向。这一特点无疑是与社会心理学紧密联系现实和关注现实的学科传统一脉相承的。无论是在勒温(K. Lewin)早年进行"行动研究"的年代,还是在上世纪七十年代社会心理学出现学科危机的时期,这种关注现实、扎根现实的研究取向始终都没有发生过改变。因此,应用社会心理学的研究和应用多源自于现实社会的变化和问题,起自于对现实需要和期望的回应,而不仅仅是一种专业学科知识、概念、理论及方法自我成熟后向现实社会的自然扩展和延伸。

应用心理学的研究与发展虽然与现实问题的解决和社会变迁的需要与呼唤紧密相连,但在研究和应用中主要是以学科自身的发展和更新为前提,立足于学科自身知识的不断积累的更新、理论的日益完善与精深以及方法技能的愈加精巧实用和有效操作,依此进一步对现实的需要、期望与呼唤作出选择与回应,实施干预与影响。因此,应用心理学的研究与发展更多地表现为一种专业学科自身不断成熟与发展之后向现实与社会逐渐渗透介入和不断扩展延伸的过程,也即是一种专业学科从象牙塔中走出来并进入世俗社会融合吸纳并替代生存经验常识的过程。所以,心理学的应用研究往往首先要考虑的是从专业的角度与立场来看能够做什么研究,而不是从现实社会的需要与期望出发去辨别和了解有什么现象与问题需要或值得去研究。就此而言,应用社会心理学则基本上是反其道而行之,从现实的需要出发开展进行专业学科的研究并由此来推动专业学科自身的进步与发展,将实际的生活常识与实践经验概括精炼提升为专业学科的知识和理论。因此在这样的过程中,首先要考虑的是现象与问题的实际研究需求和社会价值,而这也正是社会心理学这门学科鲜明和突显的研究取向和学科特征。

二、任何一门相对独立的专业学科在进行研究时,哪怕是所研究的问题与现象同时也是其他一些学科所关注并研究的对象和内容,都会选择和确立与其他学科不同而为本门学科所固有的着手之处,即观察分析的具体单位和思考推论的主要路径。专业研究的不同视角和思路虽会因研究者个人的经验、知识和专业素养的差异而各有不同,但这些不同归根结底是由专业学科的性质、特征和取向所决定的。应用社会心理学和应用心理学虽然都指向于应用,但在着手应用时的视角和思路却因社会心理学与心理学的差异而不尽相同。

应用社会心理学秉承社会心理学研究的基本思路和视角,着眼于人与人互动过程中的心理活动与行为表现,专注于个体与周围其他人的互动、关联和相互影响过程中心理活动和行为表现的变化,因而在实际问题的应用研究中致力于通过分析改变和影响人与人的互动关联与影响来获得对问题的理解和解决。例如在研究青少年吸毒问题时,应用社会心理学会着重于分析探讨青少年的交往伙伴、各种人际关系、参加的群体团伙以及其他有影响的人物等,并会据此提出解决问题的相应对策,如选择新的交往伙伴、加入良好的同辈团体、断绝不良的人际关系等。这样的一种研究视角和分析思路是应用社会心理学及社会心理学长久以来所坚持的学科特点之一。

应用心理学则有所不同。沿袭了心理学研究的传统思路和视角,着重于人们内潜的所思所欲与外现的所作所为之间相互关联与影响的分析以及这些心理活动与行为表现和周围环境刺激的相互关联与影响,因而在实际问题的应用研究中,应用心理学着眼于分析探讨人的内潜心理和外现行为与周围环境之间的互动关联和影响,专注于这种关联和影响所引发的心理与行为的变化,尝试通过分析、改变和重建这种关联和影响来形成关于实际问题的理解和解决。简而言之,应用心理学是在人与环境的关联影响之处着手进行应用研究的。对于青少年吸毒的问题,应用心理学则会侧重于研究分析青少年生理心理发展成熟的状况与特征,如需要、人格、认知偏好等,以及与环境中的教育、宣传、管理、压力等相互的影响与适应,尚有环境影响的变更所造成的心理压力、挫伤与行为偏差等,通过这些方面的分析探讨进一步产生解决问题的可行决策,如通过正确的宣传教育转变青少年的认知观念的态度、减少、消除或缓解升学压力、就业挫折以及生活紧张等不利的环境刺激与影响来避免情绪心态的不良状况与性格的自我压抑扭曲所引发的行为偏差。与应用社会心理学相比较,应用心理学的问题解决更侧重于通过外在环境单方面的物质改变来进行,而应用社会心理学则更多地关注于个体自身行为活动的改变。

　　三、应用社会心理学与应用心理学的另一方面区别与不同还在于两者各自开展应用研究所实际达到的目标和效果有所不同。虽然两者各自都是针对现实社会中的实际问题进行应用研究,但由于各自开展研究的出发点和着眼点不尽相同,因而研究所产生的影响及效果也有较多的差别。

　　应用心理学侧重于从个体自身出发,着眼于分析探讨个体心理行为变化发展的技术影响和方法操作,力图寻求改变个体与环境互动过程的具体措施和手段,藉此来帮助个体更好地顺应环境影响以及增进环境对个体的有目的和有选择的影响。因而应用心理学的研究所关注的主要是个体层面的行为及与此相联系的方法技术的应用问题。

　　应用社会心理学的研究所关注的问题不仅仅包括了一些个体层面的行为问题,更多的则是引起社会普遍关注、对社会整体具有普遍影响的社会问题,如法律的公正、环境的保护及大众传媒的宣传等,因而对这些问题的研究分析和处理解决需要一种超越个体层面和技术取向的研究思路,这些问题的产生形成及变化影响涉及到复杂多样的社会构成的方方面面,而不仅仅是固守于心理学传统的心理——行为的狭窄思路。因此在实际研究中,应用社会心理学倾向于采用一种通过参与、干预和变革社会运作进程来改变和解决社会问题的研究思路,通过对问题的分析研究进一步来设计、重组和变革影响实际问题的各种环境条件与社会过程,从而使问题得以解决。例如,对于环境污染和资源浪费的问题,应用社会心理学的研究表明,转变人们的认识观念和态度,提供有效便利的环保设施和技术手段固然重要,但改变人们的生活习惯和消费方式才是最根本的。对于吸毒人群的改造也是如此,医药的技术手段和心理辅导的疏泄、引导、转移和控制等方法是不可缺少的和行之有效的,但是要使吸毒者从根本上断绝吸毒行为、消除吸毒心瘾、彻底远离毒品,则需要对其的生存方式及状况进行彻底的更新和改造,包括生活方式、人际交往、日常行为习惯以及社会的影响和控制。这样的一种解决问题的思路和取向必然会使解决问题的过程成为一种变革社会与重塑人生的过程,因而所产生的影响也不可避免的是社会性的,而不会仅仅局限于个人的层面。早年美国社会心理学家关于学校内种族歧视与分校制的研究在社会上引起的震动性反响和体制性变革,就是一个有代表性的例子。① 相比较而言,应用心理学更多地是在方法技术的层面产生较明显的影响和效果。如通过有效的心理疏导治疗的方法技术缓解和清除吸毒者的毒瘾和习惯;通过行为强化的措施和手段来抑制和控制污染环境的行为等。

　　应用社会心理学与应用心理学两者之间的差别虽然是显著的,但与其他分支学科及其他相关学科相比较,两者之间尚存在着相同、相通和相互促进之处。尽管在实际的研究中,应用社会心理学着重于通过改变外部的社会环境和社会进程来解决所面临的社会问题,而应用心理学所侧重于通过技术手段与方法技巧的运用来解决所面临的个人心理与行为问题,但两者的研究都是以解决人们心理和行为的问题为目的。

　　此外,应用社会心理学与应用心理学在实际的应用研究中还存在着多方面的相通互补之处,其中在理论和方法方面最为明显。在奥斯坎普所著的《应用社会心理学》一书所列举的方法和理论中,就包括了诸如心理测验、实验室实验等心理学研究的传统技术与方法以及学习理论、认知理论等心理学研究的主流理论。② 这种情况在应用心理学中也普遍存在,问卷调查的方法

---

① S. Oskamp. Applied Social Psychology. 1984. New Jersey:Prentice－Hall Inc. p56－58。
② S. Oskamp. Applied Social Psychology. 1984. New Jersey:Prentice－Hall Inc. p56－58。

及有关的理论也被广泛地采用。事实上应用社会心理学与应用心理学两者之间的相通互补已经使两者在应用研究的许多具体微观的方面融为无法分割、难以区分的统一体。这在相当大的程度上促进和推动了心理学应用研究的进步与发展。

第四节　应用社会心理学与社会心理学

任何一门学科的研究,无论是基础研究还是应用研究,都会依循一定的、而且往往是为专业学科自身所特有的分析思考的逻辑与架构、检验论证的程序与模式以及操作实施的方法与技术,从而使得研究本身具有和表现出鲜明的专业学科特征和区别于日常生活经验积累与实践摸索尝试基础之上的思考与总结的科学性。这种在专业学科研究中所依循的逻辑架构、程序模式以及方法技术的操作就构成了专业研究的基本范式(paradigm)。自从库恩在关于科学演进与发展的分析探讨中提出了"范式"这一用以进行分析和做出解释的分析性概念后,这一概念所包容的内涵也在后人们的研究中被不断地扩充、更新及重新分解,无论是从分析思考论证的逻辑与架构的方法论层面来看,抑或是就方法技术操作运用的实证层面来说,"范式"这一语词都已成为用以对各种研究进行概括和类型化的专有概念,而某一专业学科在研究中所依循的研究范式基本上也就反映和体现了该学科的基本属性(如是经验学科还是思辨学科)以及专业研究的主要特征(如是实证性研究抑或是诠释性研究)。因此,了解并掌握一门专业学科的研究范式将不仅有助于人们对该门学科形成全面准确的认识与理解,更为重要的还在于能够帮助和引导人们在实际的研究中保持并不断提升所从事研究的专业水准与学科内涵,增进实际研究的科学性,促进人们所从事的实际研究对专业学科的进步与发展做出有利的影响和贡献。

社会心理学这门学科,无论是从心理学的学科视角和主流取向去看,还是从社会学的学科视角的历史传统来说,其自身都是一门实证性的经验学科,依循着学科自身的理论架构和思辨逻辑,确定实际研究的观察视角、分析思路与论辩的观点,进一步运用实证的方法与程序,搜集与获取第一手的经验性材料,论证和检验已有研究的结论观点和已有理论的假设推理判断,在此基础上进一步整合建构起新的、系统性有组织的知识体系与理论体系,从而增进专业学科研究的知识积累和创新,推动专业学科的进步与发展。这种专业学科研究的"实证范式",无论是量化的实证抑或是质性的实证,始终都是社会心理学这门专业学科在实际研究中所恪守遵循的范式,特别是在奥尔波特(F. H. Allport)开创"实验社会心理学"之后,这种实证的范式更成为社会心理学专业研究的主流正统范式。① 应用社会心理学,作为社会心理学专业学科研究面向现实社会的拓展和应用,在解决和应对现实问题及指导社会实践的过程中,其所依循的分析与研究的范式毫无疑问地承袭和保持了社会心理学专业研究"实证范式"的基本内涵与特点,依照社会心理学专业学科研究的基本思路、分析架构以及检验论证的方法、逻辑与程序进行着回应现实需要、解答实际问题和指导社会实践的应用取向的研究。就此而言,应用社会心理学自身并不拥有其独一无二的研究范式,而只是将一种研究范式运用于不同方面及不同取向的研究中而已。研究的范式决定着一门学科的专业属性和特征及与其他学科之间的区别,因此应用社会心理学也往往只是被看作为社会心理学的应用研究而已。这也基本上反映了应用社会心理学所包含的有关各种现实问题、行为现象的应用研究的学科定位与归属。

另一方面,应用研究毕竟不同于基础研究,这不仅表现在具体研究内容的选择上有较明显的差别,应用研究主要是从现实的需要和实际存在的问题中去寻找发现研究的内容和主题,基础研究则立足于学科自身知识理论的积累、创新和发展,因而更多地是根据专业研究的学理动态和脉络去寻找甚至人为地模拟设制研究的内容和主题;更重要的还在于应用研究与基础研究所追求的目的和实际表现具有的效用存在着极大的差别。应用研究的"问题取

① W. S. 萨哈金 著,周晓虹等译,《社会心理学的历史与体系》,贵州人民出版社 1992 年版。
G. 墨菲,J. 柯瓦奇 著,林方等译,《现代心理学的历史导引》,商务印书馆 1982 年版。

向"与干预现实的效用目标和基础研究的"学理取向"及推进学科发展的效用目标两者之间存在着泾渭分明的差异,这种差异使得人们在实际的研究中会有意识无意识地倾向于将研究分为两种不同的类别,即学术的研究(academic research)和非学术的研究(non - acdemic research),类似的区分如心理学研究(psyohological research)和心理研究(study of psychology),社会学研究(sociological research)和社会研究(social study)等。由于这一类别的存在,因而即便是同一学科专业中的基础研究和应用研究,在所依循的研究范式上也会相应地表现出一些具体的区别和差异。对于应用社会心理学来说,其研究范式有别于社会心理学主流正统的实证范式之处主要在于:

一、由于其研究本身回应现实的"问题取向",因而在实际研究中对现实问题进行分析论辩的思路与视角往往更多的是着重于对现实问题及其成因、影响后果的分析与探讨,关注于实际问题解决的方法与措施,力图通过对现实问题的分析与解决来干预和影响社会运作变迁的实际进程,因此在实际的研究中会表现出鲜明的价值取向。而不是如同基础社会心理学研究那样依循学科自身的理论思路和学理脉络进行分析论证,寻求对学科理论与知识积累更新创造的贡献。

二、应用社会心理学的研究如同其他许多应用学科的研究一样,在研究所采用的方法和所选定的程序上表现出明显的多样化特点。即在实际的研究中根据所面对的现实情况与条件及问题的实际状况和需要,选取多种方法技术、甚至是其他学科专业的方法技术来开展研究,而不只是单一地依赖本学科自身的某一种方法与技术,表现出方法运用上的多样性和综合性。此外,在实际研究的过程中,因时因地制定与调整研究的实证程序,采用现场研究的设计与过程安排,以求研究本身最大的有效性和现实性,这也是应用社会心理学研究的一个重要特点。这无疑会影响和改变对严谨"实证范式"的遵守和实施,但对于应用研究而言,研究本身现实效用则较研究本身的学科规范显得更为重要和不可或缺。

三、应用社会心理学与社会心理学的另一明显与清晰的差别之处就在于各自研究内容所涉及的行为活动和社会领域有所不同。社会心理学所研究的内容始终围绕着人与人之间普遍和一般意义上的相互认知、交往互动以及相互影响,较少深入和具体化为某一生活与现实层面中的系统和专门的研究,研究的目的在于探讨人们社会心理与社会行为的一般规律、普遍特征以及必然联系,因而在社会心理学的研究内容中,分析探讨的基本范畴、重点主题和主要领域是依据学科自身发展的内在逻辑而确定和扩展的,对现实社会的介入与关联并不是系统、完整和明确的;而应用社会心理学的研究内容则表现出对社会某一生活与现实层面的系统、深入与专门的分析探讨,内容中所涉及到的社会心理或许只是社会心理学研究的某一方面,如态度或认知,但在应用研究中则可能是一以贯之的,系统和深入具体的,如在组织中对工作满意感、组织认同与承诺、组织文化的研究等,因此在应用社会心理学的内容中,其内容的构成是根据所涉及的不同的社会活动领域而加以区分和组织起来的,而不是按照学科研究的基本范畴及普遍主题来确定的。这一点的区别直观地体现了应用社会心理学和社会心理学之间的根本差别。

不过在实际的研究中,应用社会心理学所遵循的研究范式仍然是"实证的",仍然是以社会心理学的基础研究和学术探讨作为自身开展研究的基础、源泉、参照和指导,正因此才能足以确保所进行的研究所具有的专业学科特征和属性。应用社会心理学与社会心理学之间的差别不是一种学科专业性质上的差别,而更多地只是一种研究的效用取向上的差别。

第五节 应用社会心理学研究

如前所述,应用社会心理学,顾名思义,即是一门将社会心理学的理论、方法和知识内容运用于现实实际中的社会实践的应用学科,是将社会心理学的理论、方法及研究结果应用于理解和解决各种现实社会问题的专业研究。由此可见,应用社会心理学是以社会心理学为基础,其自身并不拥有超出社会心理学学科范围和专业领域之外的、为其所独有的理论、方法和知识体系。应用社会心理学仅仅是一种"研究的应用"(application of researchs)层面上的社会心理学。然而即便如此,这样的一种认识仍有着明显的局限性,尚未能准确清晰地揭示应用社会心理学所具有的专业研究特性,应用社会心理学在其自身的研究对象与内容、研究领域、分析架构与研究范式以及研究的价值取向等方面都存在有自己的独特之处。应用社会心理学作为社会心理学的应用研究,包含了研究的应用以及应用中的研究两个方面。应用社会心理学的专业研究特性可以从以下几个方面分析:

一、研究对象与内容。应用社会心理学作为社会心理学的应用,其所研究的对象与内容必然仍依循着社会心理学原有的专业研究路径和原理,以社会心理学的基本概念与范畴为指引,因而其所探讨的人的社会心理与社会行为在实质上仍不外于社会心理学所研究的人的基本和普遍的社会心理与社会行为的现象和内容,例如应用社会心理学在法律领域所研究的目击者作证和陪审团裁决的研究,都是以社会心理学中关于人际知觉和人际影响的研究为依据并围绕这些内容而进行的,依此展开对目击者作证和陪审团裁决过程中的社会心理活动的应用研究。在环境保护和能源节约领域从态度改变和人际影响方面着手所进行的应用社会心理学的研究也是如此。因此,从一般意义上来说,应用社会心理学的研究对象和内容与社会心理学的研究对象和内容并无实质性的差别与不同,但是具体地来看,两者之间在内容和对象上还是存在着明确与显著的差别,存在着一般的共性与具体的个性以及普遍性与特殊性的差别。应用社会心理学是研究在特定的社会环境与社会场域中的社会心理与社会行为,探讨这些心理与行为在特定的前提条件之下所具有的个性和特殊性,分析这些心理与行为所有的个性和特殊性的特征及规律,据此而形成关于人的丰富多样的社会心理与社会行为的有针对性的说明与解释,将社会心理学的一般原理、基础理论以及基本知识与现实生活中人们具体实际的心理和行为紧密联系、融会贯通,使社会心理学成为深入现实、关注实际的“行动中的社会心理学”。这即是从研究的应用的角度来看,所要解决的问题是应用研究的适用性问题,即普遍性和基础性的知识理论如何与特定的具体实际的相匹配和相对应的问题。

另一方面,应用社会心理学所研究的内容则涉及到在基础性知识理论与具体实际相匹配的前提之下如何通过运用这些知识理论来较好地解决实际问题的问题,也即是涉及到了应用中的研究的问题,涉及到应用研究的效用性问题。一个理论、一种知识、甚至是一项技术,当被应用到解决实际问题的实践中时,所面对的不仅是理论知识与技术自身的完善充实及对实际问题的适用与否的问题,同时还面对着这些应用对实际问题的解决具有多大的效用的问题,能否有效地和最大程度地解决现实实际中所存在的问题。例如,社会心理学的研究发现,人们的利他助人行为在很大程度上会受到人们对需要帮助的他人的认知的影响,社会心理学家将这种认知的影响予以理论模型化,据此可深入细致地分析认知影响下利他助人行为的发生表现过程。① 而将这一理论模型应用于现实生活中的旁观者冷漠问题时,仍需要进一步研究影响旁观者认知的有效方法、技巧及实施过程的安排等,模型化的理论分析和原理性的知识本身未必能够提供这些方面的具体与直接的指导。对此,同样需要进行深入细致地研究,总结归纳和发现尝试将理论有效应用于解决实际问题的方法技术和操作过程。只有通过进行有关应用的方法技术等方面内容的研究,才有可能解决研究应用的效用问题,使学科理论知识的应用对实际问题的解决提供实践层面的指导与帮助;而缺少了这些研究,则难免会使研究的应用变成仅仅是坐而论道却难以产生实际的效用。

二、研究领域。应用社会心理学的研究是一种应用性研究,其所包含涉及的研究内容自然是与现实社会方方面面中的人的社会心理与社会行为紧密相连,因而其研究所涉及的社会领域也比基础社会心理学研究所涉及的领域要更为宽广,从理论与原理的层面来看,大凡存在着人与人之间的交往互动和相互影响的社会活动领域中,都有应用社会心理学从事研究的空间和问题。具体而言,应用社会心理学的研究领域应以现实中的"社会性领域"为主,而不是以现实中的"自然性领域"为主,也即是以现实社会的构成和过程中存在和包含着人的社会行为的层面与部分为研究应用的领域,而不是以其

① S. E. Taylor 等著,谢晓非 等译,《社会心理学》(第十版),北京大学出版社 2004 年版,第382－385 页。

中的自然或技术的层面与部分作为研究应用的领域。例如,在关于环境保护与能源节约的研究中,应用社会心理学所能研究的应该是人们对此的态度、观念以及行为的习惯方式、影响的规则制度、文化传统等社会条件和因素的方面,而不是在于技术条件和手段的更新或物质环境的改变等方面,应该是着重于人与人及人与社会的相互联系和互动影响的部分,而不是偏离到人与自然的相互关联和互动影响的方面。在诸如工业组织、消费行为、大众传播等应用社会心理学所研究的领域中,实际研究的开展进行也都应着眼于其中的人际和人与社会的关联影响等社会性层面,而不是关注生产的技术过程、环境的物理因素与条件、商品的物质形态与营销手段、传播的技术手法与信息内容本身的特征等。依此,才能使应用社会心理学的研究既立足于社会心理学专业学科的理论与知识的基础之上,与其他相关学科的应用研究既相互区别又相辅相成,同时又能对现实问题的解决提供恰当适合的、有实际效用的专业和科学的帮助与指导。

三、研究范式与分析架构。应用社会心理学的研究针对的是现实实际中的现象和问题,要求所进行的研究具有明确的专业适用性并产生有效用的实际结果,着眼于现实中的社会性领域,因而在实际的应用研究过程中就不能不考虑社会的不同层面与部分以及不同的人群和组织之中所存在的特有的文化传统、价值信念以及社会性格等因素的影响和作用,并将有关这些方面内容的研究纳入到应用社会心理学研究的分析框架与研究范式之中。将这些方面内容的纳入不仅能够丰富充实应用社会心理学的研究,而且也能够促进和增强应用社会心理学应用研究的实际效用。

文化、价值与社会性格通过约定俗成、习惯风尚与传统惯习的方式影响和塑造着人们的心理与行为,包括宏观层面和微观情境中人们的心理与行为。例如在有关利他助人行为的研究中,文化传统和社会价值理念的影响是显而易见的。东方社会的集体主义文化与西方社会的个体主义文化对个人之间的互助互惠以及社会公益活动的参与有着显然不同的影响,集体主义文化强调的是人际关系的和谐融洽与对社会群体的相符和责任,而个体主义文化则强调个人的自主独立和自我中心,将人们的行为看作是个人自主选择的结果,因而在对待助人利他的态度、观念和行为选择上会存在着明显的文化差异。① 因此在实际的应用研究中,无论是对现象问题特征和表现的分析解释,还是针对所存在问题寻求予以解决的对策方法,都不能脱离与舍弃对文化、价值和社会性格的分析探讨,都要将所面对的心理与行为和所要解决的实际问题置于文化与价值的透镜之前。

　　将文化、价值等方面内容纳入到应用社会心理学研究的分析架构和研究范式之中,意味着不仅要在实际的研究中依循社会心理学研究已有的研究范式与分析架构,同时还要在这一分析架构中加入文化的分析变量与因素,在既定的研究范式中确立文化分析的基本思路和逻辑,即文化比较的思路和文化诠释的逻辑,而不仅仅是局限于个体条件因素与具体情境特征以及两者之间相互影响的分析探讨。例如同样是在有关利他助人行为的研究中,就应不仅考虑到个人自身的认知、动机、人格特征以及诸如他人在场的情境和城市社区的规模等方面因素的影响,而且要考虑到社会规范与价值取向等文化因素的影响。文化与传统通过社会化的过程使一个人学习和接受了包含着文化传统的规范与价值,引导和约束着人们依此而表现出相符合的行为。对陌生人的救助和对公益活动的参与在很大程度上是与社会中的公平、互惠与责任的规范和价值理念紧密相连的,而在不同的文化背景下,这些规范与价值的内涵及其对人们行为的要求则有着明显的差别,从而影响了人们利他助人行为的不同表现方式与不同的内在起因。②

　　四、研究的价值取向。应用社会心理学研究包含了社会心理学研究的应用和应用中的研究两个方面,无论是其中哪一个方面,在实际的应用过程中都不可避免地会遇到或产生研究的价值取向问题,即研究的社会道德问题,包括在方法的运用与结果的影响两个主要的方面。由于社会心理学的研究与人们日常的社会生活密切相关,紧密联系,因而研究的社会道德问题在社

---

　　① S. E. Taylor 等著,谢晓菲 等译,《社会心理学》(第十版),北京大学出版社 2004 年版,第 391 页。
　　② S. E. Taylor 等著,谢晓菲 等译,《社会心理学》(第十版),北京大学出版社 2004 年版,第 388－390 页。

会心理学的基础研究中始终就存在着,不仅方法上隐瞒蒙骗技术的使用以及脱离真实社会的实验室实验的运用会引起人们对研究本身的道德置疑和价值批判,而且研究过程与结果对人们产生的影响也同样无法避免这种道德与价值的评判。上世纪七十年代社会心理学经历的学科发展危机,在相当大的程度上即是源自于这方面存在的问题。和基础社会心理学一样,应用社会心理学的研究也存在着相同的问题,而在诸如结果的应用与影响方面还有可能产生更大更多的道德与价值的问题。因此,在应用社会心理学的研究中确立明确的道德与价值的目标和要求不仅是十分重要的,而且是必不可少的。应用研究的目的与效用应该是体现在对人类社会美好生活的增进与发展之上,通过自己的研究造福于人类社会,而不是单纯地寻求知识的积累和更新,应用社会心理学只有将自身的研究定位于此,确立与社会现实需要和价值诉求相符合的研究取向和方法技术的使用,才能使其的研究发挥良好的作用。

第三章　应用社会心理学理论

　　任何一门专业学科的科学研究都致力于寻求对自己所研究的现象和事物的认识与了解，有了这种认识与了解就有可能进一步对事物现象的变化发展作出判断、推测和预计，并根据自己的需要和意愿去影响和控制这种变化与发展。在这当中，认识和了解是首要的，只有获得和形成了对事物现象内在属性、特征及与外部相关联系的认识了解后，才能够作出推断预测并在实践中通过干预、影响和控制事物现象的变化发展来检验这种认识了解的正确性。通常人们获取对事物现象认识了解的最简易直接的方式即是日常生活经验的点滴积累。但是由于人们生活实践的方式、内容和范围等存在有不可避免的局限性，犹如盲人摸象一般，因而依此所形成的对事物现象的认识与了解往往是零散不系统和片面的，仅仅是一种建立在生活体验和主观感受之上的常识经验而已。另一种方式则是通过运用系统有组织和专业化的科学方法去观察分析各种事物和现象，积累有关事物现象各方面属性特征表现的实证经验，由此形成认识和了解。这种认识和了解即是知识，其基本的表现形式即为一种判断、一个概念，其对事物现象观察分析的正确程度及在实践中具有的实际效用则体现在这些认识和了解依循一定的关联与逻辑系统化后所形成的理论之中。理论本身不仅包含了对事物现象系统完整的认识和了解，同时也还包含了对事物现象全面深刻的分析和探索，因而理论不仅有助于人们认识的提升和增进，而且也能够使人们的实践活动具有更为正确的指引目标和更为显著的实际效用。对于专业学科的发展而言，理论则既有助于学科知识的积累、更新和创造，也有助于学科应用研究的不断扩展和深化。

在前一个方面,如同库恩(T. Kuhn)所说科学的进步发展取决于新的范式的出现;①在后一个方面,则如同勒温(K. Lewin)所说没有什么比一个好的理论更为切实有用的了。

因此,无论是在基础研究还是在应用研究中,理论都是至关重要和不可或缺的。理论就如同人的大脑,缺少了它,人虽然仍可有眼有耳,有手有足,但却再不能正确地观察、思考和行动了。

第一节　理论的涵义和特征

理论即是各类专业学科在其自身的研究中所形成和建构起的关于各种自然与社会事物现象的科学的认识了解和说明解释,是在一点一滴的发现、验证和积累的基础上通过归纳概括以及演绎推理而形成的。因此,理论本身主要是专业学科研究的产物,理论本身不仅包括了对事实现象的准确记录和叙述,更重要的是在于它蕴含了对事实本质属性的深刻分析和完整概括。正是这一点,才使得理论具备了与生活常识、实践经验完全不同的特征和属性。

说到"理论",人们往往会将其与"空洞抽象的玄想"、"脱离实际的夸夸其谈"以及"晦涩难懂的概念术语"联系在一起,觉得理论远不如人们的实际经验和生活中的常识更实在也更为有用。但是事实上并非如此。从某种意义上来说,理论实际上是专业学科化了的实践经验和生活常识,两者虽都包含了对事物现象的认识了解以及说明解释,但是理论远比具体感性的实践经验和生活常识更为系统全面,严谨深刻,更加接近事物现象的内在本质和属性。

一、理论是关于事物现象的系统化和概念化的认识与了解,因而较为全面完整且具有较高的普遍性,能够反映事物现象的整体面貌与状况并可推而

---

① T. Kuhn, The Structure of Scientific Revolution. 1970, (2nd, EDs.) University of Chicago Press.

广之;常识经验则往往是片面零散的,虽然能够反映对事物现象的局部认识与了解,具有明确的针对性和实用性,但缺乏理论所具有的高度的抽象与概括,因而往往只能就事论事,难以放之四海而皆准。

二、理论是运用科学思维和专业学科精专的研究方法进行分析研究后而产生形成的,其中包含有对事物现象认识了解的创造与发明;常识经验则是在人们生活实践感性经验的日积月累基础上产生形成的,其中包含了对事物现象认识了解的发现与总结。因此相比较而言,理论更为严谨深刻,其对事物现象的说明解释超越于常识思维的理解之上,包含了新的、创见性的认识、理念和思想。

三、理论所包含的对事物现象的认识与了解是在对事物现象的分析归纳、提炼概括基础上形成的,并运用专门的概念和专业术语加以界定与描述,根据特定的逻辑和思路作出说明与解释,因而具有明显的抽象性和学理性,与具体生动的生活事实与现实实际之间有着一定的距离;常识经验的认识与了解则是直观和感性的,用以描述事物现象的语言词汇较为生活化,对事物现象的说明解释也较经验化,因而生动易懂,与现实实际和生活事实极为贴近。

四、此外,理论的学习和掌握需要有一定的知识储备作为基础并通过专门的直接学习过程方有可能奏效;而常识经验的拥有则主要取决于个人实际生活过程中实践经验的积累及其他人经验的交流和传授。因此,理论是可以借助于一定的条件和方法在人群中广泛地传授和散播的,通过教与学的活动而使人们所理解和掌握,并能明显有效地改变人们认识思考世界的智力活动与实践方式;相比较而言,经验的学习和传授则显现出较大的局限性和特异性,难以在广泛的人群中传播和教授,人们对经验的感受、领悟和接受也会有较大和多方面的个别差异,正所谓仁者见仁,智者见智,因而常识经验的认识与了解虽生动具体直观,但往往因人而异,在实践中对人们的影响也难免因时因地而有所不同。

第二节　理论的功能和效用

理论是人类认识世界和改造世界的智慧结晶。在人类自身的生存实践和科学研究活动中,理论具有着不可或缺和不可替代的重要作用。

一、理论具有着知识统合与建构的功能

知识经验的积累、保存和承传总是依循着一定的逻辑与系统而得以实现的,杂乱无序、零散无体的点滴智慧难以为人类普遍享有,更无法成为推动人类认识探索和生存实践的持续动力与源泉。只有在理论的统合建构基础之上,人类认知实践所积累的知识经验才能够具有普遍的价值和效用。

具体而言,理论能够有助于人们将各种各样的点滴经验、实践发现以及智慧创造系统化,依循一定的逻辑和规则将具体感性的认知积累组合建构成概括性的科学知识和原理,从而使之具有超越认知时空局限的普遍意义和效用。

理论有助于人们对纷繁复杂、不断变化的现象、事实和存在形成规律性的认识,对事物现象的本质特性形成深入的了解,通过归纳和概括提炼出反映事物现象内在联系和属性的意义、价值与理解,从而使人们的认知探索和生存实践能够进一步深入持续并产生可预期的效用与结果。

理论还能够通过对事物、现象深层内在的本质属性和意义价值的归纳提炼进一步建构起对事物、现象全新的认识与理解,为知识的创新、科学的突破性进展产生显著和巨大的推动作用,为新的发现与发明奠定坚实的知识基础。

二、理论具有着指导知识经验积累汇集的功能

知识经验的积累是通过人类自身不断的认识探索和生存实践而得以实现的,在朴素的感性认识和有限的实践基础上人类知识经验的积累经历了漫长曲折的过程,经历了反复尝试、不断摸索的一次又一次的挫折和失败;有了

理论的指导,则能够更好地指引人类的探索和实践,进一步推动促进人类知识经验的积累与更新,丰富和充实人类的知识与经验。

在科学探索和专业研究的活动中,一种新的理论的出现不仅能够使人们以往研究所获取的经验与认识得到更高的提升和更深入的阐述,而且还能够进一步激发新的认知探索和经验积累,产生出大量收集经验材料检验理论假说的研究探索活动,从而极大地推动了人类知识经验有目的、有方向地迅速积累和丰富。

此外,在科学探索和专业研究活动中,理论的产生和出现往往又是与学术流派的存在紧密地联系在一起,不同的学术流派及相互之间的纷争往往又是以各自的理论为标志,学术的繁荣和科学研究的兴盛通常也都是在不同理论学派的并存和争鸣中得以实现的。因此,理论对于科学探索研究来说,犹如空气对于生命一样,是不可或缺的。

三、理论具有着正确有效地指引实践的功能

理论的另一重要作用即在于能够有效地指导和帮助人们解决所面临的各种现实问题。理论不仅仅是能够正确说明和解释现实,而且还应能进一步依据理论的观点和原理指出解决现实问题的方向和路径、提出应对现实问题的对策与办法。解决现实中的各种实际问题可以凭借个人感性直观的经验和切身体会,可以在不断的尝试摸索中发现和寻找到解决问题的办法和对策,但是经验和尝试所提供的解决问题的思维和路径常常是有局限的,往往只是一种一物降一物的计策和手段,缺乏对问题解决和方法运用的本质原理的概括与抽象,因而难以普遍应用于各种不同问题的有效应对与解决,更难以帮助人们去预见和发现可能存在和将会出现的问题。而理论本身则能较好地解决这些问题。

理论可以通过其对感性经验、实践发现以及认知积累的概括抽象和系统化,提炼和建构关于事物、现象与问题的本质和规律的认识了解,从而为问题的解决指明正确的方向和目标。

理论可以通过其对事物、现象与问题发生、变化和发展过程的深刻分析

和详尽解读,准确描述问题的存在状况,梳理出问题的演变脉络,发现问题的影响后果,探索到问题的根本起因,从而为问题的解决提供可能的解答和行动方案。

理论还可以激发有关研究的进一步深入和促进应用研究的广泛开展,由此获得和发现解决所面临问题的可行办法和具体对策。

最后,理论对于实践的指引作用还表现在理论可以推动实践超越狭隘的感性经验的局限性,扩展实践的行动空间和领域,提升实践的行动理性,使实践摆脱盲目尝试与狭隘需求驱动的束缚和局限,从而最终使实践真正成为人类主观意志与客观理性指引下的实现自我和超越自我的自主行动。

总之,对于科学研究和实践探索来说,理论都具有着不可替代的重要作用,尤其是对于专业学科的基础研究来说更是如此。理论是连接贯通思想和经验的桥梁,是思想学说付诸于实践行动和实践经验集大成为思想智慧的纽带和通道。

理论的功能和效用还会因理论自身的特性和构成的不同,表现出较明显的差别。在对已有知识经验的概括、提炼和整合、对所研究探讨问题现象的分析和解释以及进一步的判断和推测等方面,不同的理论往往表现出不同的功能和效用。

侧重于对专业学科的知识和理论体系进行分析探讨和重新建构的分析建构型理论,其作用往往并不在于预测所研究问题现象的变化与发展,从而能够有效地指导人们的实践活动,而是在于从学科的宏观整体层面上把握和统合学科研究积累起的知识和经验,并且将这些知识和经验加以重新的建构与整合,形成结构全新的知识体系和理论架构,为学科研究和发展确立全新的知识背景和理论基础,从而促进和推动学科研究朝新的方向发展。这种分析建构型的理论通常表现为宏观视角、体系庞大的大理论,或巨型理论。

另一类理论注重于对所研究探讨的问题现象进行深入的分析,探索其内在的本质联系,寻求其内在的根本规律,尝试对问题现象的存在、变化和发展做出说明与解释。这即是一种理解诠释型的理论,通常表现为结构严谨、条理清晰、视角和思路独特的中层理论。这一类理论的功能效用突出地表现在对现实问题和社会现象的透彻剖析和富有说服力的说明解释上,对人们关于现实问题和社会现象的认知实践和行动实践具有着极强的指导作用,因而也成为许多经世致用的专业学科所孜孜以求的理论境界。

最后还有一种较为独特的理论类型,即探索假说型理论。通常只是表述了对问题、现象的一种尚未得以检验证实而仅仅是根据逻辑推断甚至是直觉感悟形成的看法和观点,提出了对问题、现象的可能的说明和解释。这种理论在形式上往往表现为一种假说、一种猜想或者是一种推断,其功能作用在于能够激发进一步的探索和验证性的深入研究,也有助于学科研究寻找和发现新的研究方向和研究领域。在对不同学科之间的边缘地带或交叉领域的研究中,探索性的假说型理论常常是推动研究持续深入进行的重要动力。

第三节 好的理论

在科学探索研究中,不同观点主张和学术流派之间的争论往往此起彼伏,持续不断,而这种争论的核心与焦点又多是围绕和集中在相互之间不同的理论观点主张上,对一种学说、一个学派乃至一个研究领域的研究的学术价值意义的取舍评判也时常取决于对其理论的是非好坏的判断与评价。因此,在学术研究中对理论的追求以及理论所受到的好坏评判,就成了维系学术研究生命的至关重要的问题。美国社会心理学家勒温曾经说过一句关于理论好坏的名言:好的理论就是那种切实可行的理论,这句话确实揭示了理论好坏评断的一个重要的方面,即理论的现实相符性,尤其是理论被应用于解决现实社会中各种实际问题时所表现出的有效可行的效用。然而理论的效用与好坏并不只是体现在单一实用的维面上,对理论好坏的评判也不仅仅是一个切实可行的解决实际问题的事情。理论本身包括有对问题、现象和事物的起因以及状况、特征的说明和解释,也包含了对其内在联系和变化动态的推断与预测,以及其结果和影响的分析。理论本身的是非好坏或长短优劣的评断问题首先也是一个对理论进行全面完整的认识了解的理论分析过程,理论本身可以是严谨、精巧、近乎完美的,也可能只是一种纲领性的观点阐述和逻辑判断;可以是根据事物间的相互关联依循思维逻辑推理演绎而得,也可以是形成于感性直观经验的汇集归纳和概括抽象;再有就是一种理论本身有可能对学术研究产生了极大和显著的影响,如引起学术界的广泛争论或引发进一步的研究热潮,也可能虽是树立了一家之说,但却和者孤寡,形影相吊。由此来看,一种理论要成为好的理论绝非简单轻易的事情,时间和空间、学术与现实、智慧与经验,等等,都成为检验理论好坏的重要尺度。不过,大凡好的理论都具有一些基本的特征,表现出一些相近或相通之处。

一、好的理论首先是能够对其所研究探讨的事物、问题和现象进行深入严谨的分析判断并作出完整有逻辑的说明和解释的理论。这就要求一个好的理论应该是分析深刻、逻辑严谨、论说有据、解说言之成理的理论。在这一点上体现了一个理论的专业学科功底、研究分析的功力以及归纳概括的经验和智慧。

二、好的理论应是能够激发专业研究和学术探讨的进一步深入、推动其向前迈进扩展的理论。也即是说,好的理论应该是有着广泛普遍影响的理论,这种影响在学科自身中表现为一种持续的爆发效应,能够在相当长的时间里唤起和推动本门学科研究的开展和深入;同时对于其他学科的研究又具有着明显的辐射效应,能够对相关的其他学科的研究和发展产生显著的影响。在这一点上好的理论就如同是在万里征途上树起的一块里程碑一样。

三、好的理论应是含有富有新意的观点理念、能给人们带来全新认识和思维、使已有的知识和理论得到进一步丰富增长甚至重新建构的理论。这意味着好的理论应是有所创新的理论,而不只是对已有的理论修修补补、拾遗补缺,或者是重新的翻抄包装、改头换面。有所创新的理论自然是前无古人、独此一家的理论,犹如万里征途上耸立的一座山峰那样。

四、好的理论还应是能够有效和正确指导现实实践、使人们根据理论的分析、解释和推断能够有效地从事实践活动的理论。也即是说,好的理论应该是在实践中有效用和有效益的理论,而不仅仅是只能坐而论道,却难以付诸实践和回应现实的经院哲学或教堂说教,更不应该是被束之高阁的东西。

　　以上关于好理论的分析,概括起来实际上就是两点:理论自身内在的学术特性和理论之外的社会效应。从推动学术研究和科学发展的目标来看,理论内在的学术特性对于一个好的理论来说尤为重要,就理论本身的确切含义来说也是如此,相对而言,理论外在的现实效用倒显得只是一个好理论所应具备的必要条件了。对于这一问题,社会心理学家肖和科斯坦佐(M. E. Shaw & P. R. Costanzo)曾有过详细的论述。① 他们认为,一个好的理论应具备有两个方面的特征。第一方面的特征是判断一种理论是否成为一好理论的决定性因素,具体包括:理论自身内在逻辑的一致、理论的论述判断与解释和已知的事实资料相吻合以及理论本身是可以和能够被检验的。很显然,这些要求着重于理论内在的品性与特质。另一方面的特征则侧重于理论的外在表现与效用,包括有理论的简洁和经济、与其他已被证明是真实可靠的理论之间的相互关联、用于帮助人们认识理解现实世界的效用以及对科学研究进步发展的推动和激励。这些条件是一个理论成为好的理论所应具备的必要条件。

第四节　应用社会心理学理论

　　应用社会心理学是一门将社会心理学的基本知识和理论应用于分析理解与说明解释各种社会现象并力求解决相关的各种社会问题的实用性学科,其宗旨和主要目标在于为各种现实问题的解决提供有效可行的方案、办法与措施。因此,理论上的发现、创新与贡献并不是应用社会心理学研究所追求的终极目标,尽管在实际的应用研究过程中,针对某一实际问题而进行的分析探索往往同时也可能有助于对某些理论问题的进一步详尽阐述和深入探讨,甚至是发现一些新的具有理论价值的问题,也正因此一些研究者认为不应将以理论探讨为目的的基础研究和以问题解决为目的的应用研究截然分

---

① M. Shaw & P. Costanzo. Theories of Social Psychology. 1982. McGraw – Hill, Inc. p3 – 18.

隔,漠视各自研究中所包含的相关意义和价值,但是应用研究最终是要为实际问题的解决提供切实可行的解答方案与办法,是要用专业学科已有的知识、理论和方法为人类社会的公共福利创造现实的价值和利益。因此,在应用研究中原有理论知识与专业方法的应用自然要优先于新的理论与方法的发现创造,解决问题的目标自然要重于理论探索与创新的目的。这也就为应用研究中所包含、涉及和运用的理论确立了一个基本的准则,即应用研究中的理论只是那些在专业学科基础研究中产生形成并被运用和付诸于解决现实问题的实践中的理论。一方面,应用研究要确立自身研究的专业视角与特长,自然要依靠和借助于本门学科的基础理论与方法;另一方面,基础理论与方法的运用还须视所要解决的实际问题的实际情况而定,并非所有的基础理论都可直接被运用于应用研究之中。因此,应用研究中的理论通常并不会超越基础理论的知识范围与观点取向,更多的可能则是因所研究的实际问题的复杂性和多样性而将基础理论进一步细分化、精细化与操作化,从而派生出一些立足于基础理论的观点立场并指向于分析解决现实实际问题的理论分析模型和行为建构模型。这些模型就构成了应用研究中理论探讨的主要内容,前者因其着重于对特定问题的分析解释而往往被称作为中层理论,后者则侧重于对特定问题的解析应对而多被看作是小型理论。

如上所述,应用社会心理学研究中所包含的理论也大体如此,基本上可以分成为被直接运用或对理论应用产生直接影响的宏观基础理论以及进一步精细操作化的分析性中层理论和应对性小型理论。

一、作为宏观基础的大理论均来自于应用社会心理学的母体学科及相关学科,如心理学和社会学,其中行为主义心理学的学习理论、认知心理学的认知理论以及社会学的社会交换理论和角色理论是影响较大、被广泛运用、对应用研究具有显著指导作用的理论。这些理论的影响作用源自于理论本身对人的心理与行为普遍规律的分析与概括,而其对应用研究的指导和影响则主要是表现在确立研究的一般分析思路与观察问题的专业学科视角方面,理论的实质性内容在具体的应用研究中多被细分和化解为分析观察实际问题的操作变量及影响因素。

二、分析性的中层理论则多是以宏观基础理论的原理与观点为起点、在社会心理学专业学科的研究中产生形成的,如认知失调理论、归因理论、自我知觉理论、社会比较理论等。这些理论针对一些特定的心理现象和行为问题并着重分析其产生形成的原因以及发生变化的影响因素,最终对关于这些现象和问题的"为什么"和"之所以"等方面的疑问作出解释与回答,从而为进一步探讨关于这些问题与现象的"怎么办"的问题提供基本的根据。在实际的应用研究中,这种理论将有助于确定研究的具体思路、分析的基本变量以及研究的内容架构。

三、应对性小型理论则多是从所面对的实际问题出发,着眼于缓解和消除问题所产生的不良后果与影响乃至问题产生的起因与根源,寻求有效干预问题及影响后果变化发展的可行措施和方法,因而在对实际问题的研究探讨中更多地注重分析各种影响问题中心理行为变化的条件与因素,寻求这些条件与因素和心理行为发生变化之间的相互关联,进一步确定通过改变这些条件因素而改变人的心理与行为、最终解决由此产生的问题的方法和措施。这类理论所关心的问题主要是面临要解决的问题应该怎么办或者能够怎么办。

概括起来,上述三种理论可以分别表述为指导应用的理论、可以应用的理论和直接应用的理论。前者为应用研究提供了基本的思路与方向,再者为应用研究确立了用于解决实际问题的、可供分析探讨的具体内容和目标,后者则为应用研究中实际问题的解决提供了可以操作、运用的方法和经验。尽管在应用研究中有效的解决所面临的实际问题是研究的第一目标,应用研究的效用和价值也主要体现在对实际问题的有目的影响、控制与干预上,但是理论的作用与地位是不可忽略的,理论为应用研究确立了专业学科的背景以及分析的变量和运用的方法,理论也能为实际问题的解决提供系统化的分析思路与方向,在实际的应用研究中缺少了理论的支撑就会使对问题的解决陷入混乱和迷茫的沼泽与丛林之中。

第四章　应用社会心理学研究方法

第一节　社会心理学的研究方法

任何专业学科都有自身的研究方法,社会心理学也不例外。一般来说,所谓的"研究方法",我们可以把它看成是"从事研究的计划、策略、手段、工具、步骤以及过程的总和,是研究的思维方式、行为方式以及程序和准则的集合"①。而今天,我们又一般把研究方法划分为三个层次:(1)方法论,即指导研究的思想体系,包括基本的理论假定、原则、研究逻辑和思路等;(2)方法或方式,指贯穿于研究全过程的基本程序、策略和风格;(3)操作技术,即指在研究的某一阶段具体使用的手段、工具和技巧等。② 也有学者按所使用的方法的普遍性程度,把科学的研究方法划分为由三个从低到高相互联系的层次,即具体科学研究的方法论、一般科学研究的方法论和科学研究的哲学方法论。③ 对于社会心理学,我们也可以如此看待:

一、心理学作为一门科学,我们也可以理所当然地按一般科学的思路对其研究方法进行划分。例如,有学者认为这一体系由三级方法学组成:其中在研究中所使用的具体方法构成了一级方法学;在运用各种具体的研究方法获得有关研究数据和资料的基础上,进一步统计和处理这些数据和资料,并

---

① 见陈向明著,《教师如何作质的研究》,北京教育科学出版社 2001 年版,第 9 页。
② 见袁方主编,《社会研究方法教程》,北京大学出版社 1997 年版。
③ 见张一中著,《心理学的研究方法与应用》,复旦大学出版社 1998 年版,第 6 - 8 页。

进行逻辑推理和思维加工的方法构成了二级方法学;而知道和决定上述有关研究方法学的心理学哲学理论和原理则属于三级方法学。① 另有人则把心理学的研究方法表述为由心理学特殊方法、心理学一般方法和哲学方法这样一种从低到高的层次构成的体系。②

然而,对于心理学这样一门相对来说比较年轻、性质难以明确定位、研究方法又如此众多的学科来说,要对其研究方法的各个层次进行明确而清晰的划分是一件非常困难的事情。即使对心理学作为一门科学的各种具体研究方法或技术进行分类,学者们也是众说纷纭。例如,王重鸣将其分为六大类:观察法、实验法、模型法、测量方法、统计方法以及其他研究方法;③也有研究者将其分为三大类:真实验法(实验室实验法)、准实验法(自然实验法、现场实验法)和非实验法(观察法、调查法、测法、个案法、问卷法、访谈法、活动产品分析法)。④ 然而,如果我们知道为探索心理现象的活动规律人类已经发展出上百种具体的研究方法,也许就不会对这种分类上的歧见感到奇怪。实际上,心理学发展到今天呈现出来的一个明显事实是:在其各个分支领域,都有自己的一套相对特定的研究方法,它既包括各个分支学科共通的方法,例如,实验法、观察法、调查法、测量法,又包括只有某个或某几个分支学科特殊使用的方法,这是由各自的研究对象的特殊性以及现实可能提供的研究手段决定的。

二、作为心理学的具有特殊重要性的分支学科,社会心理学自1908年诞生以来,在近100年的研究历史中拥有三种不同的学科取向——心理学的、社会学的和文化人类学(或比较文化)的,因此我们可以说它尚未"定型"。但毋庸置疑的是,社会心理学发展到今天,已经拥有了学科色彩浓厚的广泛的研究课题,如侵犯行为、亲社会行为、人际吸引、社会知觉、印象形成和管理、态度形成和改变、领导行为,等等;它也建立了许多很有意义并对相关学科具有

---

① 见张一中著,《心理学的研究方法与应用》,复旦大学出版社1998年版,第9页。
② 见朱宝荣著,《现代心理学方法论研究》,华东师范大学出版社1999年版,第2页。
③ 见王重鸣著,《心理学研究方法》,北京人民教育出版社1990年版,第8页。
④ 见王重鸣著,《心理学研究方法》,北京人民教育出版社1990年版,第10页。

强大渗透力的理论,如符号相互作用论、角色论、社会交换论、社会学习论、参照范型论、文化决定论(文化相对论),等等。而要做到上述这一切,社会心理学当然不能没有一整套获得可靠、准确、客观的数据和资料并据此作出科学分析的研究方法。

社会心理学也确实发展出了许多研究方法。这些方法基本上都是从其三种不同学科取向的母体学科——心理学、社会学和文化人类学——延伸出来的,因此,它们大多带着这些母体学科的胎记。对这些方法,我们很难进行明确的层次划分。但就具体的研究方法或技术而言,我国著名社会心理学家吴江霖认为有 10 种在现代社会心理学研究中被最常使用,它们包括:现场实验、实验室实验、系统观察、调查(包括问卷和访问)、测验、跨文化研究、档案研究、模拟研究、个案研究和统计分析。① 下面我们分别简要举析这些方法或技术。

(一)现场实验

作为实验,就意味着控制变量和处理变量,以便确定变量之间的因果关系,现场实验也不例外。但与实验室实验不同,现场实验是在自然情境中改变一个或多个条件以研究所产生的结果的实验。从上个世纪 40 年代开始,现场实验在社会心理学研究中得到广泛应用。

一项经典的现场实验是由凯利(H. H. Kelley)完成的。② 现场是哈佛大学的教室,被试是哈佛大学心理学系一年级学生。研究者安排一名客座讲师来给学生上课。在该老师代课之前,研究者先给学生发放一份关于该老师的简历。研究者把学生分为两组,其中一组得到的简历材料中描述该老师"热情",另一组学生得到的材料则描述该老师"冷漠";除这两个词之外,两组学生得到的材料中其他内容完全一样,只不过被试不知道自己到底拿到的是哪

① 见吴江霖:《马克思主义社会心理学的展望——庆贺中国社会心理学研究会的成立》,载于吴江霖著:《心理学论文集》,广州,广东人民出版社 1991 年版,第 207 页。其中,第 10 种方法"统计分析"我们也可以把它看作是与前 9 种方法均有关系的量化分析技术,一种具有特殊意义的方法。

② H. H. Kelley, The warm - cold variable in first impressions of persons. 1950, *Journal of Personality*, 18. 431 - 439.

份材料,也不知道材料的内容有什么不同。

客座老师上了20多分钟的讨论课。在他上课过程中,研究者注意观察学生们的课堂反应,并在课后要求学生们对客座老师进行评价。结果是,被告知该老师"热情"的学生评价他体谅别人,有幽默感,脾气好,善于交往;而被告知该老师"冷漠"的学生认为他不体谅别人,缺乏幽默感,脾气不好,不善交往。现场观察表明,预先获知该老师待人"热情"的学生比另一部分学生在讨论课上更愿意提问,也更愿意回答老师所提的问题。这一结果验证了研究者原先提出的假设,即"热情"和"冷漠"对代课老师来说是一种标签,得到"热情"标签的学生产生了知觉定势,从而集中注意力去搜寻老师身上表现热情的行动线索,另一部分学生恰恰相反,他们把注意力集中在老师的冷漠表现。实验结果表明,一个人对其他人的知觉往往受标签产生的定见的影响。

这个实验在现场(教室)进行,研究者没有改变现场的其他条件,只是控制了"热情"和"冷漠"这一对词(自变量),导致了被试对老师产生不同的评价和反应(因变量)。实验结果支持了原先的假说。

现场实验的明显优点是由于它是在实际社会生活情境中实施的,因此得出的结论可直接应用于现实生活,也即它具有较好的外部效度。但在现场实验中,由于偶然事件可能会不断出现,因此变量容易变得模糊不清,况且合适的现场在许多情况下也不是那么容易找到的,这使得它实施起来往往困难重重。

(二)实验室实验

实验室实验指的是在控制了的研究环境中对变量进行控制和处理,以研究变量之间的关系,特别是要确定变量之间的因果关系。与心理学其他分支的实验室实验相比较,社会心理学的实验室实验都是以人作为被试的。

社会心理学的实验室实验在这门学科正式诞生之前即有人进行。公认最早的实验是由特里普利特(N. Triplett)完成的。[1] 实验是在美国印第安纳

---

[1]　N. Triplett,The dynamogenic factors in pacemaking and competition. 1898,*American Journal of Psychology*,9,507–533.

大学的实验室做的,作为被试的 40 名儿童的任务是要绕好 150 个钓鱼线轴,并计算他们的速度。开始时,被试单独操作,然后是被试在彼此竞争的两人小组里操作。结果表明,在竞争条件下,儿童操作得更好,速度更快。在这一实验基础上,特里普利特提出了动力发生(dynamogenesis)这一概念。

实验社会心理学大师奥尔波特(F. H. Allport)正式把实验法引入社会心理学的研究。在他的影响下,实验法逐渐成为一种扩展到众多研究领域的重要研究方法。回想一下我们在社会心理学教科书里学到的理论、原理,其中来源于实验室实验的占了不少的比例,如著名的阿希(S. Asch,1951)关于从众行为的研究,米尔格拉姆(S. Milgram,1963)关于服从行为的研究,都是实验室实验的杰作。尤其要指出的是,在一些情况下,如果不依靠实验室实验,研究将无法进行。这里仅举一例。美国的马斯特斯和约翰逊(W. H. Masters & V. E. Jonson)两人进行的关于人类性失能(sexual inadequacy)的治疗的研究就只能在实验室里进行。[①] 他们两人采取行为治疗的途径,在实验室里指导人们消除导致性失能的心理因素,其治疗有效率高达80%。

实验室实验有其明显的优点。第一,实验者能够比较容易地控制变量;第二,实验者能随机地分配被试到不同的实验条件中去;第三,它能使自然环境中的复杂条件简单化。这些优点使研究者能较好地确定变量之间的因果关系。

但实验室实验也有其常为人诟病的地方,主要表现在:第一,实验室的人为条件可能与现实生活条件不相符合,因此实验结果的外部效度或推广性往往令人怀疑;第二,实验室环境可引起被试的迎合特征(demand characteristics)和对评价的忧虑(evaluation apprehension),前者指的是被试按照他们认为的实验者的要求去做以取悦实验者,后者指被试在实验室环境里知道自己被人观察和评价,所以尽量表现得好一点,因此他们的反应实际上可能是加工过的,有印象设计的因素在内;第三,实验者本身的偏差也可能会影响结果,亦即实验者由于知道研究假设,因此可能会通过不自觉的言语、语调、表

---

① W. H. Masters & V. E. Jonson. Human Sexual Inadequacy. 1970. Boston:Little Brown Comp.

情、动作等影响实验进程和结果。

　　总的来说，实验室实验虽然有些问题，但只要处理得好，这种方法还是能够为我们提供一种精确控制变量的环境，使人们通过实验去确定变量之间的因果关系；并且，一些复杂的社会现象可以在实验室里得到简化而使研究能够进行。因此，实验室实验法是社会心理学研究必不可少的。

（三）系统观察法

　　系统观察法的要点是，在严格的研究设计下，对要研究的对象的有代表性的行为取样并进行观察，并记录观察的结果，然后对结果进行分析。系统观察可在实验室条件下进行，也可以在现场进行。一般来说，有效观察的一个重要特征就是要避免研究者出现干扰观察对象的活动。系统的观察与我们日常的观察不同，它必须选定特定的行为对象，并且定下定量指标以及统计方法。正确实施的系统观察有助于我们确定事物的相互关系。

　　系统观察法的经典实例可以在下述的奥尔波特（F. H. Allport）和他的学生一起做的一项研究中看到。[①]

　　观察的现场是在有交通信号的十字路口，观察对象是汽车司机在看到停车信号时的停车行为，共观察了 2114 例。结果如下：在看到停车信号（红灯）后马上停车的有 1594 例，占总数的 75.5%；明显减速的有 462 例，占总数的 22.5%；稍微减速的有 47 例，占总数的 2%；不减速照开的有 11 例；占总数的 0.5%。把这个结果标志在表示相符行为的数轴上，会发现一种明显的反应模式，称为 J-曲线，因为它像是一条反过来写的 J 字母形状的偏态曲线。

　　通过在政治、经济、宗教和习俗等领域的一系列研究，奥尔波特提出了 J-曲线假说，即指在某一相符情境中，对一种规章、规范或风俗习惯来说，相符的人占大多数，不相符的只是少数，相符是有程度上的差别的。

　　使用系统观察法的长处在于：第一，由于观察往往在实际环境中实施，所以其结果往往比较可靠；第二，无需被观察者合作；第三，被观察者的行为是

---

　　① F. H. Allport. The J-curve Hypothesis of Conforming Behavior. 1934. *Journal of Social Psychology*, No. 5. 141-183.

自然的行为。但使用系统观察法一定要注意两点:一是取样要有代表性,二是观察者的出现或存在不能影响被观察者的行为。

（四）档案研究法

由于有些事件已成过去,要重复已不可能,所以有时我们可以通过对有关档案进行分析、归纳而作出结论,这就是档案研究法。这种方法不经常应用于普通心理学研究中,但社会心理学家却常常使用它。这里我们以韦兹曼等人（Whitzman 1974）做的一项研究为例来加以说明。

韦兹曼等人曾作了一项关于男女性别角色社会化的研究,所用的档案是1958 至 1973 年间美国 18 位文学奖获得者的图画作品,对它们作内容分析,结果发现:

1. 大部分的书都是描述男性的,书中男主人公与女主人公的比例为 7：2。

2. 这些书中的图画里的女性的活动大多为服务性劳动,如照顾小孩、做家务等,但男子却往往担任领袖或救人危难的角色。

3. 画册中的男子都显示出主动、勇敢、开朗和聪明的人格特征,而女子则往往显得被动、漂亮、受人照顾。

4. 画册中的妇女没有专门人才,一般职业者也很少,大都是家庭主妇。

研究者根据上述结果指出,性别角色社会化过程很大程度上受社会大众媒介的影响。上述的儿童读物作者都把社会中的男性放在重要地位,会使儿童们从小就受到影响。

显然,档案研究法是社会心理学研究的主要方法之一。

（五）比较文化研究法

比较文化研究法并不是一种具体的研究方法,而是指一种大的研究途径或视角。在不同的文化条件下,可以看出同一种心理活动的异同,在一种文化中不能使用的方法可在他种文化中使用,在一种文化中看不到的现象可在他种文化中看到,而且,对于同一种心理现象,在较简单的文化中可使研究更加直接可行。这就是比较文化研究法很快发展起来的主要原因。

比较文化研究法通常的做法有:

1. 使用传统的心理学研究方法在不同的文化条件中实施研究,目的一般在于检验一种心理现象在不同文化条件中的异同。比如,采用同一态度量表,或实施同一实验,看结果有何不同。

2. 使用避免文化偏差的方法,目的在于在理论上和应用上弄清一些问题。比如,一些研究认为白人智力优于黑人,其根据是在流行的智力测验上,白人的平均得分要高于黑人。但比较文化学者指出,这种差异并非种族本身的问题,而在很大程度上是由于智力测验使用的材料造成的。所以,为了避免这种文化不公平的缺陷,比较文化研究往往使用一些非文字的标准测验,如操作测验、画人测验、看图说故事测验等。

3. 在现场使用综合的研究方法,包括观察、访问、问卷、测验等。比较文化研究的现场通常是某一村庄或社区。这方面的经典研究之一就是米德(M. Mead)在萨摩亚群岛所做的关于男女青年的青春期行为的研究。① 这个研究能使我们清楚地看到比较文化研究的意义。在研究之前,人们普遍相信,进入青春期后,伴随着生理的发展,青年人会经历动荡不安和紧张,任何民族中的个体都会如此。米德以一个文化人类学家的敏感对这种说法提出质疑。她为此选择了一个拥有较简单的文化环境的萨摩亚村落,试图从文化比较的立场出发验证上述说法。为此,她使用了包括参与观察、访问、问卷、测量等在内的现场研究技术,发现青春期的动荡不安和紧张是西方文明社会本身的结果,并非是伴随个体生理发展的必然结果。萨摩亚的青年男子很平静地进入和度过青春期,这是因为在他们的文化环境中,人们还在小孩时就已对人类的性知识有所了解。

自米德以后,比较文化研究有了很大的进展,足以成为社会心理学的一种主要研究方法。这里我们再看一项上个世纪 70 年代的研究。美国学者怀廷夫妇(B. B. Whiting & J. W. Whiting)做了一项关于六种文化的儿童的社会

---

① M. 米德著,周晓红等译,《萨摩亚人的成年》,浙江人民出版社 1988 年版。

行为的研究,①目的在于比较不同文化中儿童的社会行为的异同,并确定影响儿童的社会发展的社会—文化因素。六种文化分别是日本冲绳岛的 Taira,菲律宾吕宋岛的 Tarong,印度北部的 Khalapur,肯尼亚西部的 Nyansongo,墨西哥的 Juxhalahauca 以及美国的 Orchard town。他们在上述六个地区使用同样的方法去观察,同时使用同样的测量、问卷和访问方法。看得出来,怀廷夫妇基本上沿袭了米德的思想,但与米德不同的是,他们采用了现代的标准化测验和心理统计技术,这是比米德更进一步的地方。研究成果是多方面的,主要结论是:儿童的社会行为发展是与他们所处的文化条件密切相关的,不同的社会生活条件造成个体不同的行为模式。若对这一研究的过程和结果有兴趣,可参阅怀廷夫妇的著作《六种文化的儿童》一书。

(六)调查法

何谓调查? 简单说来,就是调查者就某些感兴趣的主题向被调查者问询问题。调查法包括问卷法和访问法两种,前者也称书面调查,后者也称口头调查。实施调查法的基本步骤和关键环节之一是选取被调查者的样本。一般来说,被调查者的总体人数规模都比较大,我们无法逐一对其进行口头或书面调查,因此通过适宜的抽样方法选取足以代表总体的样本,将直接关系到调查结果的准确性。

在使用调查法的历史上,曾发生过一个因为取样不具代表性而导致错误结果的著名案例。美国的通俗杂志《文学文摘》(Literary Digest)在 1936 年曾做过一次民意测验,以预测在那一年的总统大选中是民主党候选人罗斯福还是共和党候选人兰登获胜。当时,他们从电话簿和汽车注册名单上选取了数百万人的名字,其中作出回答的也有 200 万。应该说,作为一个样本,这个数字非常庞大。测验结果表明,兰登将获得压倒性的胜利,支持他的选民比支持罗斯福的选民要多出将近 15%。但最终的结果众所周知,罗斯福不仅赢得了最后的选举,而且赢面极大,除了在两个州输给兰登外,在其余州均大获

① B. B. Whiting & J. W. Whiting. Children of Six Cultures: A psycho – cultural analysis. 1975. The President and Fellows of Harrard College.

全胜。

那么,为什么200万人的样本还不能使预测获得成功呢?关键是这个样本非常糟糕。因为在1936年的美国,大约只有一半的家庭拥有电话,拥有汽车的家庭比例就更少了。很显然,这个抽样严重地偏向于高收入阶层,而这些高收入者大多是共和党人,绝大多数属于民主党的低收入阶层被排除在样本之外,导致样本的代表性发生了严重偏差,因此作出了与事实大相径庭的预测。这一错误使《文学文摘》成了全国的笑柄,不久就关门倒闭了。

但在那一年,同时进行的盖洛普测验(Gallup poll)却在预测中取得了成功,尽管它使用的是一个比《文学文摘》小得多的样本。为什么会产生如此大的反差?答案非常简单,就是因为盖洛普测验所使用的样本更有代表性。

现在的问题是,如何确保样本的代表性?通常的办法是从有关总体中随机选择调查对象,即在选择时,总体中的每个人都有同样的机会入选。为了做到随机抽样,人们发展了诸如借用计算机选出的随机号码从总体中选择样本以及分层随机抽样之类的具体技术。

问卷调查为社会心理学家经常使用,也许它是被采用频率最高的一种方法。所谓问卷调查,即是研究者利用被调查者对问卷所作的填答,搜集资料和数据的一种方法。问卷调查的提问方式分两类,即选择作答和自由作答。选择作答的问卷亦称有结构问卷或封闭式问卷,自由作答的问卷亦称无结构问卷或开放式问卷。选择作答的答案范围由研究者限定,如是/否选择、等级选择等;自由作答则由被调查者自由回答问题,调查者一般不作限制。通常情况下,选择作答形式更有利于统计和量化测定,而自由作答形式则有利于作定性分析。研究者想采用何种问题方式提问,要视需要而定。不过,在时下社会心理学家用调查法所做的研究中,选择作答形式尤其是其中的等级选择形式更常被采用,因为依据心理测量学的原理,这种做法通常有更好的测量信度,也有更强的辨别力。

问卷设计时使用的语句必须直截了当,不带感情色彩,在措辞上还必须使所有被调查者都对其有相同的理解,尽可能避免多重含义,因此应注意尽量不用复杂语句或带有引导性的语句。另外,为避免对被调查者的回答的诱导,研究者不能在问题的表述中用任何可能流露主观性的语句,尽量使用中性语句来表述问题。

问卷设计还必须保证具有一定的测量准确性,才能使调查结果准确、可靠。问卷测量的准确性除了效度和信度的通常考虑外,严格来说,还包括测量工具之间的相关、同质性以及分数的分布等方面。

访谈法是一种比问卷调查更早被使用的调查方法,因为这种方法的一大好处是被访者不一定要有相当的文字理解能力或受教育水平即可完成调查。

作为一种调查方法,访谈也要保证具有一定的信度、效度,才能使收集到的资料是有用的,这也是作为一种调查方法的访谈与日常谈话的本质区别。访谈信度通常以稳定性来评估,也即我们所说的重测信度;访谈信度还可以用客观性(即两个或多个访谈人在划分反映类别上的一致程度)来考察。访谈的效度则比较难以确定,我们可以根据谈话标准计算预测效度或同时效度,也可以进行构思效度的分析。研究经验表明,提高访谈的信度、效度的最有效办法,是对访谈人进行严格训练,并且设法控制访谈人的个人特征(包括年龄、性别、专业、文化程度和经验等)对于访谈结果的影响。[1]

在进行访谈的具体设计时,可考虑采用两种形式:结构性访谈和非结构性访谈。结构性访谈按照预定的访谈提纲提问,被访人只能在被限制了的范围内作答;非结构性访谈则是一种被访人可以对所提问题自由作答的访谈形式。一般来说,采用何种形式要视调查目的和需要而定,结构性访谈适合在较大规模的范围内展开,容易对收集到的资料进行定量分析;非结构性访谈由于采用的是一种比较自由的交谈方式,因此容易获取一些比较有深度的资料。

在现代社会心理学研究中,问卷调查与访谈法在许多情况下被结合在一起使用。一般来说,使用问卷调查的好处是容易在大范围内收集资料,并且容易通过日益发展的统计技术,根据需要对资料进行量化分析。而访谈法的

---

[1]　见王重鸣著:《心理学研究方法》,人民教育出版社 1990 年版,第 175－176 页。

好处是它更可能获得丰富的尤其是反映被访者心灵深处的资料,并且它的使用范围广,只要有正常的语言表达能力和思维能力就可以进行,因此对一些特殊被访者,例如盲人、文盲,它具有问卷法无法替代的优势。因此把这两者结合起来,可保证调查更加客观、准确、有深度。

(七)心理测量法

任何科学研究都要有量具,没有量具就不能成为科学。从这一点看,测量方法是社会心理学研究的一个很重要的方法。按测量的水平划分,心理量表有四类:

1. 类别量表。又称名称量表。它根据事物的某种特点,对事物属性进行分类。这种量表仅仅能够区别不同的类别,如性别、民族等。在统计上,它只能计算每个类别的次数(或频数),因此,适用的统计方法属于次数统计。

2. 顺序量表。顺序量表所表示的数字不表明数量,它们只表示数字之间的大小顺序,如 A > B > C;它们也不能指明数学之间的距离相等,所以数字之间不能作加减运算。顺序量没有绝对零点。

3. 等距量表。等距量表不仅具备了顺序量表的特性,更重要的是它所表示的量度之间的距离是相等的。因此,等距量表表示的值可作加减运算。等距量表也没有绝对零点。

4. 比率量表。这是最高水平的量表,它除了具备顺序量表和等距量表的特性外,还具有实际意义的绝对零点,因此,它表示的值可作各种数学运算。不等距不能进行加减运算,没有绝对零点不能作乘除运算,所以比率测量是最高水平的测量。

按测量对象来分,社会心理学家主要运用三方面的测量,即智力测量、人格测量和态度测量,尤其是后两者,被使用的频度更大,因此我们着重介绍这两者。

人格测验有多种方法,最常用的方法是使用人格调查表。目前最常用的人格调查表有加利福尼亚心理检查表(California Psychological Inventory)和明尼苏达多相人格调查表(Minnesota Multiphasic Personality Inventory,简称

MMPI）。

另外还有一种常见的人格测验技术叫投射测验。投射测验与问卷式调查表不同。通过问卷测量的是人格特征的某些方面，而投射测验测量的是人格的整体。投射测验的特征是使用模糊的或不规则的刺激让被试自由表达自己的想法。在投射测验里没有"是/否"问答，人们只是被要求看一些意义含糊的刺激并对它们作出解释。人格心理学家相信，通过使人们运用自己的想象去描述刺激物，可鼓励人们显示那些影响其人格的潜意识因素。最常用的投射测验有罗夏墨渍测验（Rorshach Test）和主题统觉测验（Thematic Apperception Test，简称 TAT）。

社会态度的测量方法相当多，包括问卷和量表法、自我报告法、行为观察法、投射技术、生理反应法等。① 其中，最被广泛应用的是利克特式等级量表法。这种方法要求被试对每一条与所测量的态度有关的语句进行等级评分，如三等级、五等级或七等级，然后把所有态度语的评分结果累加起来得出态度总分。例如对态度语句"必须在所有领域都废除性别歧视政策"，被试可以在诸如"强烈赞同"、"赞同"、"不能决定"、"不同意"、"强烈不同意"这五个等级里选择一个最能表达自己态度的等级，然后把他对所有态度语的等级评分累加，我们就可以大致摸清被试的态度。

（八）个案研究法

社会心理学为什么要采用个案研究？奥尔波特认为，在常态人之中要做个案研究，在变态行为中更需要个案研究。事实上，不管我们做哪一方面的研究，都可以采用个案研究去做深度研究。

社会心理学家纽科姆（T. M. Newcomb）②曾做过一项关于人际吸引的经典研究，其目的在于弄清人际吸引是如何产生的。研究对象是 17 名转学到密歇根大学的二年级学生。他安排他们免费住进校园旁边的房子，条件是他们都要参加研究。这些学生相互不认识。纽科姆先通过问卷了解他们的价值

---

① 见吴江霖、戴健林等著：《社会心理学》，广州，广东高等教育出版社，2000 年，第 358－362 页。
② T. M. Newcomb. The acquaintance process. 1961. New York：Holt，Rinehart and Winston.

观、态度等,然后安排他们住在一起。他们每人都要填答态度量表和价值问卷,并每星期接受 5 个小时的访问,要求他们说出每个人对其他人的喜爱程度,是否愿意与其他人交朋友,等等。这个过程经历了一个学期,结果发现,态度、价值观相同的人倾向于相互喜欢并交上朋友,态度、价值观不同的人不容易相互交朋友;在进一步认识后,态度、价值观相同的人会建立起更深的友谊,而且友谊一旦建立,他们原先不同的看法会趋向一致。这个研究的结论是:相似性引起相互吸引。

(九)模拟研究

模拟研究的做法是研究者模拟现实生活中的情境,让被试在其中进行角色扮演,以此推断现实生活中不同事件之间的相互关系。在此我们举一例来加以说明。

这一研究由津巴多等人(P. G. Zimbardo)所做。① 在暑假期间,他们先在报纸上招聘志愿参加心理实验的大学生,讲明每天付给报酬。确定了参加人员之后,研究就开始了。一天,警车呼啸着把 9 名充当犯人的参加者逐一从家里揪出来,带上手铐,带到警察局登记,然后蒙上眼睛,穿上囚服,投进“监狱”。“监狱”由斯坦福大学心理学大楼的地下室改装而成。另外 3 名参加者则穿着狱警的制服监督犯人。一切都按照真实的监狱情境和程序来设计并进行下去,“犯人”们受到严厉的限制,“狱警”们则施行权利管理犯人。整个模拟研究过程采用系统观察和录音记录所发生的一切。津巴多等人原计划研究持续两个星期,但遗憾的是,这一过程实际上到了第六天就不得不停止了。原因有两方面,一是“犯人”们产生了严重的不适应,二是“狱警”们表现出非人道行为。这一并不完整的研究引起了众多的对模拟研究和有关研究伦理问题的争论。

从这个研究我们可以看到,并非所有的事件都能模拟,特别是像监狱这

---

① P. G. Zimbardo. The human choice:Individuation, reason, ang order versus deindividuation, impulse, chaos. In W. J. Arnold & D. Levine (Eds) . , Nebraska Symposium on Motivation, 1969, Vol17, 237 – 307. University of Nebraska Press.

样一些复杂的社会情境更不易模拟。但模拟研究也有其无可替代的优点,即它可以把复杂的社会现象简化后再进行研究。我们在阅读西方法律社会心理学尤其是有关司法心理学方面的文献时,有一种强烈的感觉,那就是其中的许多研究结果都来自模拟研究。这是容易理解的,因为在这些研究中,尤其是涉及法庭审判制度方面的司法心理学研究中,由于研究者往往无法以真正的法庭以及真实的审判过程为实验环境(否则就是对现实的审判过程的干预,而那是绝对不被允许的),因此多数情况下就只能靠模拟法庭审判过程来进行有关问题的研究。例如,社会心理学家萨克斯(M. Saks)为了研究陪审团的裁决规则(全体通过还是2/3多数通过)对审议过程的影响,曾做过两个模拟实验。① 在实验一中,由大学生扮演的陪审员被要求阅读一份10页纸的关于一桩抢劫案的材料;在实验二中,他们则被要求看一个关于入屋盗窃案的长达1小时的录像带。结果均发现,需要作出一致性裁决的陪审团与只需2/3多数裁决的陪审团相比,在形成决议前要耗费更长的时间,并且在讨论过程中更有可能陷入僵局。此外,遵循多数裁决规则的陪审员与遵循一致通过裁决规则的陪审员相比,前者彼此之间有更频繁的沟通,并且在审议过程中往往能更多地提出争议性意见。

由此可见,模拟研究的一个很大的好处是非常有效率,并且可以避免在真实环境下做实验时容易遭遇的许多现实困难。但我们也不难想象,模拟研究通过被试的角色扮演技术所得来的资料往往不如现场实验所获得的资料有用,因为被试在模拟研究中可能会不严肃地对待实验情境,也即他们的行为反应可能不具有真实性。因此,模拟研究的结果有一些与从实际审判过程所收集到的资料不一致。为此社会心理学家若要研究法庭心理学方面的问题,最好还是使用现场实验来帮助收集资料。

但不管怎样,由于现场实验在研究法律问题上有一些固有的困难无法解决,因此它不能完全取代模拟研究,模拟研究作为一种可取的方法,仍具有一

---

① M. Saks. Social psychological contributions to a legislative committee on organ and tissue transplants. *American Psychologist*, 1978, 33, 680 – 690.

定的价值,而且它尤其适用于解决法律社会心理学方面的问题。

(十)统计分析

严格来说,统计分析不是一种具体的研究方法或技术,而是一门与前述的九种研究方法或技术都有关的数量处理技术。每一名社会心理学研究者都应熟练掌握这门技术。只有运用统计分析,我们才能对用上述研究技术搜集得来的数据进行严格的定量分析,在此基础上验证理论假设或进行客观的定性分析。

第二节　应用社会心理学的研究方法

社会心理学按其研究的目标是理解性的抑或是解决现实问题的不同可以分为两大范畴——基础社会心理学和应用社会心理学。按照韦恩特(J. M. Weyant)的说法,[1]基础社会心理学的目标是理解个体怎样受到他人的影响。为了获得这种基本的理解,社会心理学家通常针对其感兴趣的课题,采取科学的方法进行研究,然后将有关研究成果综合成理论或一般原理。大多数社会心理学教科书上的主要内容,即是由这些理论、原理以及支持它们的研究构成的。而应用社会心理学的目标则是把我们对社会心理学有关问题的理解运用到现实社会并试图用基础研究所建构起来的理论或一般原理解决现实问题。这种运用包括两个方面:其一,用社会心理学知识来设计能够帮助解决社会问题的干预手段,使这种知识能够直接影响人们的社会行为;其二,用社会心理学知识影响公共机构诸如政府部门作出决策。

毫无疑问,基础社会心理学和应用社会心理学由于研究目标的不同,它们对方法的选择也各不相同。例如,实验室实验对于基础研究来说是一项非常典型的技术,因为在实验室这一控制了的环境里,研究者容易对变量进行控制和处理,以确定变量间的因果关系。但实验室实验方法被用于应用研究

---

① J. M. Weyant. Applied Social Psychology 1986. Oxford University Press. 12–14.

时,却要遇到很多困难,因为社会心理学家对现实的干预几乎总是面向真实的情境,而在真实情境中,由于许多不可控的事件更容易发生,因此,研究者对实验过程进行控制就要比在实验室里更加困难。

那么,在上述社会心理学的主要研究技术中,哪些更适用于应用研究呢?在奥斯坎普(S. Oskamp)所著的《应用社会心理学》一书中,①认为应用社会心理学的主要研究方法包括调查法、实验法、准实验研究、相关研究和评价性研究五种方法。下面我们就分别来讨论这些方法,但由于有些方法或技术在第一节里已经作了介绍,这里不赘述,我们在此只讨论其中的三种。

一、准实验方法(quasi - experimental method)

准实验方法是相对于真实验或纯实验方法(true experimental method)而言的。所谓真实验方法,是指完全符合实验原则的方法,这些原则包括:(1)样本以随机抽样的方式从所属总体中抽取;(2)实验组与控制组的被试,经随机分派的方式决定;(3)实验变量(自变量)的处理,的确能产生系统的变化,而自变量以外可能影响实验结果的其他变量,均予以严格控制;(4)能精确地观察或测量到因变量的变化。我们上面介绍的实验室实验和现场实验,皆属于真实验方法。而在从事实验研究时,但凡不能严格遵循实验原则选择被试、控制实验情境和处理有关变量者,皆称为准实验方法。在社会心理学的实验设计中,当条件不允许或不可能让研究者完全按照实验原则来进行时,我们就不能套用真实验设计的标准,需要根据具体情况作出相应的调整,做到有限的控制,这就是准实验方法。

准实验的概念最初是由坎贝尔和斯坦利(D. T. Campbell & J. C. Stanley)提出来的。② 作为一种实验设计方法,在最近几十年得到广泛应用,并日趋完善。王重鸣认为准实验设计之所以发展迅速,是与心理学理论与方法论的新

① S. Oskamp. Applied Social Psychology New Jersey: Prentice - Hall, Inc. 1984.
② D. T. Campbell & J. C. Stanley. Experimental and quasi - experimental designs for research. 1967. Chicago: Rand.

进展分不开的,他特别提到了以下三方面的新动向对这种方法的影响:①

1. 研究方法论重点的转移

上个世纪 70 年代以来,心理学家开始日益重视研究的"生态效度",即要求研究能够对现实生活和文化背景中的心理过程具有更大的意义。因此,心理学研究逐步从实验室人为的实验向现场研究或接近现实的模拟转移,日益现场化。

2. 传统实验的局限

传统的实验室实验,有一整套实验设计原则。然而,这些原则的效用是建立在严格的随机化程序的基础上的,只有实现随机化程序,才能有效排除那些影响研究效度的因素。但是,传统的实验室实验却常常无法保证随机化的实施。同时,经典的小样本范式在研究效度上也是问题多多。因此,心理学研究需要一种新的实验理论与范式,用以弥补传统实验的局限。准实验理论和方法可谓应运而生。

3. 日益重视研究质量

在对传统实验提出批评的同时,心理学家对于那些非实验性研究也越来越表示不满,他们希望有比较严格的实验设计模式来代替原有的既缺乏理论又很少有数据的一般调查。这种趋势也在相当程度上推动了准实验方法的发展。

准实验设计主要有两类:不相等控制组设计(nonequivalent control group designs)和时间序列设计(time - series designs)。

不相等控制组设计是研究者最常用的准实验设计之一。当一个研究设计需要安排两组被试,分别作为实验组和控制组,而又不能按照随机化原则抽取被试样本和分派被试时,就可以采用这种设计方案。其设计程序如下表所示:

---

① 见王重鸣著:《心理学研究方法》,人民教育出版社 1990 年版,第 106 – 107 页。

表 3 - 1　不相等控制组设计程序

同时前测	组别	实验处理	同时后测
O_1A	实验组 A	接受	O_2A
O_1B	控制组 B	不接受	O_2B

　　不相等控制组设计特别要求被试样本应尽可能从同一总体中抽取,如同一年级的两个不同班级,同一工厂的两个车间,等等,并且要求前测的成绩相等或相近,只有这样才能考验实验处理所产生的变化。例如,我们若要考察学生的不同归因模式对学习成绩的影响,就可以采用同一学校同一年级的两个班级学生为被试,采用不相等控制组设计来进行研究。

　　时间序列设计又称为间歇时间序列设计(interrupted time - series designs)。它是在实施实验处理前后的一段时间里对同一组对象作出多次类似的观察,并且在那段时间里的某个时候某个事件(即自变量)的发生被期望去改变因变量的观察水平。具体来说,这种设计只安排一个被试组,在相当长一段时间里按固定的周期对被试组的成员进行一系列的观察或测试,然后让被试组接受实验处理(它们可以是政府部门的新计划,可以是像旱涝一样的自然灾难,也可以是如战争之类的国际性事件),之后再继续按原来的周期安排同样的一系列测试。处理前的一系列测试结果可作为前测记录,处理后的一系列测试结果则作为后测记录,根据处理前后两个系列的测试记录,比较其是否有差异,并以此确定实验处理的效果。这种间歇时间序列设计的程序可用表 3 - 2 示意如下:[1]

表 3 - 2　间歇时间序列设计程序模式

前测	前测	前测	前测	处理	后测	后测	后测	后测
O_1	O_2	O_3	O_4	接受	O_5	O_6	O_7	O_8

---

　　① 见张一中著:《心理学的研究方法与应用》,复旦大学出版社 1998 年版,第 176 - 177 页。

由于应用社会心理学研究非常重视实验环境的真实性,以及重视研究结果的直接应用价值,因此准实验方法在最近一段时期里被社会心理学家大量使用。

二、相关研究(correlational research)

社会心理学的许多问题,比如,人口拥挤对犯罪行为的影响,我们就无法用实验或准实验的方法进行研究,因为在实验或准实验的条件下,研究者不可能把被试放在高度拥挤的人群中呆上很长时间,而在一个拥挤的环境中呆几个小时或几天、几十天甚至几年,产生的反应结果是不一样的。因此,对诸如此类的问题,较好的方法选择是相关研究。

相关研究是一种非控制的研究方法,它关注的是自然发生的事件或现象。对社会心理学来说,相关研究意味着去关注自然发生的人的特征,诸如能力、人格特质以及与他人之间的相互作用。相关研究需要考察两个或多个变量之间的关系,这些关系可能是正相关,也可能是负相关,当然还有一种零相关,说明两个变量之间没有任何关联。从某种意义上说,相关是一种更基本和普遍的关系,在社会心理学的研究中,我们通常用来验证变量之间是否存在因果关系的实验研究和准实验研究,事实上都是在确定了它们之间存在着相关的前提下展开的,因此,相关研究是社会心理学研究的基础。

相关研究的一大好处是它可以在短时间内收集到某一问题的大量资料。例如,犯罪心理学家要研究哪些人格特质与反社会行为相关,我们就可以通过对许多人人格特征和反社会行为的测量找出它们之间可能的关联。有些研究只能采用相关研究设计来进行,例如,关于拥挤对人包括犯罪行为在内的社会行为的影响的许多成果,差不多都来自相关研究。还有,利用档案材料进行的一些量化研究,也只能采用相关研究的方法。例如,在上个世纪中叶,美国著名社会心理学家麦克里兰(D. C. McCleland)和他的学生为了探讨成就动机与经济发展的关系,曾使用公元前900年的历史资料,通过考察古希腊人成就动机的变化与经济兴衰的相关来验证他的假设。他们通过对当时的文学作品样本的分析来评估古希腊人的成就动机,经济兴衰则以当时希腊的贸易范围的平方公里作指标,而这个范围又用后来各地出土的希腊不同时期的陶罐(用来装盛贸易货物)的地点来确定。① 这是一个构思非常巧妙的研究,和麦克里兰的其他研究一样,都属于典型的相关研究,因为研究者不可能回到遥远的古代去测量和操纵当时人们的动机,因此只能用相关研究去考察成就动机与经济发展之间的关系。所以,从这个角度来看,实验方法和准实验方法的限制也是很明显的。

根据搜集到的两个或两个以上的变量的数据,我们可以用有关的相关计算方法得到相关系数,以表明它们关联的程度。相关系数的值有正、负之分,也可以是零,但是它们的绝对值不会大于1。正值表示随着一个变量的增加,另一个变量也随之增加;若相关系数为1,说明两个变量之间完全正相关。负值表示随着一个变量的增加,另一个变量有减少的趋势;若相关系数为 −1,则表明两个变量之间完全负相关。

相关研究尽管对某些问题领域来说是一种有效的研究方法,但是它也有明显的缺点,主要表现在它尽管表明了两个变量之间的关联,然而却往往不能确定它们之间存在着因果关系。一种情况是两个变量有直接影响,但我们却无法知道它们的因果顺序;还有一种情况是两个变量虽然有相关,但它们的相关可能并不是直接的,而可能是因为同时都是第三个变量的结果而发生的协同变化。例如,犯罪研究一般认为高人口密度是犯罪行为发生的原因之一,但实际上我们可能很难作这样直接的因果推论,因为人口密度和犯罪可能都是第三个变量——收入水平——的结果,穷人一般住在更拥挤的环境中,同时,穷人一般来说发案率也比较高。因此,在发现两个变量之间存在关联之后,不要冒险作出因果推论。

三、评价性研究(evaluation research)

评价性研究不是一种特别类型的研究设计或方法,它可以运用上述讨论过的研究方法中的任何一种或全部来进行。它的独特性不在于其研究方法,

---

① D. C. McCeleland. The Achieving Society. 1961. Princeton University Press.

而在于它的目标,即确定一个正在实施的特别社会方案的好坏。换言之,在某种有计划的活动(如社区心理健康、开办家长学校、公民道德教育等)实施过程中,社会心理学家可按照预定目标分析、检查和鉴定这一计划的得失,这一过程即为评价性研究。

评价性研究有两种主要形式:形成性评价(formative evaluation)和总结性评价(summative evaluation)。前者指在活动的早期阶段,评价者集中对实施过程进行分析,在此基础上提供反馈以帮助改善计划;它强调的是发现计划所存在的可能问题。后者一般在活动的晚期进行,评价者主要评估计划的结果而不是过程,其目的在于核实计划是否达到了原定目标以及评估任何曾为此付出的其他努力。

评价性研究不是一种单一的活动,而是由四个评价阶段构成的(Rossi et al. ,1979)。第 1 个阶段属于形成性评价,第 2 个阶段有时为形成性评价,有时为总结性评价,第 3.4 阶段则属于总结性评价。这四个阶段是:

1. 方案计划(program planning)。在这一阶段,研究者对某一特别的社会问题的实质和范围进行分析,并评估某个计划影响的人口的规模、分布和特征。研究者也要考虑被提出的某个干预计划是否合宜以及该计划方案的设计是否与原定目标一致。

2. 方案监控(program monitoring)。在这一阶段,研究者要评估计划在实施时是否按原定设计程序进行,也要评估它是否都涉及了原先设想的目标人群。假如发现实施情况达不到原定设计或目标,就应该终止后续计划的实施。

3. 影响评估(impact assessment)。在这一阶段,调查者要对干预方案所针对的目标人群正在产生的变化的程度进行评量。他们也要考虑这些变化是由干预所引起的呢,还是由计划以外的其他因素引起的。

4. 效果分析(efficiency analysis)。这一阶段包括成本—收益研究和成本—方案有效性分析。前者主要是考虑与付出的代价相比,干预的结果是否划算;后者主要是考虑与已实施的方案相比,有无更好的替代方案。

显然,评价性研究可为一个负责任的决策者提供有用的信息,因此,在政府、学校或其他民间组织如果要推行一项旨在解决或干预某种社会问题的计划时,这种方法将大有用武之地。但是,评价性研究并非只能运用于实际问题,事实上,它也可以从那些特别的方案、政策的实施中得到有关的理论假设的启示,或帮助我们更好地阐释某一理论。但是,总的说来,评价性研究不像实验法、调查法一样是一种特别的研究技术,无法帮助我们确定变量之间的关系的性质,它属于典型的应用研究的方法,通过广泛地被运用于评估政府和商业方案的有效性,直接服务于解决现实问题。

以上简单介绍了应用社会心理学研究的几种常见方法。需要说明的是,用于解决应用社会心理学问题的方法不只上述这些,其他如观察法、个案研究、档案研究等也有时得到运用,但应该说明的是,上述几种是主要的,应用社会心理学研究中的大多数重要的研究问题,都可以通过这几种方法的运用而加以解决。

第五章　法律与应用社会心理学

　　法律可以说是人们在相互作用过程中所演化出来的一套规范,或者说一种规则体系。无论从哪个角度来看,作为人类活动的规则体系的重要组成部分,法律在各种社会里都对人的社会行为产生重大的影响。

　　但是,在现实的运行中,法律必须被人意识到,认同它的不可侵犯的权威,才能发挥它应有的作用。换言之,法之所以为法,均须在社会心理和意识层面上为人认可和接受,才能真正体现它的力量。按照日本法学家美浓部达吉的意见,法律效力的存在基础乃以它系存在社会心理之上为前提。① 因此,研究法律的社会心理如何发生,如何表现,如何发展,是一个重大的理论和现实问题。

　　从社会心理学的学科视角,我们可以把与法律相关的行为现象看作是社会心理学研究的一个特殊方面。一方面,从基础研究的角度来看,了解、分析和理解这一类或这一范畴的社会心理和行为——我们权且就称之为法律心理和行为,是整个社会心理学研究任务的一部分;另一方面,从应用研究的角度来看,法律作为现行维持社会秩序、保护公民权利的手段,社会心理学所积累起来的知识,无论在法规的制定或执行方面,还是在如何更好地预防和矫治犯罪等方面,都可以起到一些其他学科不可替代的作用。

---

　　① 美浓部达吉著,林纪东译,《法之本质》,台湾商务印书馆1992年版,第74页。

第一节　法律运作中的社会心理学应用

一、法律社会心理学：基础的或应用的

关于心理学的基础研究和应用研究的分界，是一个颇令人头痛的问题。按照德国应用心理学大师闵斯特伯格（H Münsterberg）的说法，基础研究只是关心理论上的对人的理解，而应用研究的主旨在于把科学的心理学的原理服务于我们的实际目标。① 若以此见解来看待心理学的基础研究和应用研究，两者之间应该是不难区分的。但实际情况往往并非如此，因为心理学的不少分门既包含"理解人"的理论建构的任务，又抱有"服务于实际目标"的宗旨。

顾名思义，法律社会心理学是一门跨越社会心理学和法律学的科际整合的学问。在英文里，law, jurisprudence 与 legal 皆指涉法律（学），因此，它们与社会心理学的专有词组 social psychology 搭配，便使得"法律社会心理学"具有多种不同的英文名称。作为交叉性学科，通常的情形是来自不同学科的学者带着不同的学科观点共同进入这一领域来探讨有关问题。对法律社会心理学而言，尽管也有法学家以及包括律师、法官在内的从事实际事务的法律工作者参与其中，但主体却是社会心理学家。因此，如果我们把法律社会心理学当作一门相对独立的学科来看待的话，那么它不是法学学科的部分领域与社会心理学学科的部分领域的简单交叉和拼凑，而应更多地被看作是运用社会心理学的方法、理论、原理或研究结果去理解或解决法律领域里的问题。从某种意义上说，法律社会心理学是社会心理学的应用研究，它把与法律有关的各种问题作为研究对象，通过对有关法律心理现象及其规律性的把握，帮助我们理解和解决现实法律事务中出现的各种问题。

然而，法律社会心理学又非单纯的应用性学科。按照一般的逻辑，法律社

---

① H·闵斯特伯格著，邵志芳译，《基础与应用心理学》，浙江教育出版社 1998 年版，第 298 页。

会心理学可被视为应用社会心理学的一个分支。但正像韦恩特(J. M. Weyant)所指出的那样,社会心理学的基础领域和应用领域的界限并非人们想象的那么清晰,大量的研究工作很难被明确地归到基础研究还是应用研究的范畴,因为这些工作既可能增进了我们对相关问题的理解,也可能包含了问题的解决。① 另一方面,如果我们把"理解"作为基础研究的直接目的,把"解决现实问题"作为应用研究的直接目的,那么,法律社会心理学所涉及的问题领域也有一些是解释性的。例如,有关儿童法律社会化的问题,虽然这个问题的解决毫无疑问有其现实的应用价值,但一般来说其理论意义要超出其现实价值,并且研究这一问题的直接目的没有包含现实问题的解决。因此,我们可以把法律社会心理学看作是一门基础研究和应用研究兼有但又偏重后者的学科。

鉴于本书的性质,我们眼下所讨论的问题放在应用研究方面,也即我们关注的是如何运用有关社会心理学的原理和方法,帮助解决现实法律事务中的各种问题。按照奥斯坎普(S. Oskamp)的说法,② 社会心理学家解决法律问题主要集中在以下几个领域:

(一)证人证词

(二)心理学家作为专家证人

(三)陪审团的选择程序

(四)陪审团的人员规模和投票规则

(五)陪审团的裁决

(六)公众对犯罪的态度

(七)犯罪的预测

(八)犯罪矫正

(九)刑法系统的其他一些问题

在上述9个方面的问题中,前5个主要与法庭审判有关,后4个与犯罪有

① J. M. 韦恩特著,张少波等译,《应用社会心理学》,东南大学出版社1991年版,第168 – 172页。

② S. Oskamp. Applied Social Psychology. 1984. New Jersey:Prentice – Hall Inc.

关。然而颇有意味的是,自上个世纪 70 年代社会心理学家开始大量介入法律问题的研究并使相关学科变得非常活跃之后,社会心理学家所做的工作却更多地是与法律过程和制度的改革与完善有关,这表明社会心理学的原理和方法在司法实践的应用方面有其不可替代的重要作用。

二、法律社会心理学与某些相关学科的关系

在现代学术研讨的问题往往需要不同学科的交叉整合来解决的情况下,要确定一门学科的疆域是非常令人头疼的事情。对于复杂的人类心理和行为来说,通常会有几门不同的学科从不同的角度对其进行研究。对于那些与法律有关的人类心理和行为,亦是如此。在这里,我们只是就我国目前与法律问题有关的心理学知识体系的现实情况,来简要探讨法律社会心理学与某些相关学科之间的关系。

(一)法律社会心理学与犯罪心理学的关系

犯罪行为是一种普遍而复杂的人类行为,东西方对它的探究都可以追溯到很久远的古代。在近代,从不同门类的学科角度,即发展出犯罪人类学、犯罪心理学、犯罪社会学等诸多交叉性学科。就犯罪心理学研究而言,后人普遍认为德国精神病学家埃宾(K. Ebing)是这门学科的鼻祖。他于 1872 年出版的《犯罪心理学纲要》一书标志着犯罪心理学作为一门独立学科的建立。犯罪心理学专门研究导致或可能导致个体发生犯罪行为的心理结构及其萌芽、滋长、形成和发展的变化规律。在这门学科建立初期,意大利人类学家龙勃罗梭的研究产生了很大影响。在以后的发展中,出现了许多关于犯罪行为的心理学理论,其中产生较大影响的有精神分析理论和行为主义理论。

犯罪行为作为越轨行为、反社会行为的一种极端形式,毫无疑问也成了社会心理学在应用研究领域重点关注的对象之一,以致形成了几种关于犯罪的由社会心理学家提出的理论,其中影响较大的有以萨瑟兰(Sutherland,1939)为代表的差异交往理论(theory of differential association)和班图拉(Bandura,1969)为代表的社会学习论。一个明显的事实是,在当代关于犯罪行为

的社会心理根源的探究和矫正犯罪行为等方面,社会心理学的一些基本的原理和方法都得到了广泛的应用。

犯罪心理学和法律社会心理学对犯罪现象的关注尽管存在一些重叠和交叉之处,但它们显然也有各自的特色。犯罪心理学更注重犯罪行为人的心理结构(包括生物的和心理的结构)的探讨,而犯罪的社会心理学则更强调对犯罪行为特定模式形成的社会过程的研究。也就是说,社会心理学研究犯罪行为的立足点是犯罪人和他们的社会环境之间的相互作用。因此,探讨犯罪行为的社会心理根源通常就成了法律社会心理学的主要任务。此外,法律社会心理学还包括对犯罪行为的矫正和群体犯罪等方面的问题提出意见并提供具体的技术。

(二)法律社会心理学和司法心理学的关系

司法心理学(forensic psychology)一般被认为是心理学知识在法庭诉讼程序、诉讼当事人、司法精神卫生机构以及其他具有司法职能的机构中的应用,这些知识能够帮助处理有关事务中所牵涉的法律问题。司法心理学大体上涉足5个方面的问题:(1)各类司法人员,特别是警察的选拔;(2)在某种案件审理过程中,各类司法人员的心理活动与判决之间的关系;(3)各类司法人员在职业活动中出现的特殊心理问题;(4)各类证人的证词与其知觉、记忆和人格特征间的关系,其证词的可靠性如何;(5)诉讼当事人的状态,罪犯是否具备自由意志和罪恶动机等。①

司法心理学涉足的法律问题相当广泛,相对来说,法律社会心理学在司法问题上的介入则比较集中,如上所述,美国社会心理学家奥斯坎普认为社会心理学家干预现实的司法问题主要集中在证人证词、心理学家作为专家证人、陪审团的选择程序、陪审团的人员规模和投票规则以及陪审团的裁决等领域。以此看来,法律社会心理学与司法心理学既有交叉或重叠,又有各自不同的关注对象。

---

① 沈政主编:《法律心理学》,北京大学出版社1986年版,第133页。

第二节 证人作证和专家见证

1893 年,美国心理学家卡特尔(J. M. Cattell)在哥伦比亚大学向 56 名大学生提出一些类似于在法庭上可能提及的一些问题,要求大学生给出回答并说明他对回答的确信程度,结果发现大学生们的回答经常与实际情况不相符。据此,卡特尔认定法庭中证人的证词也可能存在不准确成分。卡特尔的研究被称为是司法心理学的第一项实验研究,象征着现代法律心理学的开端。

其后,有关法庭审理过程中证人证言的心理学问题引起了广泛的研究热潮。1908,德国心理学家闵斯特伯格出版了一部具有里程碑意义的著作《在证人席上》。众所周知,闵斯特伯格是一位杰出的应用心理学家,他竭力推动心理学在人类各个领域包括法律领域的应用。他的这一著作直接促进了心理学和社会心理学的理论成果在法庭上的运用。

一、证人证词的可靠性

在法庭审判过程中,证人的证词往往是某一诉讼是否成立以及法官和陪审团人员作出裁决的重要依据。因此,如何认定证人证词的可靠性,从中去伪存真,是审判工作的重要环节。然而,正如闵斯特伯格早就指出的那样,"证人的报告总是客观因素和主观因素的混合。情绪、决策和思想都可能影响他对于过去经验的叙述,甚至当他的兴趣完全集中在外部刺激上面时,主观的理解和注意也一定会起作用"。[1] 因此,如何甄别证人由于各种主客观因素而引起的对事实真相的扭曲,对法庭人员来说是一件重要的工作。闵斯特伯格还进一步指出了证人作证错误的五种可能的来源:[2]

第一, 也许他从一开始的感觉和知觉就是有缺陷的。

---

[1] H·闵斯特伯格著,邵志芳译,《基础与应用心理学》,浙江教育出版社 1998 年版,第 338 页。
[2] H·闵斯特伯格著,邵志芳译,《基础与应用心理学》,浙江教育出版社 1998 年版,第 338 页。

第二，也许他在知觉时的理解是错误的。

第三，也许是记忆表象的特质随着时间的推移而发生了变化，从而使正确的再现变得不可能。

第四，再现记忆中的意念的意志也许已经不够强烈，不足以克服暗示或自动暗示，或者不足以保证证词的完整性。

第五，证人也许缺乏正确表达自己的意念的能力。只有整个过程在这些方面没有受到任何干扰的情况下，证词才是客观的报告。

证人证词的准确性涉及到许多主客观因素，尤其是涉及证人对案发现场有关细节的感知觉和记忆过程的主客观因素，因此下面就主要来讨论一下认知心理学家和社会心理学家对与法庭证词有关的这两种认知过程的研究成果。

（一）感知觉的偏差

人们获取外界信息主要是通过视觉和听觉来完成的，证人对案情的感知也不例外。因此，倘若证人有特殊的感知觉尤其是视觉、听觉的缺陷，例如色盲、近视、耳朵失聪，那么他或她所作的证词不言而喻具有潜在的不准确性。

然而在许多情况下，尽管证人的感觉器官功能正常，却仍然存在发生错误的可能。出现这种感知偏差的原因不外乎从主体和客体两方面（也有称个体内部和外部两方面因素）去寻找。客体的因素乃指刺激物呈现的特点，主体的因素则比较复杂，包括期望、态度、偏见、经验、心向等。

1. 由客体因素引起的感知偏差

由客体因素——准确地说，是刺激物呈现的特点——引起的感知错误对所有人来说都是普遍存在的，它产生于人的感觉器官对客观刺激的不正确的知觉，亦即错觉。尽管错觉也可见于其他感官途径的知觉，但最常见的是视错觉。对证人来说，最常出现的感知失实也来自视错觉。

刺激物的呈现受到诸多外界环境因素的制约，有学者指出这些因素主要包括：[1]

---

① 罗大华等编著：《犯罪心理学》，群众出版社 1983 年版，第 344 页。

（1）时间：感知的时间太短，则无法感知，或仅能作不完全的感知。由此推断，如果案件发生的时间很短，则证人有可能因观察时间过短而导致感知的不完整或不准确。

（2）气候：在雨雾中，不仅感知对象被蒙蔽，而且有时因感知者情绪受到影响，常常无意继续感知。

（3）光线：感知时光线不足，例如在黑夜，视觉便会受到很大限制甚至不能发挥作用。

（4）气温：气温太高或太低，感知者均难以坚持，使其对感知对象的刺激所得印象不深。

（5）地形：感知者所处的地形也可能使感知无法进行或感知不完整。

（6）距离：感知者与感知对象距离过远，则不可能感知或感知不完全。

2. 由主体因素引起的感知偏差

证人在感知案情时所发生的感知不精确或不完全现象在许多情况下是由自身的一些因素引起的。这些因素主要包括：

（1）主观期望

一个人对知觉对象某些特征的预期会不可避免地影响知觉的准确性。完整的知觉过程不可能没有期望参与其中。

认知心理学的研究发现，当外界刺激物的某些细节与感知主体加工编码的图式不能匹配时，即不符合个体的期望时，个体就可能会忽视这些细节。这种情形颇类似于球迷往往只看见他所反对的球队的犯规动作，而无视所拥护球队的犯规动作。事实上，每个人的经验都不能逃脱这样的事实：他或她总倾向于看到或者听到其所期望看到或听到的东西。美国社会心理学大师奥尔波特（F. H. Allport）早在1945年就曾分析过这类由期望所引起的知觉偏差现象，提出了所谓的"定型期望的同化作用"的概念。他们在一项实验中，给一位被试放映一张有关地铁情景的幻灯片，这张幻灯片的内容核心是一个空着双手的黑人与一个手拿剃刀的白人在交谈。这位被试看过幻灯片后便向另一位被试介绍其中的内容，并且依次一个接一个地传递这些内容。结果发现,后来的被试越来越倾向于将此描述成黑人手持剃刀。①

　　吴江霖教授在其主编的《心理学概论》一书中亦曾引述过心理学家于1959年对发生在加拿大的一宗过失杀人案的研究。案情的原委是这样的:一个猎人对一头鹿开枪,结果发现中弹死亡的却是他的同伴。事件发生的时候,天气很阴,又是太阳落山时,被误射而死的猎手穿的是褪了色的红色服装。研究者发现,有两个心理现象导致了这桩误杀案的发生。其一,当照度(物体单位面上所得到的光的量,用来表示物体被照亮的程度)下降时,光谱中红端的颜色的明度(照度相同时,物体看上去亮度不同,例如绿色物体比红色物体亮,是因为绿色比红色明度大)下降比蓝端的颜色的明度要快。因此,当光照变小时,各种颜色中红色最先失去原来的颜色。其二,对模糊事物的知觉,会受到期望的很大的影响。当这个犯错的猎人扫视着寂静的四周,迫切希望打到一头鹿时,把正在移动着的同伴当成了鹿。② 由此可见,期望有时会导致致命的错觉。一般人如此,证人当然也不例外。

　　通常情况下,由期望所引发的错觉与个体的经验有密切的关系。例如,若我们刚受到某人极度友好的接待后与另一个人交往时受到中等友好的接待,就会倾向于将后者知觉为不友善。这是因为有过被高度热情接待的经历后,对后者也常抱有较高的期待,这种期待导致了对后者的知觉偏差。在刑事案件中,也常有证人因期望错觉而产生的证言偏差。例如,在一般人印象中,犯人经常用匕首作为犯罪工具,倘若某人偶然间遭遇了某一凶案现场,他或她也很可能会把犯人手中的其他凶器误认作匕首。

　　(2)情绪状态

　　几乎所有人的经验中都有情绪状态和心境影响知觉的体会。人们在愉快时会觉得时间过得很快,在痛苦时会觉得"度日如年",这就是情绪状态影响时间知觉的最典型的例子。

　　情绪往往传送着个体与所处环境关系的某些信息,例如快乐大多表示与

---

① 转引自乐国安主编:《现代应用社会心理学》,兰州大学出版社1995年版,第149页。
② 转引自吴江霖主编:《心理学概论》,广东高等教育出版社1996年版,第307页。

环境和谐的关系,愤怒是由于遭受不公平,忧伤是由于失去爱,等等。心理学家做过很多实验研究,证明不同的情绪状态既可以促进也可以阻碍认知活动。例如,人在应激状态时,常会损害对事件正确的知觉。证人心理学家特兰克尔在其《证据的可靠性》一书中介绍了自己所做的一个实验,很有说服力地证实了情绪的应激状态对证人知觉的影响。①

这是一个现场实验:在一次通常的大学心理学课堂上,老师和一位迟到的学生发生口角,随后争吵越来越凶,最后两人离开教室到外面通道继续争吵,接着传来“砰砰”两声枪响和呼喊救命的声音。当然,整个过程都是假的,但听课的学生却不知真相,他们认为这是真实发生的不幸事件。事发后,作为“证人”的学生们的情绪自然惊恐万状。其中一位 25 岁的学生描述说:“……我突然感到手上冒出了汗,我的心脏跳得很快,胃也觉得被拉紧了,我很想小便。”

由于高度惊恐,学生“证人”对事件的知觉错误百出。在他们后来交上来的陈述报告中,差错的内容占了 1/3。对整个事件经历的时间,24 位学生都出现了高估倾向,最高的时间估计(16 分钟)是实际持续时间(1 分 54 秒)的 8 倍多,平均时间估计值为 6 分 30 秒。在被问及“你认为在老师和学生向教室门口走去的路上,老师推了学生几次”时,27 位被询问的学生只有 6 人作了正确的回答(老师没有推学生)。在被问及“你听到放了几枪”时,27 位“证人”中有两人说没有听到枪声,另外有两人说听到一声,有 6 人说听到了 3 声。

由此实验结果不难推断,证人面对有暴力情节的事件所出现的情绪应激状态,会大大降低其证词的准确性和完整性。

(3)信仰、态度和价值观

信仰、态度和价值观都属于综合的社会心理现象,三者之间有着非常紧密的联系。它们既包含一定的认知成分,也蕴含一定的情感成分,更重要的,它们均对个体的社会行为产生重要影响。研究表明,个体所持的信仰、态度和价值观会影响对外界事物的知觉。罗斯巴特等人(L. Rothbart)在一项研究

---

① 转引自乐国安主编:《现代应用社会心理学》,兰州大学出版社 1995 年版,第 149 – 150 页。

中将一个人的照片呈现给两组大学生被试。第一组被试被告知此人是第二次世界大战中的纳粹头目,在纳粹统治区的集中营里曾用人体进行过野蛮的医药试验;第二组被试被告知此人是反纳粹地下组织的领袖。结果显示,两组被试对这张照片上的人作了截然不同的评价:第一组被试认为这个人看起来很残暴,而第二组被试则评价此人温和慈善。①

布鲁纳和戈德曼(Bruner & Goodman,1947)曾做过一项经典实验来证明价值观念作为中间变量对人们的知觉判断产生影响。被试为两组 10 岁的孩子,一组出自"富家",一组出自"贫户"。被试的任务是估计从 1 到 50 分钱币的实际大小。实验结果显示,第二组被试对任何一种钱币的大小都要比第一组被试更加高估,尽管所有被试都容易高估,特别是对 5 、10 和 25 分值的钱币。②

在法庭证言中,经常会发生由于证人的阶级、政党、宗教、种族身份而引起的对事件知觉的偏差。在这种情形下,证人的信仰、态度和价值观通常作为中介变量而发挥作用。

(4)偏见

偏见是造成证人感知偏差的另一重要因素。实际上,偏见就是一种态度,只不过它通常指的是针对一个群体及其个体成员的一种不正当的否定态度。偏见的产生有其认知上的根源,但它反过来也会影响人们的知觉判断和其他认知活动。

众所周知,在美国社会里,白种人对有色人种尤其是对黑种人的种族歧视是一个根深蒂固的社会现象,并常常引发社会动荡。这种种族偏见使社会上一般人对黑人族群常常产生较多否定评价的社会知觉。美国社会心理学家卡茨(D. Katz)以 100 名普林斯顿大学的学生为被试,③要求他们在 84 个形

---

① 转引自吴江霖、戴健林等:《社会心理学》,广东高等教育出版社 2000 版,第 323 页。

② J. P. 查普林和 T. S. 克拉威克著,林方译,《心理学的体系和理论》,商务印书馆 1984 年版,第 220 页。

③ D. Katz & Braly. K. W. Racial stereotypes of 100 college students. Journal of Abnormal and Social Psychology. 1933. 28 ,280 - 290.

容词中找出最恰当的词来形容一些族群的特点,它们包括:美国人、中国人、英国人、德国人、意大利人、日本人、犹太人、爱尔兰人、土耳其人以及黑人。吉尔伯特(G. M. Gilbert)[①]和卡林斯(M. Karlins)[②]等也在普林斯顿大学用同样材料和同样方法研究美国人对上述各个族群的认知,只不过他们所使用的被试人数与卡茨不同,分别为 333 名和 150 名。现在我们关注的是这 3 个研究中普林斯顿大学学生对黑人的认知的改变。这种改变的情形见表 4-1。

表 4-1 美国大学生对黑人认知的改变

被试中的人数百分数		
卡茨(1933)	吉尔伯特(1951)	卡林斯(1969)
迷信 84	41	13
懒惰 75	31	26
无忧无虑 38	17	27
无知 38	24	11
爱好音乐 26	33	47

从上表不难看出,在 1933 年到 1969 年这 36 年时间里,美国人对黑人的社会认知发生了很大变化,总的来说,对黑人的否定评价减少。显然,这与黑人在这段时间不断地为争取权利而进行抗争有很大关系。但我们也看到,即使在卡林斯的研究中,对黑人持否定评价的人数百分比仍然不低,这说明由种族偏见引发的社会知觉偏差仍然存在。由此不难设想,在法庭上若由一个白人证人来作有关黑人作案的证言,而恰巧其人又是一个种族主义者,那么他所作的证言就极有可能会夸大甚至歪曲黑人犯案的事实。

---

① G. M. Gilbert. Stereotype persistence and change among college students. Journal of Abnormal and Social Psychology. 1951,46,245-254.

② M. Karlins, et al. On the fading of social stereotypes: Studies in three generations of college students. Journal of Personality ang Social Psychology. 1969,13,1-16.

（5）知觉的逻辑完善机制

所谓知觉的逻辑完善机制,是指个体在知觉过程中常常根据主观的合乎逻辑的原则对事物进行反映。我们知道,由于知觉的选择性,人们对外部事物的信息不可能有全面的了解,他们只是有选择地注意某些信息而忽视另一些信息。证人也是如此。但证人为了让人相信他对事件的陈述是全面而准确的,往往会主观地选择一些情节,把它们和知觉过的可靠情节联系起来,使其陈述出来的事件成为合乎逻辑的、可以理解的事件。然而这样一来,证人陈述的事件便不可避免地与真实的事件不相吻合了。

特兰克尔在其《证据的可靠性》一书中曾举过一个例子来说明证人的逻辑完善机制可能会造成证言不可靠。一天,一位律师乘出租车通过一条大街。突然,出租车来了个急刹车。这时,律师透过车前窗看到前面的一辆小汽车突然停住。他见到这辆小汽车的左侧后门打开了,并同时注意到一位老人从车门里被抛了出来,然后失去知觉并倒在街上。一些行人急忙上前去帮助那位老人。律师则继续乘车赶路。第二天,当他偶然从报纸上看到有关该事件的报道时,他意外地发现自己的观察非常不正确。前面的那辆小汽车事实上是试图避免撞到一位没有留神的过马路的老人,老人却被车撞倒在地。实际上,律师知觉到的情节只是失去知觉的躺在地上的老人和打开了车门的那辆小汽车。这两个印象却在经过律师的主观加工以后变成了一个合乎逻辑的过程的一部分。这样,事件过程尽管在律师看来得到了"合理"的解释,但却与真实情况相去甚远。①

引起证人感知偏差的主体因素不仅指以上这些因素,其他如动机、心向、个性特征等也有可能对知觉产生影响。

（二）记忆的偏差

记忆即是对信息的编码、储存和提取,这是现代认知心理学对记忆本质的基本理解。信息在被编码、储存后,并非在需要的时候都可以随意被完整地提取出来。换言之,并非所有经历过的事情都被牢固地保存下来,而是有

---

① 转引自乐国安等编著:《证人心理学》,中国人民公安大学出版社1987年版,第37页。

许多东西被遗忘了。遗忘现象包括不能回忆或再认以及错误回忆或再认。

证人作证时，一般来说距离案件发生已有相当长的时间间隔，这就必须要考虑证人由于遗忘而产生的对案情的记忆缺损，并由此降低证词的准确性。心理学的研究还证明，信息在被保存的过程中，常常被重新加工和组合，从而使回忆或再认出的情况与当初识记时的真实情况有异，而其本人并不一定意识到这种加工和组合过程。因此，从理论上来说，证言对案情事实的陈述偏差一方面由遗忘所引发，另一方面则源于在回忆过程中对某些材料的重新加工和整合（即夸大某些方面，忽略另一些方面）。在闵斯特伯格的著作中，曾记录有这样一个模拟实际生活条件的实验的结果①。在一次学术会议上，研究者精心设计了一出"戏"，当时在场的有法律学家、心理学家和医生，他们的学术地位都很高，但是只有会议主席知道这只是一场戏，不是真实发生的事情。事后主席要求在座的所有学者都写一份描述该出"戏"的内容的报告。结果表明，在 40 个人中，只有 1 人遗忘的内容在 20% 以下，其中 26 人遗忘了 20% 至 50%，还有 13 人超过了 50%。此外，在 24 份报告中，高达 10% 的内容是虚构的，而在 1/4 的报告中，直接的记忆错误可以说比比皆是。

戈德曼和汉恩（Goodman & Hahn，1987）曾指出，证人的记忆信息可由事后的讨论、警察或律师的提问、报纸和电视新闻报道或甚至通过证人自己的思维和梦而重新组织。洛夫特斯（E. F. Loftus）曾列述一系列研究，②指出新的信息无论准确与否，都有可能重组证人对原来事件的记忆，而且提问的方式也会影响记忆的提取。其中有一个实验是这样进行的：给被试放映有关交通事故的电影，然后问被试，肇事车的行驶速度有多快？研究者设计了几种提问方式，然后分别请几组被试估计该肇事车的行驶速度。其中一种提问方式为：当车子撞得粉碎时，它的行驶速度有多快？另外几种提出问方式则分别将"撞得粉碎"换成"猛撞"、"撞伤"、"接触"。结果，被试将"撞得粉碎"与最高速度联系起来，而将"接触"与最低速度联系起来。一周后，那些将"撞得

---

① H·闵斯特伯格著，邵志芳译，《基础与应用心理学》，浙江教育出版社 1998 年版，第 340 页。
② E. F. Loftus. Eyewitness testimony. 1979. MA：Harvard University Press.

粉碎"整合进记忆中的被试,在回忆时报告说他们看见车子的玻璃碎了。而事实上,车的玻璃并没有破碎。由此可见,对证人如果用带暗示性的提问方式提问,容易引导证人作证时犯错。

影响证人记忆的因素很多,有研究者认为它们主要包括:①

(1)感知的频数

一般来说,人们对事件的感知次数越多就越不易遗忘。同样,证人如果对案件有较长时间的观察,则他就可能拥有较多的对细节的记忆,也越有可能正确辨认出案发现场的人物和回忆事件的过程。

(2)时间间隔

按照遗忘规律,人们对越近发生的事件就越容易记忆。因此,证人作证的时间距案发时间间隔越短,证言就越可靠。

(3)情绪的影响

并非全部事件的细节都有相同的记忆效应。一般来说,人们对引起恐怖、紧张、愤怒、快乐等明显情绪效应的事件细节容易记忆,而平淡枯燥的情节则最容易遗忘。但若情绪过度亢奋和紧张,比如说处于高度的唤醒和应激状态,那么它不仅会像前面所说的那样影响对事件的正确感知,而且会妨碍事后的回忆效果。因此,假如案发现场的情境使证人产生过度的情绪体验,则他(她)所作的证言陈述也难以做到完整和准确。

(4)证人的年龄

个体在各个年龄阶段的记忆特点和记忆能力各有不同。通常情况下,年幼的孩子往往不能像大人一样提供较为精确的证据,一般情况下,他们的证词极不准确,并且容易受到暗示。因此,如果要儿童提供证词的话,更应该相信他们的自发报告而不是对于提问的回答,尽量降低暗示对他们的记忆的影响。老年人由于衰退的原因,对案情细节的记忆能力也有所下降。此外,老年人在提供证词时通常比较小心谨慎,有时并不坚持和自信。

---

① 罗大华等编著:《犯罪心理学》,群众出版社 1983 年版,第 348 - 349 页;沈政主编:《法律心理学》,北京大学出版社 1986 年版,第 168 - 175 页。

(5)职业特点

证人的职业特点也影响其对某些细节的记忆能力。例如,话务员容易记住数字,懂外语者对有关外语容易记住,画家对图形和色彩的记忆比较可靠,等等。

当然,影响证人记忆的因素还有很多。因此,我们在听取证人陈述时,一定要综合考虑影响其回忆准确性的各种可能因素,认真甄别其真伪。

以上,我们主要从感知偏差和记忆偏差两个方面来考察证词的可靠性问题。我们知道,要对证词是否真实可信进行判断,需要系统地考察一切可能影响其可信度的主要来自上述两方面的因素。然而需要指出的是,还有一重要因素不仅不能回避,还必须非常认真地加以考虑,那就是证人的个体差异。证人的智力、认知风格、人格特征、对犯罪的态度,还有证人的性别、种族、阶级、职业以及宗教信仰等方面的特征,都有可能会影响到他或她是否为法庭提供准确的证据。戈德曼和汉恩(Goodman & Hahn,1987)在回顾了心理学家有关寻求能够提供准确证词的人的特质的研究之后,发现迄今为止还很难找到哪种个体特征与证词的可靠性有确切的联系。由此看来,证人证词的可靠性绝不是一个简单的问题,而是非常复杂。证人多方面的因素或单独起作用,或交互作用,影响着他或她的见证过程。

二、心理学家见证的法律作用

如上所述,由于影响证人证言可靠性的因素十分复杂,审判人员在许多情况下确实难以鉴别其真伪或准确程度,这时,心理学家可在其中扮演一个有用的角色,即被传出庭证明证人证词的可靠性。

在欧美国家,由心理学家出庭充当专家证人的案例越来越多。事实上,精神病学家或临床心理学家开了到庭作证的先河,不过以往他们所扮演的角色大多是作为刑事案件中诊断精神障碍的专家。例如,被认为为心理学方法作出了独立贡献的案件是发生在1962年的詹金斯诉合众国案。那一年,美国哥伦比亚地区上诉法院准许使用临床心理学家作为诊断精神障碍的专家。其后,司法心理学在美国呈蓬勃发展之势,到法庭提供专家鉴定的心理学家越来越多。在英国,心理学会的统计表明,在1985年之前的5年间,曾经有

185 位心理学家给法庭或准法庭(精神健康审查法庭)提供证据。①

在法庭上,辩护一方和起诉一方都必须想方设法提出最好的例证来向对方挑战。但是在一些复杂的案件中,辩护方和起诉方经常会提出互相矛盾的例证,陪审团人员和法官对此感到难以辨别真伪。在这种情况下,法庭请一些心理学家来帮助鉴定似乎是一件顺理成章的事情。在我国的司法实践中,办案人员也经常聘请有关专家来帮助鉴定,不过这些工作通常是在预审过程中进行的,专家一般并不出庭作证,其意见是否被采纳由办案人员酌情而定。最近,随着我国司法改革的推进,专家出庭作证已有了具体的规定。2001 年 12 月 6 日,最高人民审判委员会通过的《最高人民法院关于民事诉讼证据的若干规定》第六十一条就明确指出:

当事人可以向人民法院申请一至二名具有专门知识的人员出庭就案件的专门性问题进行说明。……

审判人员和当事人可以对出庭的具有专门知识的人员进行询问。

经人民法院准许,可以由当事人各自申请的具有专门知识的人员就有关案件中的问题进行对质。具有专门知识的人员可以对鉴定人员进行询问。②

然而,并非随便哪个心理学家都可以作为专家来向法庭提供证人证言是否可靠的意见。传统上,专家提供证言要符合四个条件:(1)面临的问题必须超过一般陪审员的理解水平;(2)专家必须是完全合格的,其意见能够帮助陪审团;(3)专家提供的证据必须在科学上是可靠的,并且在学界内得到广泛认可;(4)证据的证明价值必须超过其不利影响。③ 另有资料表明,在美国的刑法系统中,心理学家出庭作证,须达到四点要求:(1)必须首先考察其专家资格;(2)专家作证的问题,必须限于某一适当的范围;(3)专家提供的证言,必须能使公众理解其理论和实际含义;(4)专家证言应该是有价值的,并且具有

---

① 见 R. Blackburn 著,吴宗宪等译,《犯罪行为心理学——理论、研究和实践》,中国轻工业出版社 2000 年版,第 266 页。

② 见《人民法院报》2001 年 12 月 31 日"司法解释"栏第 4 版。

③ 见 R. Blackburn 著,吴宗宪等译,《犯罪行为心理学——理论、研究和实践》,中国轻工业出版社 2000 年版。

可论证的特点。①

　　上述两组不同来源的资料对专家证人的条件限定尽管有所不同,但基本的含义没有多大差别。从中不难看出,心理学家在法庭上的主要任务并不是发表关于某一特定证人的证言可靠性的意见,而是用心理学学科内被普遍认可的原理、理论或方法,来阐述超过一般常识的科学事实。换言之,心理学家主要提供的是专业技术层面的意见,至于证人证言的法律效力,还是由法官和陪审团人员去裁定。

　　心理学家在法庭上提供证据,按照霍华德(A. Haward)的说法,他们通常扮演实验员、临床医师、统计员和咨询顾问等四种角色中的一种。② 作为实验员,心理学家可以总结在实验中得到的研究结果,但也常在必要时亲自动手进行实验室实验或现场实验。对法律问题来说,心理学家做得较多的是模拟实验。模拟实验的做法是心理学家模拟案发现场的情景让被试在其中进行角色扮演,以此推断真实案情中各个事件发生的可能性或相互关系。在一起警察指证被告开枪杀人的案件中,心理学家在案发现场做了模拟实验,结果发现在当时的照明条件下该警察在所处位置不可能辨认被告。这一模拟实验的结果导致法庭最后宣判被告无罪。作为临床医生,心理学家常常要借助各种心理测验,包括智力测验、人格测验,对被告人、证人或被害人的精神状态进行临床评估,藉此确定他们的心理能力。临床医生可能是作为专家证人的心理学家最常扮演的角色,他们对与案件有关人员的精神状态的鉴定报告,常常被法庭作为确定这些人员是否承担法律责任的重要依据。例如,我们在本章的相关内容中已经讨论过,如果一个犯下杀人罪的被告被临床心理学家确诊为系由大脑损伤所引发的不可控行为所致,那么法庭在作出判决时就会据此减轻或免于刑罚。因此,在许多情况下,临床心理诊断报告对案件的审理起着至关重要的作用。作为统计员的心理学家,则主要是利用已出版

---

　　① 沈政主编:《法律心理学》,北京大学出版社 1986 年版,第 184 页。

　　② R. Blackburn 著,吴宗宪等译,《犯罪行为心理学——理论、研究和实践》,中国轻工业出版社 2000 年版,第 268 页。

的资料确定一些事件的概率。而作为咨询顾问,心理学家可通过对一些证人心理特征的观察和了解,来确定其是否有资格出庭作证。

第三节 陪审团裁决的社会心理学问题

世界上很多国家都在法庭审判中采用陪审制度。提起陪审制,不少人的脑子里就会浮现出西方影视作品中常可见到的一幕:控方和辩方的律师在法庭上唇枪舌剑,法官高高在上,不动声色地主持庭审;几名或十几名男女聚精会神地倾听,察看着法庭上的一出出精彩或不精彩的"节目"。实际上,这几名或十几名男女就是西方尤其是盛行英美法系的国家司法程序中司空见惯的陪审团成员。由于陪审团是确定被告是否有罪的实体,因此,法律社会心理学家对此进行了广泛而深入的研究。

一、陪审团制度的来源

陪审团的存在仰赖于陪审制度的设置。陪审制度是国家司法机关吸收非职业司法人员作为陪审员参加案件的审判过程的一种诉讼制度。据考证,陪审制度最早起源于奴隶制雅典和罗马时代。① 当时雅典没有法官,案件审理主要靠陪审团,执政官每年用抽签方式从 30 岁以上的公民中选出 6000 名陪审官,组成陪审法院。罗马则由最高裁判官从元老院的贵族、骑士和奴隶主中挑选 300 人至 450 人组成陪审法院,每一案件由抽签决定 30 到 40 名陪审官审理。

现代意义上的陪审制度起源于英国。史载,1164 年,英国国王亨利二世执掌大权时,就发布过一个敕令,要求皇家法院在审理土地纠纷的时候,必须找 12 个骑士和自由农民陪审。后来,亨利二世又发布诏令,要求在刑事案件的审理中也要有一般百姓陪审。到了爱德华三世的时代,陪审团就有了"定有罪无罪"的准生杀大权。欧洲资产阶级革命胜利后,陪审制度在法律上得

---

① 陈盛清主编:《外国法制史》,北京大学出版社 1982 年版,第 39 页。

到了普遍确立。美国的陪审制度完全是在借鉴英国传统的基础上形成的。统计数据显示,美国现在每年由陪审团参加审理的案件占全世界每年全部陪审案件的90%。

我国在解放后从前苏联移植了人民陪审员制度。它通常由两名普通公民与一名职业法官组成合议庭对案件进行审理。但人民陪审员制度在我国的司法实践中虽然为保证司法公正发挥了一些积极作用,但不少人认为这种作用非常有限,因此近年屡有呼声主张改革这种陪审制。①

由于陪审团要对案件的证据作出最后的决断,并且在美国的刑法系统,一些刑事案件甚至只有陪审团才能裁定被告是否有罪。例如,上个世纪90年代中期在美国轰动一时的被称为"世纪审判"的黑人橄榄球明星辛普森杀人案,即是由陪审团最后作出无罪判决;颇有意味的是,这一裁决主审法官虽觉得难以接受,但也无可奈何。而即使是由法官裁决的案件,也必须考虑陪审团的决议。因此,如何保证陪审团作出公正的裁决,就成为法学家和社会心理学家非常关注的问题。迄今为止,社会心理学家在如何科学选择陪审团成员、陪审团的表决方式以及如何防止陪审团的偏见等领域进行了大量的研究并取得了丰富的成果。

二、陪审团成员的选择

陪审团成员的选择长期以来都被认为是陪审团审判工作整体的一部分。

陪审团成员的种族、民族、性别等人口统计特征以及人格特征等状况往往会影响其最后的判决结果。因此,科学地选择陪审团成员,是保证判决没有偏见的前提。

一般认为,科学地选择陪审员包括两个基本过程。第一,从投票选举的候选人名单中,或从委任者收集的名单中选出一个陪审团的名单。第二,对这些可能人选进行审核,以确定他们能否胜任陪审员工作;而审核工作则主要包括人口资料调查、背景调查和心理测量——如人格测验、能力测验和态

---

① 范忠信文:陪审制的实质,载范忠信著:《信法为真》,中国法制出版社2000年版,第48页。

度测验等,藉此保证取样的代表性和确定被选陪审员是否具有特定资格。①

在实际过程中,为了保证有一个对其当事人不存偏见的陪审团,律师可以有三种方式干预这一过程。首先,是审判地点的确认问题。假如被告方律师有充分理由认为所选定的审判地区的陪审团对被告可能存在偏见,那么他可以请求变更审判地点。第二,是陪审团全体陪审员的选择。陪审团成员被假定代表了审判地点所在的社区,因此,陪审员的通常选择程序,是对已登记的候选人随机取样。假如辩护律师有理由认为陪审员不能完全代表审判所在地区的全体候选人,则可以向法庭提出质询。假如法官判定其质询有效,则可以对全体陪审员重新进行挑选。最后,每个被挑选的可能的陪审员在一个被称为预审的过程中接受访谈。预审的目的是确定所选的陪审员是否有能力以及能否在审判过程中保持公正。

所有选择陪审员的过程都有一些具体的社会科学技术帮助进行,其中最基本的技术是社区调查。通过这些技术的运用,那些能够依据法律公正地评估证据的陪审员就能被挑选出来。

三、陪审团的裁决规则和规模

从社会心理学的角度,陪审团无疑是被作为一个群体来看待的,因此,有关群体尤其是小群体的社会心理学理论都可以被用来解释陪审团内部运作的某些事实。

陪审团除了被要求选出一名团长之外,一般来说很少有其他的有关群体结构的规定,因此,陪审团内形成非正式群体的可能性很大。陪审团中每个人都在其中担当特定角色,而陪审团团长通常被认为是这一群体的领导者,其角色任务包括指导讨论和报告判决意见。社会心理学家的诸多研究表明某些类型的人可能更容易被选为团长。例如,拥有较高社会地位、受过良好教育或已经有过陪审员经验的人更多地当选为团长;特别讨人喜欢或特别能说会道的人更可能作为领导者出现;此外有时往往恰巧坐在桌子首座的人也

①　吴江霖、戴健林等:《社会心理学》,广东高等教育出版社2000年版,第87页。

容易被选为团长。

　　陪审员在群体讨论过程中或追随某人,或与他人协商,或坚持己见,其参与程度是不一样的。一般来说,陪审团团长以及因为某些特征而担当了非正式群体的领导角色的人物表现最为活跃,而社会地位较低、受教育年限较少的成员在讨论中较少发表意见。在讨论过程中,有些人比较容易被其他人说服,而另一些人则可能固执己见。但不管是哪一个陪审团,其最后作出的裁决都有可能表现出一种被称为"群体极化效应"(group–polarization effect)的群体思维现象。所谓群体极化效应,乃指在群体讨论过程中,个人所做出的决定,往往比他们原先所持有的意见更加极端。因此,如果群体成员在讨论之前,对某个议案已有赞同的倾向,那么在会议期间他或她的赞同程度可能会更加强烈。同样地,如果某人在讨论之前就有点反对某个议案,那么在会议期间,他或她可能会更加反对。对于陪审团来说,群体极化效应的存在也不例外。对于被告是否有罪,每一个陪审团成员在讨论之前都会有自己初步而模糊的看法,经过互相讨论之后,他们最后形成的意见往往只是对起先看法的更加肯定。因此,陪审团的第一次表决对案件的最终裁决意义重大。卡尔文等(H. Jr. Kalven & H. Zeisel)曾经研究了12人陪审团第一次表决和最终裁决之间的关系,结果见图4–2。[1]

4–2　第一次表决对最终裁决的影响

第一次表决认定有罪的人数	终裁时各种意见的百分比(%)		
	无罪	不明确	有罪
0	100	0	0
1–5	91	7	2
6	50	0	50
7–11	5	9	86
12	0	0	100

①　H. Jr. Kalven & H. Zeisel. The American Jury. 1966. Boston:Little Brown.

　　由此推想,如果陪审团成员原先就有种族偏见或其他种类的偏见,那么在群体讨论中就往往会变得更加极端。因此,在挑选陪审员时,特别是在预审阶段,包括社会心理学家在内的专家有可能通过态度测量等调查技术进行干预,其目的在于尽可能消除陪审员身上某些固有的偏见性因素,以保证整个陪审团对被告方来说是公正的。

　　一些研究表明确定裁决规则(全体通过还是2/3多数通过)对最后的决定非常重要。在一项以大学生为被试的模拟实验中,[1]戴维斯(J. H. Davis)等研究人员提供给陪审员一段45分钟的关于一桩强奸案的录音带,并且允许他们进行最多时间为30分钟的审议。陪审团人员规模为6人和12人两种,作出裁决的规则为一致通过和2/3多数通过两种。结果发现,要求判决意见一致的陪审团在审议过程中需要耗费更长的时间,并且在其间要经过更多的投票表决。另外两个由萨克斯(M. Saks)做的类似的模拟实验也得到了类似的结果。[2]在实验一中,大学生陪审员被要求阅读一份10页纸的关于一桩抢劫案的材料;在实验二中,他们则被要求看一个关于入屋盗窃案的长达1小时的录像带。结果均发现,需要作出一致性裁决的陪审团与只需2/3多数裁决的陪审团相比,在形成决议前要耗费更长的时间,并且在讨论过程中更有可能陷入僵局。此外,遵循多数裁决规则的陪审员与遵循一致通过裁决规则的陪审员相比,后者彼此之间有更频繁的沟通,并且在审议过程中往往能更多地提出争议性意见。

　　类似的实验研究还有不少。哈斯泰尔(R. Hastie)指出,裁决规则的确定有四个明晰的效应:[3]

　　第一,一致性裁决比多数通过裁决会使陪审团更经常地陷入悬而不决的

　　[1]　J. H. Davis et al. The decision processes of 6 - and 12 - person mock juries assigned unanimous and two - thirds majority rules. Journal of Personality and Social Psychology. 1975,32,1 - 14.

　　[2]　M. Saks. Social psychological contributions to a legislative committee on organ and tissue transplants. American Psychologist. 1978,33,680 - 690.

　　[3]　R. Hastie. Inside the juror: The psychology of juror decision making. 1993. Cambridge University Press.

僵局状态。

第二，一致性裁决比起多数通过裁决通常要耗费更长的时间和经过更多的投票表决。

第三，总体来说，一致性裁决比起多数通过裁决会带来更满意的效果。这是因为多数通过裁决条件下的陪审团，往往会出现陪审员不积极参加最后表决的情况，而这种状况在一致性裁决条件下不会存在。

第四，一致性裁决与多数通过裁决相比较，少数派陪审员参加讨论的频度更高，并且其影响力也更大。

陪审团的人员规模也可能会影响到最后的裁决结果。但陪审团的大小对审决结果的影响可能并不像人们想象的那么大，很多研究都表明由6名陪审员组成的陪审团与12人陪审团相比，其判决结果或审议质量并不存在什么明显的差别。但有一些调查或实验也发现不同规模大小的陪审团在某些方面确实存在着差异。例如，6人陪审团的审议时间可能会比较短些，原因之一是少数派成员发表意见的可能性减少；而在12人陪审团中，少数派陪审员的意见则有较多的机会被采纳。与这种情况相应，规模较小的陪审团由于更有可能形成较高程度的内聚性，因此它也就更容易做出比较极端的裁决。因此，在现实审判过程中到底采用何种规模的陪审团，要视具体情况而定，并最好把它与裁决规则结合在一起考虑。

四、影响陪审团裁决的因素

现实的法庭审判活动，涉及被告人、辩护人、原告（自诉人或公诉人）、证人、陪审员和法官等多种法庭角色。因此，在理论上，法庭审理过程中出现的其他有关人员的活动都有可能对陪审员的最终裁定产生影响。当然，陪审员也会由于自身心理的一些原因而使所作的判决产生偏差。

不同的证据呈现顺序会对陪审团是否判决被告有罪产生影响。我们知道，在对他人形成印象时，有两种因素会影响到我们的知觉判断：首因效应和近因效应。所谓首因效应，是指知觉者最先获得的关于他人的信息并据此而形成的最先印象会对他人的整体知觉产生较强烈的影响；这种最初的印象或第一印象会左右人们对被知觉者以后一系列行为特征所作出的解释。所谓近因效应,则是指知觉者关于他人的最后获得的信息并据此而形成的最后印象会对他人的整体知觉产生比较强烈的影响。在人对他人形成知觉的过程中,这是两种同时存在但互相对立的效应。在现实生活中,有时首因效应起更大的作用,有时近因效应所起的作用更大。对于陪审员来说,首因效应和近因效应分别起作用的情形,在于最先和最后获得的关于被告的证据信息可能会对他(她)最终的裁断产生较大的影响。在较早进行的一项典型的实验中(Weld & Roff,1938),研究者将一份罪案材料分成几节念给一群充当陪审员的法学预科生听。在每一节念完后,主试要求这些学生被试在9点量表上判断被告是否有罪。结果发现,随着起诉证据的呈现,被试裁决有罪的分数增加;而随着辩护证据的呈现,被试判定有罪的分数又下降了。其后,研究者再把同样的材料按两种不同顺序呈现。当先给出起诉证据再给出辩护证据时,最后判决有罪的中数为2.3;而当开头和结尾都呈现起诉证据,辩护证据在中间时,最后判定有罪的中数为5.4。显然,在后一种情形中,由于近因效应的作用,起诉证据发挥了更大影响力。

不少调查表明被告的职业、家庭、外表魅力程度、衣着以及年龄等因素均对陪审员的裁决产生影响。一般来说,被告良好的家庭出身、令人尊重的社会职业、年轻漂亮和衣着大方等因素,均容易导致陪审员作出从轻裁定。例如,兰迪等人(D. Landy)发现,[①]陪审员判决一个缺乏魅力的被告入狱的时间及所给予的惩罚要比富有魅力的被告更多,尽管他们所犯的罪错是一样的。在一项模拟实验中,一些大学法律系学生充当陪审员被要求对一桩交通事故进行判决。主试通过录像操纵了原告和被告的外貌吸引力变量,然后要求那些大学生被试决定罚款金额。结果,在原告具有魅力而被告缺乏魅力的条件下,被试平均判罚10051美元;在原告缺乏魅力而被告具有魅力的条件下,被试平均判罚金额降至5623美元;而在原告富有魅力,被告的外表魅力不被知

---

① D. Landy & E. Aronson. The influence of the character of the criminal and victim on the decisions of simulated jurors. Journal of Experimental Social Psychology. 1969. 5,141 – 152.

晓的情况下,被试平均判罚 8618 美元。然而,克尔(N. L. Kerr)的研究却表明被告包括外表魅力在内的一些特征因素,没有对陪审员的最后裁决产生显著影响。① 之所以会出现这种不同的研究结果,可能与陪审员与被告之间在种族、性别、年龄、职业等方面的一致性程度有关。

　　克尔(N. L. Kerr)还研究了辩护律师、原告、法官(审判员)、受害人等与庭审有关的各类人物的特征和行为对陪审员裁定结果的影响。结果发现,对辩护律师来说,如果他(她)对原告在法庭上的某些无关紧要的环节问题表示出让步的姿态,反而会给陪审员以良好的印象,使他们觉得辩护律师公平、正派,因而对其一些重要的辩护发言更容易接受。② 此外,如果辩护律师在法庭上表现得对原告越尊重,在辩护时对证据知识的掌握和应用技艺越高,对被告无罪的辩论越有说服力,则陪审员对被告的定罪比率越低。而对法官来说,则有两项因素很可能会对陪审员作出从轻裁定发挥显著影响:其一,法官斯文有礼;其二,法官偏向辩护律师。此外,法官对原告的否定性反应的发生率,法官对辩护律师的肯定性反应的发生率,法官是否给人留下深刻印象等行为特征也会对陪审员的裁决产生一定影响。另外的研究结果还表明,对原告和受害人而言,其特征或行为方式对陪审员的裁定影响相对较不明显。③

　　证人证词对陪审团的影响力很大。虽然我们在前述的讨论中已经知道有很多因素会影响到证人证词的可靠性,但许多实验研究以及现实司法实践中的大量事实都表明,陪审员们还是常常对证人证词过于相信,以至于他们在作出最终裁决时经常出现偏差。

　　在法庭审判过程中,陪审员不仅要对目击者证言的可靠性作出判断,而

---

　　① N. L. Kerr. Social psychology in court: The case of the prejudicial pretrial publicity. In G. G. Brannigan & M. R. Merrens (Eds). The social psychologists: Research adventures (247 – 262). NY: McGraw – Hill.

　　② N. L. Kerr. Social psychology in court: The case of the prejudicial pretrial publicity. In G. G. Brannigan & M. R. Merrens (Eds). The social psychologists: Research adventures (247 – 262). NY: McGraw – Hill.

　　③ 沈政主编:《法律心理学》,北京大学出版社 1986 年版,第 160 – 166 页。

且也要对专家证词的恰当性作出判断。相当多的研究均已表明专家证词对帮助陪审团避免出现不公正的判决发挥了一定的作用,它们使陪审员花更长的时间仔细考虑问题,并引导陪审员更怀疑证人的证词,从而使陪审团较小可能判定被告有罪。例如,一项模拟实验(Hosch et al.,1980)就比较有说服力地证实了这一点。四个模拟陪审团面对的是一场关于一桩真实盗窃案的审判。实验放在真实的法庭里进行,陪审员的选择也与真正的陪审员的选择过程相似。实际的审判过程由律师、一名法官和几名演员扮演,情节包括证人辨认被告。两个陪审团听了所有证据的陈述,包括有关证人证词可靠性的专家说法;另外两个陪审团也听了所有证据的陈述,只不过其中不包含专家的证词。审判结束之后,每个陪审团都被带到单独的房间里并在其中进行审议,所有审议过程都被拍成录像。结果,虽然所有四个陪审团都因证据不充分而判决被告无罪,但研究者发现专家证词明显延长了审议时间,并且显著降低了陪审员对证人证词可靠性的一般信念。①

第四节 犯罪和社会心理学

犯罪行为是一种社会行为,确切地说,是一种反社会行为,而且是反社会行为的特殊形式。这种行为的形成与犯罪人的人格特征、犯罪人的态度与价值观、犯罪人的社会交往特点、犯罪人所处的社会文化环境有密切关系;这种行为也往往与犯罪人所在的某一群体(例如青少年犯罪团伙)其他成员的行为有关。犯罪行为的这些明显的社会心理特性,无疑使社会心理学可以介入其中并能作出其他介入犯罪研究的众多学科不可替代的贡献。

一、社会心理学与犯罪

没有确切的资料表明社会心理学是何时介入对犯罪问题的研究的。我

---

① 沈政主编:《法律心理学》,北京大学出版社 1986 年版,第 150 - 152 页。

们在前面内容里曾经谈到社会心理学有社会学的、心理学的和比较文化的三种学科取向，因此它的知识来源比较复杂，许多时候我们很难区分对某一问题的看法到底是基于社会心理学的，还是基于心理学的、社会学的或人类学的。但有许多事实表明，社会心理学在探寻违法犯罪行为的起因及违法犯罪行为的预防与矫治这两个犯罪问题领域作出了独特贡献。

按照前苏联社会心理学家达尔戈娃的观点，人们对犯罪行为的研究实际上一直在"环境—犯罪人"这一坐标上进行。① 回顾历史，我们认为达尔戈娃的这一看法颇有概括力。在第五章我们将要专门讨论迄今为止已提出的比较典型的犯罪行为原因理论，从那些理论中不难看出，意大利人龙勃罗梭开创的生物发生论和以弗洛伊德为代表的心理发生论实际上都认为对犯罪起首要或决定作用的因素在于犯罪人本身，而由一群社会学家提出的社会发生论则刚好相反，把犯罪原因归于环境。然而，任何把犯罪行为的发生归因于上述坐标的其中一极的看法可能都偏于极端，因为它们仅仅考虑了出现这种行为的主体或客体单方面的原因，而对形式复杂、类型众多的犯罪行为而言，这种单方面的考虑是不够的，往往不能很好地解释许多犯罪事实。例如，对于犯罪行为原因的生物学化的理论，尽管一些事实表明某种解剖上的特征或遗传异常与犯罪行为有关系，但它们之间也仅仅是相关而已，据此根本无法得出因果关系的结论，所谓的天生犯罪人也根本不存在。事实上，正如前苏联学者所指出的那样，"在一个人身上根本不能以某种'纯粹形式'区分出他的生物特征，对于人不能提出'社会的人'和'生物的人'这样的问题。他的一切特征都毫无例外地受到个体社会化过程的影响，所以任何特征都不能只看成是生物特征"。② 又例如，对于那些把犯罪起因仅仅归结为社会影响的社会学家，他们不得不经常面对的一个困惑就是：同样的环境，同样的外部条件，为什么一些人会变成罪犯，另一些人则不会？比如，同样是贫民窟里的孩子，

---

① Ａ·И·达尔戈娃著，赵可等译，《未成年人犯罪的社会心理学问题》，群众出版社 1985 年版，第 8 页。

② Ａ·И·达尔戈娃著，赵可等译，《未成年人犯罪的社会心理学问题》，群众出版社 1985 年版，第 11 页。

其中的许多人沦为罪犯,而他们中为什么也不乏依靠自身的奋斗而成为社会的英雄或楷模之类的人物呢?同样在媒体上看到暴力或色情的画面,一些孩子可能会模仿着去从事凶杀或强奸等恶性犯罪,为什么大多数孩子却不会去学习,仍能一如往常呢?对这些问题,犯罪行为的社会环境决定论者往往不能作出圆满的解释。由此可见,社会环境条件和犯罪行为之间的关系是复杂的,轻易地把某种犯罪行为归因于某种特定的社会条件常常容易犯错。

　　社会心理学强调从人与社会相互作用的角度看待人类行为的形成。一个不可否认的事实是,对犯罪行为来说,社会心理学家惯常的这种视角往往使他们能作出较好的解释。人的心理活动,尤其是复杂的带有社会文化内涵的心理活动,在某种意义上我们都可以把它看作是具有生物特征的个体与社会环境互动的结果,也正是在这层意义上,吴江霖教授将人的心理活动的实质描述为"社会化了的生理运动"。外界的各种刺激或各种社会生活条件,包括道德的、法律的、政治的、经济的、宗教的、风俗的,等等,通过种种社会化媒介——我们一般把它们粗略地划分为家庭、学校和社会文化三大系统——而影响和塑造来到世上的任何一个个体的心理和行为。对犯罪行为而言,正如我们在下一节将要深入讨论的那样,在一般的分析水平上,我们也可以从这一通常的角度探讨它的社会成因,将其看成是不良社会化的结果。

　　然而,以上这种一般的分析角度实际上建立在一个逻辑前提上,即社会环境条件和犯罪行为之间有着直接的联系,这种联系的另一种表述形式即为行为主义的"刺激—反应"模式。但正如前文中我们在谈到社会学家的犯罪成因理论时曾指出的那样,同样的社会刺激,对不同个体的意义是不一样的,使某些人违法犯罪的刺激对另一些人来说并没有特别之处。因此,可以认为在社会条件和违法犯罪行为之间还存在着某种中介机制,换言之,社会环境对犯罪行为的影响也有可能是间接的。这种中介机制可用社会心理学家勒温的著名的心理场论关于人的生活空间的概念来进行解释。

　　在勒温看来,"生活空间"决定着个体行为和心理活动的所有事实。勒温说过,"为了理解或预测行为,就必须把人及其环境看作是一种相互依存因素的集合。我们把这些因素的整体称作该个体的生活空间,并用 $B = f(PE) =$

f(LS)来表示"(B 表示行为,P 表示行为主体,E 表示环境,LS 是生活空间的简称)。① 勒温的公式表明,人的行为是人与环境的函数,也是生活空间的函数。这里,个人的生活空间实际上指的就是心理空间,它包括所有能够在某一时空之内可能影响或决定个人行为的一切环境因素和心理事件。生活空间概念带给人们的启示是:在任何心理学的研究或理论阐述中,凡是涉及到人的行为的,都要既考虑到行为主体个人,也要考虑到行为所发生的环境;既要考虑到行为主体的过去经验,也要考虑到行为者当时的态度和情境因素。此外,同样的客观事物,对于不同的人,则会有不同的心理意义,这也是生活空间概念的应有之义。

依照心理场论,个体的任何行为,当然也包括违法犯罪行为,都不能脱离行为者自身的心理事件或特征去理解或预测。因此,对于违法犯罪行为,我们都可以把它们看作是在一个人特定的身体和心理条件的范围内实现的。这个人具有特定的遗传禀赋,正常或有先天的缺陷;他在实施犯罪时和之前具有特定的需要和动机;他有自己的信仰、态度和价值观;他表现出一定的能力和能力倾向;他也有自身独特的个性品质,等等。概言之,任何犯罪行为都是具有某种特征的人在特定的心理状态和环境因素相互作用而产生的。

对于这种中介机制,我们或许还可以从托尔曼(E. C. Tolman)、赫尔(C. L. Hull)等人关于人类学习的著名理论中得到进一步的说明。托尔曼是以华生(J. B. Watson)为代表的旧行为主义的修正者,也是认知心理学的先驱。他不同意旧行为主义者根据刺激即可预测反应的论点,而认为在这两者之间有极复杂的心理历程。也就是说,影响个体行为表现的,不只是刺激,而且还有一系列的中介变量在起作用,它们包括认知、要求、期望、目的、动作技能、偏向等。按照托尔曼的看法,若要对整体行为进行心理学的分析,就必须要考虑这些中介变量,并推导出其中的过程。② 赫尔也同意人类的学习活动

---

① K. 勒温:《社会科学中的场论》,1951 年英文版,第 239 - 240 页。转引自申荷永著:《心理场论》,中国和平出版社 1996 年版,第 47 页。

② 张春兴编:《张氏心理学辞典》"托尔曼"条释义,上海辞书出版社 1992 年版,第 667 页;施良方著:《学习论——学习心理学的理论和原理》,人民教育出版社 1994 年版,第 89、299 页。

并非简单的 S—R 的联结,而是在刺激和反应之间存在着中介过程,用公式表示,即为 S—O—R。但他认为托尔曼所描述的那些中介变量都是主观的东西,不符合科学的标准,因此他试图以纯行为的方式来探讨中介变量,并用复杂的数学形式来表述中介变量。①

由以上分析可知,社会心理学习惯于从个人与社会环境的互动来看待一种复杂的社会行为之获得的学科视角,确实能较好地说明犯罪行为的实质。另一方面,我们也知道人的违法犯罪行为,在许多情况下是行为者受现实的或潜在的其他人影响的结果,例如,某些青少年的非法行为既可能是受周围其他人的引诱和挑唆所致,也可能是对电视、电影、网络或其他媒介某个人及其犯罪情节模仿的结果。许多调查表明,在现阶段,与社会主义市场经济共同成长的社会文化多元化格局,使社会主流文化得到迅速发展的同时,也使得各种不良亚文化得以形成或发展,并与主流文化激烈冲突。而对青少年影响极大的书刊、影碟、录像、歌舞厅、游戏厅、网吧等文化产品和场所往往成为承载不良亚文化的媒介。据广东省青少年研究所对 600 名被少年犯罪管教所关押的该省闲散未成年人犯罪的专题调研表明,他们在犯罪前大多与上述这些媒介关系非常密切,58.2% 的人经常去游戏厅,42.2%、32%、26.7% 的人经常出入歌舞厅、台球室和录像厅,74.8% 的人看过黄色录像,而光顾过文化馆、图书馆、少年宫等活动场所的人分别只有 3.8%、8% 和 4.8%。此外,这些犯罪少年中,因为不良交友导致"不在学校读书"者占 41.3%,74% 与社会上不良青少年交往,60% 以上结交过有违法犯罪行为的人,68.5% 的人承认自己的犯罪和"要好的朋友有关"。②

既然现实中的大量犯罪事实表明犯罪行为的形成尤其是青少年犯罪人的非法行为与其他人的不良影响有关,那么社会心理学家就可以顺理成章地对这些行为的形成和防治提供解释和策略性的技术措施。

---

① 关于赫尔的学习理论及其中介变量的思想,可参见施良方著:《学习论——学习心理学的理论和原理》一书第三章有关内容的介绍和评论,人民教育出版社 1994 年版,第 87–107 页。

② 广东省青少年研究所:《广东闲散未成年人犯罪调研报告》,《南方青少年研究》2002 年第 1 期,第 12 页。

概言之,社会心理学独特的学科视角和立场能帮助我们更好地理解犯罪行为,并且其知识能帮助我们对现实社会的犯罪问题进行有效地干预。

二、违法犯罪行为的社会心理学解释

关于人产生违法犯罪行为的原因,迄今为止已经提出的解释有很多,我们如果要对它们进行归类的话,那么可以大致划分为生物的、社会和环境的、心理的和社会心理的等几大类。

与生物发生论者寻求违法犯罪行为的生物决定因素的解释、社会和环境发生论者把社会环境看成是违法犯罪行为的根源,以及心理发生论者把违法犯罪归结为某种心理因素不同,社会心理学既考虑违法犯罪的社会因素,又考虑个体的心理因素在其中所起的作用。由社会心理学家提出来的这类理论解释亦有不少,我们撷取其中几个较有影响力者。

(一)挫折—侵犯(攻击)理论

这是由美国社会心理学家多拉德(J. Dollard)和米勒(N. E. Miller)等人提出来的一个著名的理论。在多拉德等人于1939年出版的《挫折与侵犯》一书中,这一理论得到比较完整的阐述。"挫折—侵犯"理论的核心思想是:个体遭受挫折后,由于其目的不能达到,其需要得不到满足,必然将引起个体对导致挫折的来源进行攻击;而攻击的方式可以是外显的,也可以是含而不露的。多拉德等人认为攻击性行为的发生总是以挫折的存在为前提,而挫折的存在也总是要导致某些形式的攻击行为,把挫折和攻击的关系强调到一种比较绝对的水平。这一理论得到了不少实验的支持,也解释了一些社会事实。例如,经济萧条时,违法犯罪行为往往会较多出现,这是因为经济萧条对每个人来说都几乎是一种挫折。当人们找不到工作,买不到需要的东西,生活的各个方面都受到限制时,必然会引发焦虑、沮丧、无奈和愤怒的情绪,这时,发生攻击行为实属难免。

但这种理论把挫折与攻击之间的因果关系强调得过于绝对,甚至后来有继承者认为挫折是攻击性行为的唯一根源,显然是站不住脚的。

(二)社会学习论

以班杜拉(A. Bandura)为代表人物的社会学习论的主要观点我们在前面已作过介绍,这里不再赘述。需要指出的是,这一理论对于解释社会行为尤其是攻击性行为特别有效。按照该理论,人的攻击性行为并非像弗洛伊德等人认为的那样是一种本能的冲动,而是后天学习得来的,人们通过来自环境方面的支持而学会攻击行为。班杜拉特别强调观察学习对获得攻击行为的重要性,并把家庭的影响、亚文化、新闻媒介当作是个体形成攻击行为的最主要来源。

还需要指出的是,社会学习论的来源可追溯到 19 世纪末 20 世纪初法国社会学家塔德(G. Tarde)所提出的模仿论的思想。塔德在他于 1890 年出版,1903 年再版的《模仿律》一书中,认为所有重要的社会行为均因模仿而引起,并提出了几条模仿定律。美国社会学家罗斯(E. A. Ross)在其 1908 年出版的具有历史地位的社会心理学教科书《社会心理学》中也以模仿这一概念来说明社会行为的获得。① 因此可以说塔德和罗斯的思想是日后以观察学习来解释人类行为的社会学习论的先行思想。

班杜拉理论的主要贡献在于它改变了人们将攻击性行为视为本能的传统观点,但它的主要支持来自实验室实验的资料。然而实验室的情境与导致攻击性行为发生的真实社会情境毕竟有很大不同,因此,这一理论常常不能较好地解释在真实社会环境中所发生的包括攻击性行为在内的违法犯罪行为。

(三)"犯罪场"理论

场论(field theory)是德国社会心理学家勒温提出的一个著名的理论。按照这一理论,人们表现出来的一切行为,都是个人与环境两方面因素交互作用的结果。日本社会心理学家安倍淳吉运用这一理论来解释犯罪行为的发生和划分犯罪类型,提出了著名的"犯罪行为形成空间"或称"犯罪场"理论。

按照安倍淳吉的意见,具体的犯罪行为正是在一定的社会、文化与一定人格相遇的"场"中发生的,这种"场"的结构与机能的特殊性,也就代表了各

---

① G. Tarde. The Laws of Imitation. Translated by E. C. Parsons. NY: Holt. 1903.

　　E. A. Ross. Social Psychology. NY: Macmillan. 1908.

种犯罪行为的个别性。用他的原话来说,"犯罪行为并不单纯是特定人格行动的内外体系的无时间的汇合力,它应该被理解为社会的时代史特征和个人生活史的生活空间相互交叉的历史的场。所谓历史的场,就是指一定社会文化的状况和内在于各个人生活之中的犯罪行为要因在复杂环境中的存在、变化、消亡的过程,也就是要指出'存在'关联的必然性。这种存在关联的必然性(即历史性)就在于把处于不同时间上的特定场面作为'现在'来把握,进而抓住和它对比的过去以及未来的场面间的关联意义"。①

　　按照这一理论,所谓犯罪,我们都可以把它理解为是在加害者—受害人—第三者(国家管制机关)的相互关系中违反刑法等管制标准,给社会带来恶劣影响的行为。这种行为都是在一定的场景下发生的,一般称之为犯罪现场或犯罪情景。犯罪现场,本质上都是企图进行犯罪的力量与可能抑制、阻止犯罪的力量互相抗衡的"场"。在这种"场"里,作为抑制、阻止犯罪的力量,不限于受害人、第三者,还包括加害者的自我抑制。犯罪行为是否发生,取决于在这种场里犯罪力量与抗衡力量的对比。例如,诈骗犯罪,就是诈骗犯(加害者)利用欺骗手法,使受害人、第三者以假为真,不能恰当地发挥抑制、阻止犯罪力量的作用,甚至反而帮了犯罪人的忙,从而使诈骗行为得以发生。在这种情景中,犯罪力量由于缺乏抗衡力量的抑制,因此,出现犯罪行为就变成了很自然的事情。

　　安倍淳吉把犯罪行为当作一种社会心理学事实并进而建立的对犯罪行为的基于社会心理学立场的理论解释,以及在此基础上对犯罪行为的类型划分的思想,影响很大,在国内外犯罪心理学的文献中,我们也常可看到对他的理论和方法的引用。应当说,他的观点的确是独树一帜的。

第五节　犯罪行为的预防和矫正

　　违法犯罪活动给社会、给他人带来了恶劣影响和危害性后果,因此,法律

---

① 安倍淳吉著,罗大华等译,《犯罪社会心理学》,群众出版社 1992 年版,第 49 页。

工作的一个重要组成部分就是对这类行为进行预防与矫正。由于引起违法犯罪的原因极其复杂,违法犯罪的类型也多种多样,因此人们对如何开展预防和矫正也意见纷纭。此外,由于青少年违法犯罪问题在世界范围内都是一个严重的社会问题,因此,本节所讨论的问题,主要针对这个群体。

一、违法犯罪的早期预防

违法犯罪的早期预防指的是针对以往尚没有违法犯罪经历的人——尤其是青少年——的预防。所谓预防,有多种的分类方法,但不管是哪一种,都要采用若干干预措施,藉此对潜在的或真正的犯罪人进行教育和转化工作,以达到控制犯罪或降低重新犯罪的目的。心理学和社会心理学的原理和方法在犯罪预防工作中发挥着巨大的效力。

诸多研究均表明,对很多犯罪青少年来说,反社会行为是可以识别的童年经历中一种比较稳定的人格特征。也就是说,一个人在孩童时期若表现出经常性的针对他人或社会的麻烦行为,比如,经常表现出自私、冷酷、不负责任的行为特点,经常违反包括学校规章制度在内的各种社会规范,经常与他人斗殴、打架,等等,那么他或她到了青少年阶段后,亦可能比常人具有更多的犯罪行为。一项调查追踪研究了一群人从小学三年级到 26 岁的发展过程,发现那些在 10 岁和 13 岁时有较多侵犯行为的男孩,在少年和成年时也有较多的犯罪行为。其他一些研究者所做的研究也得到了类似的结果。因此,为了防止在儿童时期出现较频繁反社会行为的个体在成长后朝着违法犯罪方向发展,就必须对其个人因素、家庭因素以及其他相关的社会环境因素进行某种干预,以阻止这种变化的自然的发展走向。

心理学家参与犯罪行为的早期预防主要有两类策略。其一,如果证实犯罪是当事人人格缺陷或不良社会化的结果,则通过矫正其人格问题,改变其社会化方式或途径,或通过教育强化矫正而达到防止犯罪的目的;其二,在社会化过程中若发现某些孩子早期的侵犯性行为有转化为犯罪行为的可能,那么就须通过设计转向程序,防止有行为问题的年轻人被他人或自己视为"坏孩子"来消除他们的"自我实现预言"或"标签效应"而防止犯罪的发生。显然,这两类策略都把着重点放在矫正人格问题、改变社会化和教育等方面。

由于童年期的反社会行为经历往往被看作是技能缺陷的表现,因此,心理学立场的预防观点还常常强调提高这些问题儿童或父母的能力。提高能力通常采用直接干预的方式,但有时也间接地通过改变他们所处的社会环境的方式来达到目的。"提高能力计划的目标是发展或提高能力、个人资源和应付技能,把它们作为压力或功能障碍的缓冲器。……这样的干预需要针对那些与不同年龄的少年犯罪关系最密切的具体缺陷进行。因此,这些干预措施应当随发展阶段的不同而有区别,干预的核心目标可以是社区、学校或者家庭"。① 提高有反社会行为倾向的问题青少年的学习技能和社会技能,是西方心理学家提出的许多针对青少年犯罪的早期预防计划的主旨。

由此可见,对青少年违法犯罪的早期预防一般来说不是以法律规范为先决条件,实质上主要是通过良好的社会化过程来达到目的;在这一过程中,尽量遏制和消除他们的反社会行为,强化其亲社会行为是预防的主要方针。这是因为,儿童早期社会化的好坏对其成年后的行为影响深远,早期由不良社会化而形成的不良动机、不正确的价值观念以及有缺陷的人格品质等都是导致其日后违法犯罪的可能因素。因此,如何完善家庭教育和学校教育,净化社会文化的环境,禁止传播各种诲淫诲盗和宣扬暴力的读物和影视作品,最大限度地减少犯罪的社会诱因,加强道德教育、思想教育、社会技能教育等是控制个体产生犯罪行为的重要条件。

(一)犯罪预防中的家庭教育、学校教育和社会教育

作为孩子们人生第一站的家庭,其重要性是其他任何社会化媒介不可替代的。父母的教养能力在其中尤其起到关键作用。因此,在西方国家的犯罪学家(包括犯罪心理学家)发展的许多预防青少年犯罪的计划中,都强调父母在其中所扮演的重要角色,并认为政府应当对父母进行培训,提供咨询,设立帮助机构以提高他们的教养素质。

---

① R. Blackburn 著,吴宗宪等译,《犯罪行为心理学——理论、研究和实践》,中国轻工业出版社2000年版,第330页。

我们认为,在我国的犯罪预防体系里,加强对孩子父母的训练比西方国家更有必要,这是因为就父母亲平均受教育水平以及相应的教育、文化素质而言,我们与西方国家存在较大差距。由于诸多原因,学生家长中有机会接受高等教育的仅占少数,有过"上山下乡"特殊经历的那一代人中许多人连正常的中等教育都没有完整地接受过,他们对教育学、心理学的知识所知甚少,不知道教育孩子的有效方法,特别是对那些所谓的问题孩子,更是手足无措,不知如何是好。现实中,由于父母亲不懂教育方法而酿成悲剧的事例不胜枚举。在贵州省,还曾经发生过一起因为父母不良的教养方法,导致其一对孪生女儿为逃脱管教而不惜毒死双亲的极端案例。①

因此,让孩子们的家长懂得如何教育,是预防犯罪(其意义当然不仅仅在于此)的一项根本性措施。这项工作在我国的城市已引起人们的广泛重视,并发展出一些具有自身特色的做法。例如,学校教师尤其是班主任经常性地进行家访,许多中小学校开办家长学校并不定期地召开家长会或家长座谈会,一些学校依靠家长力量办《家长报》,寒暑假在学生比较集中的地方设立家长和学生辅导站,等等,但这些举措在很多地方还远非成为规范化的制度,其效果如何没有得到有说服力的评定。值得在此指出的是,在更广阔的乡村,这项工作由于现实的困难条件受到很大的限制。

学校在早期预防中所起的作用不言而喻。儿童在进入学龄期之后,学校教育在孩子的社会化过程中将长期扮演重要角色,并起着主导作用。孩子们不仅从学校里学习各种知识和技能,培养自身的能力,而且还要学习各种行为规范,发展自己的态度和品德。学校主要通过多种形式的道德教育和法律教育来教会学生这些规范。

就犯罪预防来说,学校对一般学生进行正常的道德教育和法律教育固然

---

① 孟海、李武:《孪生少女毒杀双亲》,《南方周末》2001 年 8 月 30 日第 6 版。按照这篇文章讲述的故事,那对曾经做过教师的父母却根本不懂得如何与孩子沟通,如何为孩子做榜样,只知道严厉地约束她们。例如,父亲几乎不和她们说话,母亲工作之余沉溺于玩麻将;父母在家时,她们不能看电视,不准上街;父母不允许她们带同学、朋友来家里玩,也不过问她们与谁交朋友。他们唯一关心的只是孩子的成绩。实际上,尽管这对父母的管教方式比较极端,但这种方式的影子却在中国随处可见。

重要,但更重要的恐怕还是对那些学习成绩差、缺乏父母的训练和监督、经常逃学甚至有轻微违法行为的所谓"问题孩子"的教育。因为这些孩子通常不能为正常的同辈群体接纳,也多数不仅得不到周围其他人的理解和情感温暖,反而会经常性地受到歧视和拒绝,因此他们容易滑向各种青少年违法犯罪亚文化群去寻求认同和支持,甚至干脆离开学校流落社会。国内外已有大量调查资料表明,不在学校学习或没有固定职业的少年的犯罪率要远远高于普通在校生。这似乎不难理解,没有学习或没有固定工作的未成年人处于几乎接受不到学校正面影响的状态,就像我们在前面内容里曾经描述过的由帕特森等人建构的儿童、青少年反社会行为的形成模型所揭示的那样,他们不能被同年龄的正常群体接纳,就只好投入到社会上的不正常同辈群体中去。一个几乎是众所周知的社会心理学事实是,孩子到了青春期,同辈群体在他们的社会化过程中所起的作用突出起来,有时甚至起到关键性的作用。因此,在很多情况下,对那些所谓的问题孩子来说,仅仅是让他们不离开学校流落到社会,实际上就可以大大减少他们违法犯罪的机会。

最近进行的一项针对广东省闲散未成年人犯罪情况的调查再次表明能否接受正常的学校教育,对防止他们走上违法犯罪之路极其重要。这些被少年犯罪管教所关押的犯罪前即已游离于学校之外的少年犯,有旷课逃学经历者占84%(其中经常旷课逃学的占48.7%),离家出走的占62.2%;在他们离开学校的原因中,因家庭贫困而上不了学的仅占被调查者的13.83%,而因为"在社会上结交一些朋友,和他们一起玩"导致不在学校读书的占43.17%,其他因"没有学习兴趣,考试经常不及格"、"违反学校的规章制度,被学校开除"、"在学校时,经常受到同学的欺负"、"和老师的关系紧张"等理由而离开学校的也不在少数。① 由此可见,这些少年犯罪者在离开学校前不少就是令人头痛的孩子,是"越轨者",是所谓的"差生"或"双差生"(前者指学习差,后者指学习和品德双差),他们往往被老师另眼相看,被同学歧视和排斥。一些

① 广东省青少年研究所:广东闲散未成年人犯罪调研报告,《南方青少年研究》2002年第1期,第9页。

教师为了不影响其他学生的学习和追求升学率,甚至默许他们旷课、辍学。这些孩子在学校里无法获得肯定的自我评价,得不到老师和同学的温暖和支持,不被肯定和接纳,于是就只好到社会上去结交"朋友",寻求慰藉和支持。

在德语国家,学校为避免这些问题孩子滑向违法犯罪的危险境地,也为了做好一般学生的犯罪预防工作,主要采取以下这些具体措施:①

1. 学校不是简单地将有问题的孩子从班级里排除出去,也不歧视这些难弄的孩子,而是尝试让他们加入到社会化方面完好的和稳定的学习团体里去,让他们有机会向其他同学学习,更多地接受正面影响,为这些问题孩子的社会化创造有利的条件。

2. 学校对表现好、遵守校规的学生进行必要的奖励,不管他们来自何种民族及何种社会阶层;学校放弃以前那种按学习成绩或能力划分学生的做法,转而注重培养学生的实际生活技能。

3. 加强对教师的培训。培训措施包括研究儿童和青少年违法犯罪的具体表现形式、产生的原因、发展过程等;学习和掌握与青少年有关的法律法规等。

4. 有目的地、一贯地对青少年进行法制教育,以增强他们的法律意识。具体做法是:

(1)在所有普通中学,至少在最后一学年必须为学生开设有关的法律课程;

(2)在所有高级文科中学向学生讲授法律基础课程;

(3)为了使法律课程的教学富有成效,有关当局要求授课的法学家必须受过教育学方面的训练。

实际上,德语国家预防孩子犯罪的上述做法在我国某些地区的教育实践中也得到部分实施,尽管还没有那么系统。例如,我国政府现在倡导并要求在中小学实施素质教育,教育部门强调对"后进生"、"差生"、"双差生"等所谓的问题孩子要给予帮助和扶持,有些中小学校聘请校外人员为"法制副校

---

① 转引自徐久生:《德语国家的犯罪学研究》,中国法制出版社 1999 年版,第 372 页。

长"，等等。但应当看到，在目前传统的应试教育的思想观念和习惯做法还很顽固、各个地区的教育水平还极不平衡的情况下，一些还相当普遍存在的教育措施容易导致学生滑向违法犯罪。例如，许多中学根据学生的成绩进行分班，对"重点班"的学生栽培有加，对"普通班"的学生则往往应付了事；许多老师由于没有受过心理学、教育学的系统训练，又缺乏耐心和爱心，对那些所谓的"问题孩子"的教育方式往往流于简单和粗暴；许多学校尤其是广大农村地区的学校不重视对学生进行法制教育，学生的法律意识非常淡薄（而许多调查表明，乡村、城乡结合部和集镇居住区是目前我国青少年犯罪的高发区），等等。诸如此类，都是在预防青少年犯罪的系统工程中，学校教育环节亟待改进的地方。

对现在的孩子来说，家庭、学校以外的环境刺激对他们的社会化的影响有越来越大的趋势。这是因为，一方面，随着社会的发展和教育观念由应试教育向素质教育的转型，孩子们有越来越多的课余时间接触社会；另一方面，社会文化的多元化以及大众传播媒体的多样化使得孩子们有着更广阔的空间选择外界刺激。课余时间增多，对那些学习兴趣不浓、学习成绩较差的学生来说可能并不是一件好事，因为这意味着他们有更多的时间在街头游荡，出于无聊和冒险，他们会经常做一些恶作剧或轻微性的社会越轨行为并从中取乐；他们也有更多的机会出入一些可能承载不良亚文化的场所，也有更大的可能受一些青少年不良亚文化群的引诱。我们知道，由于青少年还普遍没有形成成熟的价值观，辨别是非的能力和行为的自控能力有限，因此社会上的不良亚文化的刺激以及同伴群体中的不良"朋友"容易对他们产生潜移默化的或直接的影响。因此，如何改善社会设施尤其是儿童、青少年所居住社区的附属设施的条件，丰富他们的课余活动，并诱导他们把过剩的精力投入到正当的娱乐和体育活动中，同时开展形式多样的道德教育和法制教育活动，是预防犯罪的有效措施，这一点已被西方许多国家的实践广泛证明。

在西方许多国家，在心理学应用领域还兴起一门学科，叫社区心理学（community psychology）。这门学科结合了心理卫生、心理治疗、临床心理学及社会工作等各学科的要义，目的在于了解社区内民众的心理适应情况，帮助适应困难者解决问题，提倡有益身心的活动，增进社区内的安详和谐。社区心理学在法律系统内也很自然地被应用于违法犯罪的预防和矫正。

对违法犯罪活动的传统的心理学的预防和矫正措施大多是在儿童、青少年（也包括其他成人）出现不良行为倾向的明显迹象或发生了严重的不良行为时实施的（即二级预防和三级预防①），然而社区心理学不同于以往的做法，它倡导在个体还没有异常迹象出现时就应该采取一级预防措施（也叫社区预防），防止不良行为的出现和发展，促进心理健康和良好适应。社区心理学在参与对犯罪者的矫治工作方面，也与以往个体水平的矫治方法不同，而将工作扩展到群体水平，强调家庭、学校、工厂、矫治中心等一切与当事人发生密切联系的单位或组织都应该协同参与到矫正工作中来。

做好社区工作，为下一代的成长创造一个良好的环境，近年来已逐步成为我国政府和其他相关机构的共识。从预防青少年违法犯罪的角度，由于社区是孩子们最经常接触的社会环境，尤其是他们的假期（据统计，我国中小学生每年大约有160多天的假期）基本上在社区度过，因此如何加强社区附属设施的建设和管理，组织青少年开展积极健康的教育、科技、文化、娱乐、体育活动，为他们营造一个良好的成长环境和文化氛围，就成为一个非常现实的课题。

（二）我国古代犯罪预防思想片论

我国古代也有丰富的犯罪预防思想，它们中也有一些可为今天我们做这项工作提供有益的借鉴。

在青少年犯罪的早期预防中，就主体的自身修养而言，中国古代智者们非常强调"防微杜渐"。《法句经·卷上》云："莫轻小恶，以为无殃！水滴虽微，渐盈大器。"②《三国志·蜀书·先主传》云："勿以恶小而为之，勿以善小而不为。"③朱熹也说："有过则当速改，不可畏难而苟安也。"④这些话的意思

① 二级预防，是指早期发现疾病以便早期治疗；三级预防是指作好患病者的康复工作，以减少疾病造成的消极后果。与这两级预防相关，一级预防，则是指预防疾病的发生。

② 转引自秦牧主编：《实用名言大辞典》，广西人民出版社、广西教育出版社1990年版，第390页。

③ 转引自秦牧主编：《实用名言大辞典》，广西人民出版社、广西教育出版社1990年版，第406页。

④ 《四书集注·论语集注》，转引自秦牧主编：《实用名言大辞典》，广西人民出版社、广西教育出版社1990年版，第413页。

不难明白,说明人应当时刻反省自己,即使犯了微小的过失或错误,也应当给予高度重视,及时加以改正,否则,"小恶"就可能渐渐变成大罪,小过也可以积聚为大错。这样的例子在现实中实在太多了。另一方面,就家庭、学校与社会对儿童、青少年的早期教育而言,当他们出现微小的过错时,及时地指出其错误并帮助改正错误也是必不可少的环节。

中国古代思想家中不少人都非常重视刑罚在预防犯罪上的社会心理功能,崇尚"法治"的法家尤是如此。法家的代表人物韩非以人性自私说为基础,认为儒家倡导的以仁爱之心来管教子女并对子女性情进行改造在很多时候是无能为力的,只有用刑罚才能使其改恶从善,他举例说:

今有不才之子,父母怒之弗为改,乡人谯之弗为动,师长教之弗为变。

夫以父母之爱,乡人之行,师长之智,三美加焉而终不动,其胫毛不改。州部之吏,操官兵、推公法而求索奸人,然后恐惧,变其节,易其行矣。[①]

基于对人性、对行为改变的这一根本看法,韩非提出要治理国家,必须严刑重罚,利用人对威势的恐惧心理来达到以暴制暴的目的。就犯罪的一般预防而言,严刑重罚显然有其一定的合理性,现代社会仍普遍采用对违法犯罪者施加刑罚来威慑社会上潜在犯罪人的做法来阻止犯罪。但到底是重刑效果好还是轻刑效果好,在犯罪学界却有着广泛的争论,迄今似没有定论。

我国古代有些思想家在强调用刑罚来预防犯罪的同时,还同样推崇教化的心理预防功能。荀子著名的"隆礼重法"思想即是这种思想的集中体现。荀子曰:"然则从人之性,顺人之情,必出于争夺,合于犯分乱理而归于暴。故必将有师法之化,礼义之道,然后出于辞让,合于文理,而归于治。"[②]显然他强调的是将"师法之化"和"礼义之道"结合起来,法律与教化并重。他还主张将教化与诛赏结合起来,说:"故不教而诛,则刑繁而邪不胜;教而不诛则奸民不惩;诛而不赏,则勤勉之民不劝。"[③]只有将教化和诛赏有机结合起来,才能使

---

① 《韩非·五蠹》
② 《荀子·性恶》。
③ 《荀子·富国》。

"奸邪不作、盗贼不起,而化善者劝勉矣"。①

(三)法律社会化对早期犯罪预防的重要性

防止儿童、青少年走上违法犯罪之路是一项复杂的工作,但其中一个重要环节以往并没有引起人们的高度重视,那就是正确引导儿童的法律社会化。法律社会化的犯罪预防功能不言而喻,因为通过这一过程,我们可从小就开始培养孩子的守法行为,使其在成长过程中逐步形成良好的守法习惯。

从根本上说,犯罪的早期预防的法律社会化基础是使孩子们了解有关法律知识,培养守法动机和形成守法习惯。②

1. 法律知识的学习

法律知识是守法行为的认知基础。由于对法律知识缺乏了解而造成犯罪的案例触目皆是,因此,普及法律知识是一项非常重要的工作。从理论上来说,法律社会化是贯穿个体一生的发展过程,因此,普法工作应当覆盖各个年龄阶段。但是各个年龄阶段的个体在智力、人格、道德认知乃至整个心理的发展水平上各不相同,他们的法律认知的发展水平也是如此。美国社会心理学家塔普的研究指出个体的法律认知(推理)发展要经历先习俗(服从规则)、习俗(维持规则)、后习俗(制造规则)三个水平;我国学者李伟民的研究也指出青少年法制观念的发展要经过下述 3 个阶段:(1)无条件、绝对的法律服从阶段(小学后期);(2)以道德习俗为前提的法律服从阶段(中学期);(3)以利害关系为前提的法律服从阶段(大学期),并指出中学期为整个发展过程中的转折阶段,标志着青少年法制观念发展的关键期。因此,普法工作的形式和内容应针对儿童、青少年的年龄阶段特征尤其是他们法律认知的年龄特点来进行。例如,学前儿童常常不能理解抽象的法律概念,但这一阶段的法律教育对个体的道德发展和守法行为的形成又非常重要,因此,这一阶段对儿童的法律知识教育,应当将抽象的概念转换成一些这一年龄阶段儿童可以理解的行为规范,把它们寓于儿童日常游戏规则中,让儿童在游戏过程中学

---

① 《荀子·富国》。
② 吴江霖、戴健林等著:《社会心理学》,广东高等教育出版社 2000 年版,第 409 页。

会这些行为规范,为日后掌握系统的法律知识打下基础。按照发展心理学的观点,法制教育和道德教育开始得越早越好。

2. 守法动机的培育

法律社会化的最终目的是使个体成为守法的公民。但是一个人要怎样做才能算守法呢? 具备法律知识当然是基础,但仅有法律知识是远远不够的。任何个体都有需要和动机,对守法行为而言,假如一个人没有守法的自主性的需要和动机,尽管他可能有很好的法律知识,也很难见诸行动。社会心理学指出,个体除了来自饥、渴、性等生理需要的基本动机外,还有在社会化过程中通过学习不断获得的各种社会动机,如相符动机、成就动机、结群动机、获得社会赞誉的动机,等等。守法动机即是一种个体需要不断学习的社会性动机,从理论上,我们也可以把它归为相符动机的一种,一种遵循法律规范的相符动机。个体只有具备了守法动机,才有可能在社会行动中经常性地、自觉地遵循法律法规。然而迄今为止,法律社会心理学关于守法动机的研究不多,但这无疑是一个值得重视的领域。

3. 守法习惯的形成

守法行为的培养,很重要的一个方面是守法习惯的培养。我们知道行为习惯一旦形成,那么个体就会在类似的情境出现的时候,倾向于自动地按以往形成的行为形式去行动。因此,习惯性行为的形成可大大减轻个体的心理负担。孩子们在社会化过程中,应当从小就被要求遵循一定的法律规范去行动并坚持不懈,长此以往就会形成一定的守法行为习惯,这样,在他们长大以后碰到人际关系中的各种严重冲突,以及遭遇到需要按照法律程序才能解决的各种社会情景时,就会习惯于按照法律要求去做。

(四)早期预防的若干具体策略

为了达到预防儿童、青少年犯罪的目的,除了社会化和教育的途径外,心理学家们还通常考虑采用惩罚、咨询、改变环境等具体的手段来进行。

害怕惩罚会使个体减少犯罪,这是一种古老的观念。所以,长期以来法律系统常采用惩罚手段来阻止可能的犯罪。然而心理学家研究发现,惩罚和犯罪的关系是复杂的。一些研究表明,对违法犯罪活动的制裁的严厉程度与当事人的重犯倾向没有恒定一致的相关。但是,尽管惩罚可能对阻止罪犯重犯不太有效,却可能有效地减少其他人犯罪的可能性,也即对其他人会起到阻吓作用。也有人认为,在罪犯考虑是否采取违法犯罪行为时,他们常常忽视可能受到的处罚。卡罗尔(P. Carroll)曾做过著名的关于犯罪决策的模拟研究,表明犯罪人决定实施犯罪的过程,是一个综合考虑得失的决策过程。这种决策涉及的因素考虑主要是犯罪可能获利的大小、获利的可能性、受惩罚的可能性和惩罚的严厉程度。他发现,绝大多数人(70%以上)在作决策时,只考虑到其中的某一种因素;而获利大小和获利可能性这两个因素对犯罪决策的影响力,是受罚可能性和严厉性因素的两倍。

有证据表明,儿童、青少年在有轻微的违法行为(或称犯过行为)时如果不受到法律的制裁,那么这样的行为就可能继续下去。这一点与前面提到的我国古代智者提出的"防微杜渐"思想是一致的。有效的惩罚应当让那些想"冒险"的人们知道,他们将会受到怎样的惩罚。

总的来看,惩罚对防止犯罪的影响是复杂的。合适的惩罚是有效的,尽管证据表明严厉的处罚并不比温和的惩罚更有效,但我们有理由把惩罚解释为这样一种信息,即年轻人可以从中知道,什么行为是社会期望的,而什么行为又是社会不希望的。

社会学家早就注意到,个体常常根据社会指定的角色来行动。例如标签理论指出,社会给某人贴上"坏孩子"、"坏人"的标签,常常这个人就有可能会产生"自我实现预言"的效应,导致该个体进一步发展其反社会行为。因此,学者们呼吁学校、法庭及其他社会机构应当避免使用类似的标签。

另一种阻止反社会行为发生的办法是操纵环境。费尔德曼及其同事(M. P. Feldman)研究了同伴群体对少年犯过行为的影响。[①] 结果表明,将犯过少年安置在无犯过伙伴群体中,可以改变犯过少年的行为而不影响无犯过

---

① M. P. Feldman. Social psychology and the behavior therapies. In M. P. Feldman & A. Broadhurst (Eds). Theoretical and experimental bases of the behavior therapies. London: Wiley. 1976.

伙伴。

一些研究指出,适当的教育程序可以取得良好的预防效果。1962 年,一项被称作"远见卓识"的计划将低收入家庭的儿童随机地分在有学前教育组和无学前教育组,并跟踪观察了他们在学校和青年期的情况。结果发现学前教育可以增进他们对学校的积极态度,那些受过学前教育的个体对自己的经历比较满意,更可能完成高中以上学业,也更多地获得就业机会。学前教育的长期效应似乎还包括降低犯罪率,那些经受学前教育的儿童长大后,比控制组的其他个体更少因为犯罪而入狱(F. McCord,1987)。

二、违法犯罪行为的矫治

违法犯罪行为的矫治对象主要涉及的是已被公安机关抓捕的刑事犯罪分子,矫治的目的是消除这些犯罪人的犯罪心理结构,使他们在将来的社会生活中能够像平常人遵纪守法,不重犯。犯罪行为的矫治也被称为犯罪的特殊预防。

犯罪矫治的措施是多方面的,有积极的矫治,包括教育和心理矫正,也有消极的矫治,包括惩罚和威吓。与此有关的场所包括监狱、管教所、工读学校、缓刑或假释监察机构等。迄今为止,关于犯罪矫治的效果究竟如何存在着不同的看法,一种极端的观点认为矫治活动除了极少数的取得成效之外,它对防止重新犯罪几乎不产生明显的效果。但是许多后来的综述性研究和评价多指出针对犯罪人的心理矫治工作大多是有效的。这些争论表明,有关犯罪人的矫治工作是一件复杂而艰难的事。

前已述及,人格尤其是反社会人格在犯罪行为的发生上具有独立的预测价值,因此,对于罪犯中人格有缺陷者,尤其是具有反社会人格特征的人,就必须认真对待人格的矫正问题。矫正犯罪人的人格缺陷,是犯罪矫治的一项重要工作。但由于人格具有比较稳定的特点,因此如何对其矫正无论在哪个改造机构都是难事,成功率较低。如有研究报告了美国马里兰州一所改造机构对反社会人格用各种方法进行矫正性治疗的结果,只有 3~5% 的成功率,绝大多数犯人出来后很快重新犯罪,其余犯人也不见有明显的进步(L. Rappeport,

1974）。这似乎是对上述"矫正无效"的极端观点的一个支持。但也有研究者提出了更加完善的一套针对反社会人格犯罪人的长期执行方案，认为须从经济和社会管理控制方面进行考虑，把他们控制在特殊环境中，控制他们的经济生活，不让其随便和他人接触，并随时指出他们违反社会道德规范的行为，鼓励他们的微小进步，引导他们进行正当的社会活动。如此坚持不懈十数年，才能取得一定的成效。在美国、荷兰、丹麦等一些国家，还建立了特殊的居民区或改造村以矫正具有反社会人格的犯人，矫正人员在其中和犯人一起生活和工作，常常在一起讨论问题，努力建立平等的关系，尽量营造完善的改造条件。①

在犯罪矫治工作中，心理学家和精神病学家、社会工作者一道，在其中担当了不可替代的角色，所起的作用巨大。从事犯罪矫正的心理学家的一项传统工作是诊断和评价犯人。诊断的结果可以作为参考依据，据此将其放在合适的矫正或改造机构。通常对成年囚犯的评价的重点放在测量犯人的态度、技能和兴趣上，藉此可以给他们提供适当的教育和职业训练。而对少年犯，评价的重点则放在他们如何处理人际关系和情绪问题上，以便对其展开适当的教育和矫正程序。心理学家还可以通过诊断和评价对假释提出建议，可以据此了解犯人出狱后对社区生活的准备，并预测其行为。

从事犯罪矫正工作的心理学家的另一项主要工作是给犯人提供心理卫生服务。这些服务的范围相当广泛，其主要的使命是评价、防止和治疗囚犯所遭遇的各种各样的心理问题。美国矫正心理学家协会（AACP）在1980年正式通过了在成人监狱为犯人提供心理健康服务的标准，一共有57条之多。

此外，矫正心理学家还可担当一些诸如训练员、咨询专家、矫正程序设计者和矫正程序效果评价专家等角色。②

---

① 沈政主编：《法律心理学》，北京大学出版社1986年版，第382－383页。
② 吴江霖、戴健林等著：《社会心理学》，广东高等教育出版社2000年版，第413－414页。

第六章 健康与应用社会心理学

健康是人类长久以来的不懈追求,它不仅关乎人类在发展进化史中的整体生存能力,同时也对个体的主观生活质量以及生存环境适应能力有着重要的影响。人类对于健康的认识,也随着自身的发展而不断拓展,从原有的生物学概念,到生物学、医学、心理学、社会学共同探讨的多维度概念,健康一词的发展,体现了人类社会本身的进步以及人的生活质量的提高。本章首先以健康观念的发展历史为线索,通过考察每一时期人类对健康的定义和分析模型,阐释人们对于健康认识不断深化的历程。

第一节 健康的涵义及分析模型

一、生物医学的健康模型

对于健康的研究与探讨源始于人类生存的早期,此时对于疾病的解释存在超自然主义和经验主义两种倾向。即便是在蛮荒时代,人类就曾在驱逐病痛的巫术活动中开始了对健康的追求,早期的巫医经过相当长久的摸索尝试,为人类族群的生存健康积累了大量经验。在中国流传的神农尝百草的故事正是体现了古代人类对于自身健康的追求及不懈努力。在医疗、科技情况相当落后的漫长时期内,人类的健康状况与其自身的生存直接相关联。"没有疾病就是健康"这种观念反映了当时人类对于健康追求的最高境界,人类与疾病之间的斗争,成为当时健康问题的核心内容,这种状况决定了健康的生物医学模式在相当长的时间内占据了统治地位。

随着现代科学和医学的兴起,在观察和试验的基础上,人类对自身的生理结构和功能有了更为精确的描述和更为系统的研究与认识。在实证主义的科学探究精神中产生发展起来的生物医学模型,最显著的特征就是"趋向于用理化、生物的语言,用实验仪器获得的数据精确的解释生命现象和病理现象,并借助医疗技术手段干预疾病"[①]。

这种用实证的手段描述疾病,并通过建立因果关系而达到干预疾病的尝试取得了重大的突破,医学也实现了从传统的经验活动到科学学科的转变,在现实生活中发挥着重要作用。对于可操作性的强调、对精确性的追求,使得通过症状与体征来区别健康与疾病的方法成为现代医学的重要甄别手段,同时也为健康的评价提供了良好的判断标准。在此模式中,健康的定义就是没有疾病或没有生理机能的失调。

尽管生物医学家们认为,健康与疾病的判断是事实判断而非价值判断,健康或疾病作为生物功能正常与否的状态是客观存在的事实,不受社会文化等因素的影响。然而正如恩格哈德所指出的那样:"价值判断是我们健康与疾病语言的核心,谈论健康与疾病,即解释我们处于健康或疾病状态,总是以我们自己和我们周围环境的评价作为先决条件。"[②]

此外,正如众多文献所描述的,由于疾病本身对于人类危害的性质和方式所产生的变化,影响人类健康的主要疾病,从危害群体的急性传染病,转变成为以生理为基础的慢性疾病,以及以情感和行为为基础的慢性疾病。而日常生活大多数严重的疾病往往是不良日常生活方式的后果[③]。

在传染病是人类死亡主要原因的时期,从生物化学的角度揭示疾病是适合的,因为对于疾病的防治确实能够直接决定人类的健康状况。但当传染病

---

①　刘远明:健康价值与健康责任 贵州社会科学,2002 年 7 月,第 4 期,第 54 页。
②　邱仁宗等编译: 医学的思维和方法 北京:人民卫生出版社,1982 年出版,第 206 页。
③　E. Gordon & E. Golanty.　Health & wellness a Holistic Approch. Jones and Bartlett Publishers Inc. 1992. p11.

所导致的死亡率大幅下降,而慢性病却上升为主要的死亡原因时,这种单因－单果模式对于人类疾病的解释则显得过于简单,无法有效解决存在于现实中的问题。

与此同时,由于生物医学模型过于强调对疾病的研究,使得大多数在生物医学模式中处于健康状态的人未能得到研究者的关注。当疾病而非健康成为主要的研究对象,健康的内涵和外延就都被缩小了,健康这一人类生存基本问题逐渐退缩为医学问题,使人们由一种积极生活的健康追求蜕变为解除病痛疾苦的医学求助。

随着个体对于生活追求的提高,传统意义上的生物医学模式已经无法独立、有效地解决困扰大众的健康问题,人类对于健康的认识需要拓展,而对健康的研究核心也从疾病的治愈,转为对生活幸福感的追求。在生物学与医学发展的基础上,心理学、社会学的相关理论也为健康研究提供了重要的思路,而后两者对于发掘和促进现代人的健康有着重要的作用。

二、生理－心理－社会学的健康模型

(一)生理－心理－社会学模型产生的背景

19世纪的工业革命,推动了自然科学的迅速发展,细胞学、进化论等生物学理论为医学的进步提供了前提,由于医学的进步进而提高了疾病的治疗水平,促进了人的生存能力的提高。

到了20世纪,人类面临的疾病发生了显著的变化,心脑血管疾病、恶性肿瘤、糖尿病、精神病等与社会、心理、生活方式密切相关的慢性、非传染性疾病逐渐增加,并成为危害人类健康的主要原因,这使得人类在医学的帮助下虽然寿命更长,患病更少,但也将不健康的生活状况凸现出来。这一状况迫使人们从传统的生物医学模式中解脱出来,寻找到新的解决问题的途径。科学心理学以及社会学的研究对于健康概念的突破,使得新的健康模式的产生成为可能。

最早提出社会与健康相关联的是法国社会学家涂尔干(E. Dukheim)。他指出,社会整合与凝聚力对于死亡率有着重要的影响作用①。20 世纪 50 年代,美国社会学结构功能学派大师帕森斯(T. Parsons)首次将健康和疾病置于社会系统中进行考察,并赋予健康以社会文化含义,他认为,"健康可以解释为社会化的个人完成角色任务的能力处于最适当的状态。"②

科学心理学的兴起,不仅提出了心理健康这一重要的概念,同时也为揭示心理因素对于身体健康的影响作用提供了研究的可能。这标志着人类对自身和健康的认识进入了一个崭新阶段,而人们对于健康内涵的理解也由此摆脱了单纯的生物学意义,深入到人的心理意义、人格意义和人生意义这一更为深刻的层面③。心理学的相关研究不仅给健康的概念带来了质的飞跃,也使得心理学成为健康研究领域的三大支柱之一。

由于社会要求对健康做出更为准确的描述,而相关学科也已经提供了相应的理论基础,因此一种新的健康分析模型应运而生。

(二)生理 – 心理 – 社会学模型及其对健康的定义

生理 – 心理 – 社会学模型(BPS 模型)最先是由美国精神病医生恩格尔提出的。这一模型认为,尽管疾病的原始发生是由生理性损害引起的,但疾病的危险因子、症状的严重程度、疾病的实践过程和预后等都被一系列复杂的社会心理变量所影响④。这一模型认为,对健康和疾病的了解不仅仅包括对疾病的生理(生物医学)的解释,还应该包括了解病人(心理因素),病人所处的环境(社会因素)和帮助治疗疾病的医疗保健体系(社会体系)等对健康的共同作用⑤。BPS 模型提示了疾病行为、患病危险、严重程度、持续时间以及疾病康复会受到相互联系的包括生物因素、心理因素和社会因素等在内的广阔系统的影响⑥。

---

① 　L F. Berkmana、T Glass、I Brissette、& T E. Seeman. From social integration to health:Dukheim in the new millennium. Social Science & Medicine . 2000,51, p844.

②　沃林斯基著,《健康社会学》,北京社会科学文献出版社 1999 年版,第 124 页。

③　金燕:浅论健康在现代生活中的内涵、外延及意义,高等理科教育,2000 年第 2 期,第 15 – 16 页。

④　刘远明:健康价值与健康责任,贵州社会科学,2002 年 7 月第 4 期,第 55 页。

⑤　L. R. Phillip 著,胡佩诚等译,《健康心理学》,北京中国轻工业出版社 2000 年版,第 51 页。

⑥　L. R. Phillip 著,胡佩诚等译,《健康心理学》,北京中国轻工业出版社 2000 年版,第 61 页。

　　这一模型不仅承袭了原有的生物医学对健康的科学分析与阐释的优点，同时也将心理学、社会学引入了分析模型，较为准确的涵盖了整体健康状态应有的内容。同时这一模型也表明，不同的来源对于健康的判断可能会有所不同。这一模式使即使没有生理机能障碍，但仍然不是健康的判断成为可能。

　　这一模型的另一个重要特点是，将人从生物学的角度解脱出来，把健康投放在更为广阔的社会环境中，同时更为重视个体对于自身健康状况的察觉，引入了自我察觉健康或者说是心理因素对于健康的影响作用，符合和顺应了人们对于自身健康深入理解的需求。

　　世界卫生组织（WHO）于1947年对健康进行的定义，正是体现了这一模型的基本思维。"健康是一种完全的生理、心理和社会完善的状态，而非仅仅是疾病和虚弱的缺乏。"①这一定义承认了健康的内涵大于疾病，并且从生理、心理和社会三个维度共同描述个体的健康状态，更加注重个体在现实社会中存在状态或生存质量的整体性综合评价。

（三）该模型的局限性

　　有学者认为，BPS模式主要是一种人们对于影响健康的因素的信念陈述，这个模式并不具备人们对于一个理论所期望的准确性，也没有形成人们对理论会期望的那种可以直接验证它的实验②，这也正是本模型最突出的缺陷。

　　首先，由于该模型中健康概念的模糊，直接影响了健康测量操作过程中的不可控性；其次，由于心理与社会变量对于健康的影响，以及个体主观健康感知对健康的重要作用，导致了测量难度的加大；最后，对健康标准的过高追求，又可能会导致大多数人被划归为不健康的危险之中，这些缺陷使得本模型成为众多研究者批评的对象。但如果不考虑采用众数原则评定健康的标准，或者将健康视做一种过程与追求的目标，这种健康标准并没有看上去那样难以让人接受。

　　此外，尽管这一模型提出了跨学科分析健康的方法，然而，研究健康和疾

---

① M·艾森克主编，阎巩固译，《心理学——一条整合的途径》，华东师范大学出版社2000年版。
② L. R. Phillip著，胡佩诚等译，《健康心理学》，北京中国轻工业出版社2000年版，第61页。

病的各个学科却仍各自为战,互不相关。"传统医学强调健康与疾病的生理因素,心理学强调精神健康和疾病,而社会学则重视社会因素"。① 如何在评价健康、促进健康这一共同主题的引导下,加强各个学科之间的联系也是这一模型能否真正加以广泛运用的基本前提。

三、整体健康分析模型

(一)整体健康分析模型

整体健康分析模型是在整体健康观的基础上形成发展的。它进一步细化了影响健康的诸多因素,并且对健康概念进行了更为深入地探讨:不仅强调健康的时空性,更加强调对健康进行个体与社会的区分。

这一模型认为,人的健康应该有六个维度:身体健康、社会健康、智力健康、情绪健康、环境健康、精神健康。其中身体健康主要指生物意义上的健康,主要从现代医学即预防医学、基础医学和临床医学的角度研究怎样维护人类的身体健康②。情绪健康和智力健康都是心理健康的一部分,主要是从现代心理学和健康学的角度,了解如何维护人的心理健康以及身心健康的关系。社会健康是与他人和社会环境之间良性的互动,致力于人的社会角色的培养和人际关系的和谐;环境健康则是了解周围环境对人的健康的影响。这两种健康讨论的都是环境因素对人的健康的作用,"主要从社会学、生物学、地理学和环境科学等角度研究人与自然、社会的相互依存和发展关系"③。精神健康指的是人的一种更高的追求以及归属感,这一类型的健康能够给人的生活带来价值和意义感,是更高层次的追求,主要是从宗教、心理学的角度给予解释。整体健康分析模型企图通过这些健康维度来共同分析个体的健康水平。

在整体健康分析模型中的健康,指的是整体健康,即有目的有意义的生

---

① M·艾森克主编,阎巩固译,《心理学——一条整合的途径》,华东师范大学出版社2000年版,第924页。

② 金燕:浅论健康在现代生活中的内涵、外延及意义,高等理科教育,2000年第2期,第16页。

③ 金燕:浅论健康在现代生活中的内涵、外延及意义,高等理科教育,2000年第2期,第16页。

活,即以主动、负责、最大限度地提高躯体、精神和心灵的健康为特征的生活方式。健康不仅仅意味着没有疾病,健康还意味着主动采取实际步骤预防疾病,并努力生活得更加丰富、平衡和满足。

整体健康分析模型不仅将健康细化,并且对健康的不同水平进行了划分,同时还强调健康的时空性,健康的过程性以及个体的适应性,这一模型在生理-心理-社会模型的基础上,更加明确了健康与疾病的连续性关系,并且通过积极和消极两种方式来定义健康。由于其对于健康层次的划分,为不同个体追求相应的健康水平提供了更为合适的标准,强调适应性的原则也杜绝了用绝对化的划分方式将人的健康与疾病截然分开的可能。由于强调过程性,这一模型也就进一步扩大了健康的内涵,将一切追求健康的行为纳入到健康之中,使得健康这一定义更为广泛的适用。此外,这一模型强调健康并非个人所能决定的,更需要社会环境的促进,从而将个体与社会的健康联系起来。

(二)该模型的局限性

整体健康分析模型虽然对健康的各个方面进行了较为全面地探讨,然而,这也使得真正实现整体健康的难度增加。尤其是将社会与个人健康联系起来的观点,使得个体达到整体健康分析模型中的健康状态变得缺乏有效的可控性。此外,如何量化整体健康模型中各个组成部分在健康中的比重从而进行测量,也变得更为困难。此外,在本模型中,如何测量个体健康以及社会健康也成为尚未得到解决的问题。

除了上述侧重于描述影响健康因素的健康模型之外,关于健康的模型还有健康水平模型以及健康行为模型等,对健康水平和健康行为以及相关影响因素进行了着重分析。

四、健康认识发展的特点

从人类关于健康概念的不断发展,以及用于分析健康的模型不断细化这一过程中,不难发现,人类对于健康的认识发展呈现以下的特点:

(一)从单一的分析到多维度多角度的分析,健康的内涵不断扩大。从人类早期对于疾病的认识,到后来的从生物医学角度解释人的疾病,再到从个体的生理、心理以及社会环境等等多学科共同合作,对人类的健康进行解释与促进。健康由纯生物机能状态水平的界定到由多方面共同决定,这表明人类对于健康的认识不断扩展。

(二)由消极认识到积极认识。即对健康的认识从消除疾病,到促进健康发展以及健康的获得,这反映了人对于自身及周围环境控制能力的增强,由此也导致以更为积极的方式追求健康。

(三)从状态论到过程论,从终止论到发展论。从认为疾病就是不健康的绝对观点,发展到更为个性化的适应说,这种认识体现了健康并不是一种停滞状态,而是一种可以逐渐获得的过程,而且健康水平随着个体所处的状态呈现出由低到高发展的趋势,因此,健康的获得是一种持之以恒的追求过程。

从需求层次理论的角度考察人类对于健康的认识,可以发现,以往对于健康的追求更多处于缺失性需求满足的阶段,现今对于健康的追求,明显的体现出存在性需求满足在其中所起的作用。健康是没有终点的,这体现了人类对于健康认识的深化。

(四)从个体健康到群体健康的发展。以往对于健康的认识是以个体为单位进行的,然而随着人类的发展,对于影响个体健康因素的发掘,最终导致了对于群体健康的促进。这就使得健康不仅仅是个体本身的追求问题,同时也是整个社会需要共同努力共同促进的任务。健康不仅仅是衡量个体幸福感状况的一项重要指标,也是衡量整个社会进步与否的重要内容。有关的社会医疗体系、社会健康促进工作以及其他的社会政策等等都成为衡量整个社会健康促进水平的重要内容。这就使得健康问题不仅仅是个体的努力,更是全社会共同的责任。

第二节　应激与健康

应激无处不在,无时不在,生活中随时随地都可能遇到,而且无可回避。

然而对不同的人来说,引起应激的情景可能是大相径庭的,即使对于同一个人,处于不同的成长阶段,引起应激的事件也是不同的。如考试对于学生而言,是一个重要的应激原。而对于老年人而言,生活住所的变动则可能是一个引发危机的应激原①。不同性别的人,所面对的应激原也会有所不同,此外,应激还受到文化因素的影响。

从 H·赛耶(H. Selye)的工作开始,大量的应激研究累积起来支持着这样一个观点:应激与疾病是有联系的。应激与健康的关系得到了众多学者的关注,近几十年来,众多学科从不同角度对应激进行探讨,其中有人类学方法、生物学方法、医学方法、文化学方法、生态学方法、社会学方法、心理学方法,不同学者都以特定的方式方法对应激现象的不同方面进行研究,从而提出具有学科特色的观点②。这一节将介绍应激的定义及其分类,应激对于健康的影响作用,以及在此基础上的应对应激的方式。

一、应激的界定解说与类型

应激一词,起始于物理学的概念,"表示施加在物体上但不会使物体受损的力量,医学和行为科学借用了这一名词,表示人对紧张和紧张的症状的知觉或体验"。③

应激(stress),又称作压力,是影响个体健康的重要因素。应激一词既可以作为某种状态的原因理解,也可以用作某种事件的结果。这本身也就决定了应激一词在不同情况下的不同作用。这一点表现在学界则体现为:尽管学界对于应激对健康的影响作用表现出极大的兴趣,但是对于应激的界定却因为学派关注的重点不同而有所侧重,其中具有代表性的是环境压力理论、生

---

① S·W·夏埃,S·L·威里斯著,乐国安等译,成人发展与老龄化,华东师范大学学报,2003年,第389页。

② L. Goldberger & S. Breznitz(Eds). Handbook of stress;Theroretical and Clinical Aspects The Free Press,1982.

③ M·艾森克主编,阎巩固译,《心理学——一条整合的途径》,华东师范大学出版社2000年版,第942页。

物学和心理学的观点。

在环境压力理论的解说中,应激是一种物理性压力,产生和存在于个体自身之外的外部事件中,依据其对个体造成的刺激为基础来定义应激。在这一对应激的界定之下所形成的理论关心的是危及健康的环境条件或生活事件。

生物学的应激理论认为应激是人自身的躯体唤醒。坎农(W. B. Cannon)的"反抗-逃避"或紧急反应说以及一般适应性综合症都是在这种对应激的解释中展开理论阐释的。这一学派认为正是躯体的唤醒与能量的消耗才构成了应激。应激是人身体内部的一种生理过程。

在心理学对于应激的界定中,最具代表性的定义是 R. 拉扎洛斯(R. Lazarus)在其应激模式中对应激的界定。他认为应激是个体与环境交互作用的结果,当环境需求和压力超出了个人应对处理所需要的能力时,才产生了应激。这种对于应激的分析解释,重视和强调了心理过程和应付环境的个体差异①。

拉扎洛斯则认为应激的构成应该包括六个基本成分:

S – Stressor:一种能够引发内心紧张的刺激性事件或对某一事件的主观认识;

T – Transaction:个体与环境之间不断的调整关系;

R – Resistance:在努力处理应激原时个体的持续斗争;

E – Energy Spent:在应对应激时要付出生理和心理的能量;

S – Strains:在应对时所产生的身心疲惫不堪;

S – Solution or Slide:应对的结果可能是解决应激原,但长期持续的应激可能导致能量与动机水平的逐渐降低。

总体来说,应激应该是一种动态的过程而非仅仅是一时一刻的一种状态,应激是个体内部心理活动与外部环境刺激之间相互作用的过程。因此应

---

① M·艾森克主编,阎巩固译,《心理学——一条整合的途径》,华东师范大学出版社 2000 年版,第 946 页。

激会表现出多种多样的形式和种类。

根据 H·赛耶的观点,应激可以划分为良性应激(eustress)与不良应激(distress)。良性应激是一种积极愉快的满意体验,而不良应激则是具有破坏性或不愉快的体验①。然而,引发应激的应激原本身并不能够进行良性和不良的划分,因此,应激的性质划分不仅与应激本身的强度有关,同时也由个体主观反应决定。应激良性与否,最根本是由个体对应激的解释决定的。此外,如果应激本身强度过大,良性应激也可能转变成为不良应激。

对于应激的分类还可以根据应激原的来源不同,分为物理的应激、化学的应激、躯体的应激、心理的应激和社会环境的应激等五个种类②。也有学者将应激划分为家庭应激、工作应激以及环境应激③。这些不同的分类方式概因各个不同的研究者对应激的来源各有不同的观察视角和分析思路所造成,由此也表明应激是一复杂和多因构成的心理行为过程。

二、应激理论模型及其对健康影响作用的解释

(一)应激理论模型

1. 刺激理论

刺激理论也称环境压力理论,这一理论以刺激为自变量,重在分析什么样的环境刺激可以使人产生紧张反应,试图寻求刺激和紧张反应之间的因果关系,甚至数量关系④。在这一领域中最具代表性的,探讨应激与健康关系的内容是生活事件对机体的影响作用,即通过将生活事件进行归类,并以生活变化单位予以度量,探讨生活事件对个体健康的影响力⑤。

根据生活事件的变化大小,可以将生活事件引发的应激分为应激巨砾和

---

① 黄希庭主编,《健康心理学》,华东师范大学出版社 2003 年版,第 314 页。
② 刘云会译:应激的概念,日本医学介绍,2001 年第 22 卷第 12 期,第 537 页。
③ 黄希庭主编,《健康心理学》,华东师范大学出版社 2003 年版,第 315 页。
④ 韦有华,汤盛钦:几种主要的应激理论模型及其评价,心理科学 1998 年第 21 卷,第 441 页。
⑤ M·艾森克主编,阎巩固译,《心理学——一条整合的途径》,华东师范大学出版社 2000 年版,第 945 页。

应激细砾两大类。应激巨砾指由巨大灾难引起的现象,如亲人亡故或天灾人祸,这类研究始于1967年霍尔姆斯与瑞赫的研究①,目的在于验证巨大的应激与疾病发生率的升高相关。持这种观点的学者认为,面对所有的刺激都需付出努力来适应,这便增加了机体的负担,从而影响人的健康。如勒伯里的研究小组就发现,对于发展中国家的城市贫民来说,重大的生活事件是更有效的应激指标。② 应激细砾理论则认为应激是许多小烦恼的积累,③日常生活中的细小琐事也会导致生理上的衰竭。

这两种理论将应激按照刺激本身的强度进行划分,并且分别阐述了其对健康的可能影响。然而也有学者认为应激巨砾和应激细砾虽然相互独立,但在一定程度上相互影响,在大的生活事件发生后,细小的烦恼可能会在最后一刻摧毁人的健康。另外有研究者发现,小的生活事件是大的生活事件与疾病之间的终结变量,皮洛等人发现,大的生活事件通过小的压力直接或间接引发疾病④。

此外,研究者不仅对生活事件进行量化,同时还进一步按应激的好坏影响将生活事件分为正性事件和负性事件两类。他们假设负性生活事件会消耗人的体力和精力,到一定程度是会导致健康问题;而正性事件则与较好的健康状况相关。

但是这类研究由于过分强调应激原本身的属性而忽略了应激中其他因素,如机体功能和心理认知等对于应激的影响作用,因此对问题的解释过于片面。

2. 反应理论

这一理论源于生物学和医学对于应激的解释,其代表人物为赛耶(H. Selye),而"一般适应性综合症(GAS)"是这一理论的代表模型。赛耶认

---

① L. R. Phillip 著,胡佩诚等译,《健康心理学》,北京中国轻工业出版社2000年版,第143页。
② L. R. Phillip 著,胡佩诚等译,《健康心理学》,北京中国轻工业出版社2000年版,第158页。
③ L. R. Phillip 著,胡佩诚等译,《健康心理学》北京中国轻工业出版社2000年版,第144页。
④ M·艾森克主编,阎巩固译,《心理学——一条整合的途径》,华东师范大学出版社2000年版,第946页。

为任何有生命的机体都倾向于维持内部平衡,并因此而消耗能量。在内部平衡的状态下,生理、心理系统才能正常运转。应激是打破内部平衡的环境需求的一种类型,适应这种需求有时间阶段性,而应激原的严重程度、持续时间以及机体应对反应成功与否共同决定这一适应的时间长短。时间越长,应激打破的平衡越严重,机体消耗的能量就越多,由此造成能量耗尽就会产生生存危机①。

一般适应性综合症模型认为,应激是有机体对环境或压力事件做出的非特异化生理反应模式。一般适应性综合症分为三个阶段,体现机体在面对压力事件或者说是应激原时的反应过程。

(1)警觉反应阶段:这是机体对应激原的第一个反应。在这一阶段,交感－肾上腺素－延髓轴开始兴奋,动员身体的能量来满足需求,此时身体的免疫力下降,而大脑对应激原的下意识的评估和判断,引起脑内有关情绪反应区的反应,而情绪刺激反过来形成一种与应激相关联的生理反应。此时,如果应激原很快结束或个体应对有效,机体就可以恢复正常。

(2)抵抗阶段:这一阶段一般紧随着警觉阶段开始。机体在此时会动员超过平时水平的防御机制,利用交感与副交感神经之间的调节作用来进行抵抗,然而这种持续的防御性兴奋会减少机体能量储备,最终导致衰竭阶段的到来。

(3)衰竭阶段:当应激原不消除或机体不能寻找到有效的应对策略时,就进入了衰竭阶段。这一阶段中,生理和心理可用于对抗压力源的能量和资源耗尽,抵抗力也不断下降。此外,由于神经内分泌能力减弱,导致免疫系统功能降低,增加了机体患病的几率,从而导致机体患病甚至死亡。然而,并不是每次应激都会到达这一阶段,个体往往能够通过有效应对等方式来减少或消除应激原。另外,由遗传因素决定的个体调节能量的存贮的不同,也造成个体应对应激过程中的差异性。

---

① Rebecca J. Donatelle & Lorraine G. Davis. Access to health. Allyn & Bacon A Viacom Company. 1998. p64.

根据这一过程可以发现,应激具有三个特点:首先是非特异性,即所有的应激原不论大小都会产生生理反应。二是适度性,即应激原不能够过度,否则将造成不良的后果。三是内在素质决定性,即个体生理素质本身的特点决定了个体应激的不同。

在这一类研究中,有两个研究的突破点:一是以生理参量作为应激反应的客观指标,通过机体内某项生理指标的变化反映个体的应激反应;二是应激和健康的关系以心理生理系统为中介,从而可以借用生理系统的变化来反映应激与健康的关系。但这一模型仍只把个体当成不良环境中作被动反应的生命体,没有体现心理因素的重要影响①。

3. 应激的 CPT 理论

这一理论就是认知－现象学－相互作用理论,是一种心理学模型。在该模型中,基本假设是认知模型是重要内容,即当人们遭受刺激时,首先对此进行评估,然后作出情绪或行为上的反应。评定分为初级评定、二级评定以及重新评定三种类型②。

初级评定涉及应激事件对于个体的意义,即判断压力事件的性质。拉扎洛斯认为在这一过程中有三种评价:一是挑战,即个体能够应付需求;二是威胁,即个体无能力应付需求;三是伤害损失性评价,即个体感受到伤害或损失③。在这一过程中,只有第一种情况能避免应激的出现,后两者都直接导致应激的发生。

二级评定是指个体对应对能力与需求进行比较,即判断个体自身能力能够满足现实的需求,能应对则应激消失,反之则可能导致不适应。

在重新评价过程中,个体运用新的信息或之前的应对努力的反馈来核查初级与二级评价的准确性。这一模型的核心观念是,对应激事件的评估造成

①　韦有华,汤盛钦:几种主要的应激理论模型及其评价,心理科学 1998 年第 21 卷,第 441 页。
②　L. R. Phillip 著,胡佩诚等译,《健康心理学》,北京中国轻工业出版社 2000 年版,第 141 页。
③　M·艾森克主编,阎巩固译,《心理学———一条整合的途径》,华东师范大学出版社 2000 年版,第 946 页。

了应激,即中介的认知过程对解释应激与健康这两者之间的关系很重要①。

(二)应激致病的原因分析

应激会导致能量过度消耗和激素分泌紊乱,影响身心健康,而这将促使个体负性情绪的产生。而长期的负性情绪直接影响大脑皮质对下丘脑内分泌系统及植物神经系统的作用,可使体液、激素和酶等产生异常,导致各种急性或慢性内环境的不稳定,影响机体生理和心理活动,造成心身疾病或使病情加重,导致恶性循环。

1. 应激与免疫系统

20世纪70年代有学者证实糖皮质激素可抑制免疫细胞的抗体生成能力。人们认识到应激可通过肾上腺皮质激素影响机体的免疫功能,而这些影响大多是抑制性的②,即免疫力的下降。持续的应激抑制了巨噬细胞吞噬作用;而反复的应激对NK细胞有抑制作用;对不成熟的T细胞的功能与产生有抑制作用;同时,应激也会促使免疫抑制物质产生③。而免疫力的下降直接影响了个体对于疾病的易感性,以及疾病持续的时间。在对高血压形成与发展和应激作用关系的研究中也发现,应激过程中的交感神经活动增加,儿茶酚胺增加,糖皮质激素升高等因素共同作用,导致了原发性高血压的病发④。

2. 应激与能量消耗

许多研究者认为我们都拥有适应性能量储存。这一观点认为,适应性能量储存是我们应对应激能力的身体和心理基础。适应性能量储存分为两个层次,一种是表层储存和深层储存。深层储存受遗传因素影响,其大小预置

---

① M·艾森克主编,阎巩固译,《心理学——一条整合的途径》,华东师范大学出版社2000年版,第947页。

② 沙依甫加玛丽·热力苏综述,许晏审校:应激反应对免疫功能的影响,新疆医科大学学报,2003年26(3),第291页。

③ 沙依甫加玛丽·热力苏综述,许晏审校:应激反应对免疫功能的影响,新疆医科大学学报,2003年26(3)第292页。

④ 安志波,邹长江:心理应激因素在高血压形成和发展中的作用及机制,高血压杂志,2003年11(2),第103页。

于细胞内,表层的适应能量储存围绕着深层储存。深层储存可以更新表层储存[1]。而过度的应激可能导致细胞内深层的能量耗尽,这将直接导致个体死亡。

三、应对应激

应对方式是指个体在应激情景中意在减轻压力影响而采取的策略和行为[2]。正如前文所提到的,不同的人面对应激本身的反应是不同的,这是因为个体在面对同样的应激情景时,具有不同的反应,也就是应对方式的不同所导致的结果。在应激行为的研究中,应对策略对于人们遭受负性或应激生活事件时的调试具有重要意义,人们采取什么样的应对方式可以对其身心健康产生有益或有害的影响,成为临床心理学者所关注的问题[3]。

(一)应对的功能与方式

由于应付主要是针对应激环境的个体反应,因此,研究者根据应付是否需要针对应激本身的情景,将应对的功能分为两大类:一是改变的功能,即应付能够改变应激或危机的情景,或是改变应激情景本身,或是改变个人对应激情景的反应;二是处理功能,指人们在应激情况下,努力去处理或调整自己的态度、情感和反应,而不需要改变应激本身[4]。

根据应对机能可以划分为针对问题的应对和针对情绪的应对;从社会适应性角度划分,则可以划分为适应性应对和机能失调应对;从应对与健康的关系出发划分,则可分为积极的应对和消极的应对[5]。此外还有自我防御机能应对方式以及建设性应对方式的区分。对应对方式进行划分是为了更好

---

①　Rebecca J. Donatelle, Lorraine G. Davis: Access to Health, Allyn & Bacon A Viacom Company, 1998, p66 – 67.

②　黄希庭主编,《健康心理学》,华东师范大学出版社 2003 年版,第 321 页。

③　⑥张卫东:应对行为跨文化测评的构念等同与偏差性研究,心理科学 2001 年第 24 卷第 3 期,第 309 页。

④　申荷永,高岚著,《心理教育》,广州暨南大学出版社 2002 年版,第 160 页。

⑤　张卫东,林喜红:老年人特殊生活事件应对的多维度测量,中国心理卫生杂志,1997 年第 11 卷第 4 期,第 204 页。

地区分现实中存在的应对方式对人的影响,从而更好地开展应对教育,提高个体的应对能力。然而在实际操作中,个体采用的应对方式往往兼具多种形式。

在此过程中,如果个体采取直接改变应激原、直接解决问题的应对,则被认为是一种积极适应的,具有良好适应性的应对方式,这种应对方式有助于维护身心健康。

(二)影响应对方式选择的因素

一般认为,选择应对方式的影响因素可以分为特质论和过程论两种情况。特质论认为,应对是个体在应激反应过程中所表现出来的一贯稳定的适应行为方式,是人格特征在应激反应中的映射,源于防御机制理论。这种适应行为方式不仅仅是无意识的,更多是对意识领域的研究。由于应对对于环境的适应有优劣之分,因此,应对方式具有一定的等级性[①],采取成熟应对方式的个体比采取不成熟防御方式的个体,具有更好的健康状况。

然而过程论认为,应对不是一种静态的、简单的适应模式,由于在应对过程中,个体与环境之间的关系不断发生改变,由于个体一直在改变外部环境,或者改变自身对于应激原事件的意义的认识,或者是独立于个体之外的环境自发的产生了变化,这些改变影响了个体评价应激原的性质,导致个体不断调整应对直至达到相对适应[②]。

尽管特质论与过程论对于影响应对方式选择的因素各执一词,然而学界普遍认为,两者都反映了应对方式选择的一个方面,应将两者结合起来看待应对方式选择问题。特质论较好地揭示了应对方式选择的动因问题,而过程论则在预见、评价、调整和控制应对方式上有所建树[③]。

(三)应对应激的基本过程

根据我国学者俞磊的总结,应对应激有三个维度,一是改变问题本身的

---

① 杨昭宁:个体应对紧张情景的两种理论述评,心理学探新,1999 年第 3 期,第 53 页。
② 杨昭宁:个体应对紧张情景的两种理论述评,心理学探新,1999 年第 3 期,第 55 页。
③ 杨昭宁:个体应对紧张情景的两种理论述评,心理学探新,1999 年第 3 期,第 57 页。

应对,即通过采取问题取向的应对方式,针对现实中存在的问题本身调动自身资源以及以往的经验直接解决问题;二是改变个体对问题认知方式的应对,即使个体降低对于问题本身重要性的认识,从而降低应激的感受性,减轻应激反应;三是改变由于问题引起的情绪危机的应对,即采用情绪应对方式进行应对①,设法避免压力对个人情感造成的伤害。

一般说来,应对应激的基本过程是根据应激反应过程来进行的,首先是通过降低个体对于应激的敏感性,从而降低应激的产生,当个体认为应激存在时,则针对应激进行直接的问题取向性的应对,如果失败,则转入对于自身内部的调解,调节由此可能产生的对个体情感的伤害,当这一切应对方式都无效时,就可能直接影响个体的健康状况。

第三节 社会支持与健康

对社会支持的研究是在探究生活压力对身心健康的影响下产生的②,20世纪 70 年代初,精神病学文献引入了社会支持的概念。研究者发现,同自我防御一样,个人所处的社会关系背景这一外在因素,对于精神病的治疗也有着积极的作用。大量的研究结果表明,社会支持与心身健康有明显的正相关。本文将讨论对社会支持的研究在当今发展的状况,并且简单说明社会支持与健康之间的关系。

一、社会支持的定义及其分类

关于社会支持的定义,较为丰富。然而,社会支持的内涵并没有得到统一的认识。有学者认为,对于社会支持的定义一般可以分为三类:一是从社

---

① 王云霞,万明钢:应对理论的回顾与展望,河西学院学报,2002 年第 3 期,第 48 页。
② 程虹娟,龚永辉,朱从书:青少年社会支持研究现状综述,健康心理学杂志,2003 年第 11 卷第 5 期,第 351 页。

会互动关系来定义社会支持,这一定义以社会交换原则为主要特点;二是从社会行为性质来定义社会支持,即认为社会支持是个体对他人的社会需要的反映;此外还有从社会资源来定义社会支持,即认为社会支持是个体与他人或群体间进行交换的社会资源①。还有根据社会支持反映的社会关系的不同方面来定义社会支持:即社会支持可以通过社会关系的数量来定义;社会支持还可以通过社会关系的结构来描述②。

此外,有学者在对社会学文献中关于社会支持的定义进行了分类,认为对社会支持的理解可以分为两大类:一是客观支持,包括物质上的直接援助和社会网络、团体关系的存在和参与;二是主观的支持,即个体所体验到的情感上的支持,也就是个体在社会中受尊重、被支持、被理解因而产生的情感体验和满意程度③。

由上述分歧可以看出,社会支持是个较为复杂的概念,这也反映出,社会支持是一个具有多元结构的概念:社会支持不仅包含环境因素,因为它不仅仅来源于外部,同时也包含个体内在的认知因素,社会支持直接反映了个体与他人之间的相互作用④。

对社会支持进行分类,是学界对于社会支持研究深入以及细化的表现。在以往的研究中,社会支持被认为是宽泛、统一的关系的整体,认为只要关系存在,就一定能帮助个人应对日常生活中的困难。然而随着认识的深入,研究者发现由不同类型社会关系决定的不同类型的社会支持,对健康产生不同的影响作用⑤。

虽然学界认同社会支持应该进行分类,以区分不同社会支持的不同影响

---

① 程虹娟等:青少年社会支持研究现状综述,健康心理学杂志,2003 年第 11 卷第 5 期,第 351 页。

② Eliasbeth H. M. Eurelings - Bontekoe, Rene F. W. Diekstra and Margot Verschuvr: Psychological distress ,social support and social support seeking:a prospective study among primary mental health care patients,Soc. Sci. Med. 1995 ,Vol 40 ,No. 8 ,p1083。

③ 陈成文,潘泽泉:论社会支持的社会学意义,湖南师范大学社会科学学报,2000 年第 29 卷第 6 期,第 25 页。

④ 易进:儿童社会支持系统——一个重要的研究课题,心理发展与教育,1999 年第 2 期,第 58 页。

⑤ 贺寨平:国外社会支持网研究综述,国外社会科学,2001 年第 1 期,第 76 页。

作用。但是由于社会支持定义的混乱,不同学者往往根据不同的社会支持定义划分社会支持,从而造成了社会支持分类多样化的局面。

如 E. M. Pattison 把社会支持分为工具性和情感性两种;B. Wellman & S. Wortley 运用因子分析方法,将社会支持分为感情支持、小宗服务、大宗服务、经济支持、陪伴支持等 5 项;S. Cobb 将社会支持区分为情感性支持、网络支持、信息性支持、物质性支持、工具性支持和抚育性支持 6 种;J. S. House 将支持行为划分为情感支持、帮助、信息共享和工具性支持 4 种;C. E. Cutrona & D. W. Russell 将社会支持区分为情感性支持、社会整合或网络支持、满足自尊的支持、物质性支持、信息支持 5 种。①

然而根据各种文献内容的总结,社会支持大致可以分为两种主要类型:即量化的社会支持与质化的社会支持。量化的社会支持指的是个体所处的社会网络的结构和大小、支持行为的频率等等内容,主要探讨个体社会支持的客观方面。质化的社会支持指的是个体对于社会支持充分与否的主观感受。根据这一划分,研究数据更倾向于支持这样的观点,社会支持的质量而非数量和频率对心理健康有着重要的影响,也就是说,个体对支持感知的质量与心理健康的关系,比个体社会网络的真实结构的关系更密切②。

在社会支持与健康的研究中,还有一个重要的分类,即对社会支持的结构性分类和功能性分类。这种分类法导致的社会支持测量的不同,直接影响了对于社会支持与健康作用机制的两种不同解释。

二、社会支持与健康

早先对于社会支持的研究,主要是针对社会支持的结构性方面进行的调查,即对社会支持的数量与健康的关系进行研究。在社会支持研究的早期成果

---

① 见阮曾媛琪著,熊跃根译,《中国就业妇女社会支持网络研究》,北京大学出版社 2002 年版。
② Thomas R. Lynch, Tamar Mendelson, Clive J. Robins, K. Ranga R. Krishnan, Linda K. Joerge, Courtney S. Johnson, Dan J. Blazer: Perceived social support among depressed elderly middle – aged, and young – adult samples: cross sectional and longitudinal analysis, Journal of AffectiveDisorders 55 (1999), p160。

中,可以发现,缺乏社会联系或社会网络,基本上可以预测所有死亡原因的死亡率①。社会支持作为社会网络的结构性特征受到研究者的重视,其与健康关系的探讨也主要围绕社会网络的结构特征进行,即网络的规模,交往的频率等等。

学者们在研究基础上推测一个人只要拥有大的社会网络,健康状况就好。因为具有大规模社会网络的人在两方面都占优势:不仅在网络中潜在的社会支持提供者多,而且每个成员提供支持的可能性大②。后来的研究发现,社会网络规模与死亡率之间有一种非线性关系,说明一个人的社会关系不一定越多越好③。

深入研究发现,拥有大规模的社会网络只是为提供社会支持创造了可能性,但却与真实获得的社会支持以及个体所感知到的社会支持不同,真实获得的社会支持与网络成员中对于支持必要性的判断有关,而个体所感知到的社会支持则与个体本身对于社会支持的期待有关,因此,虽然社会网络影响健康,但其具体的作用方式仍需进一步研究。

研究者也发现大的社会网络确实能促进心理健康,但是其作用的方式以及受到影响的人群有着很大不同。学者发现,拥有大的社会网络对于年轻人而言比对老年人能更有效地降低抑郁。对此的解释是年轻人对时间和资源的要求高,并且依赖朋友和亲人解决日常生活中的问题④。也有学者认为,在缺乏压力事件和对特殊支持的需求的状况下,大的社会网络能够提高个体的心理健康⑤。

---

① Lisa F. Berkman,Thomas Glass, Ian Brissette, Teresa E. Seeman:From social integration to health, Social science & Medicine,51(2000),p845。

② 程虹娟等:青少年社会支持研究现状综述,健康心理学杂志,2003 年 11(5),第 352 页。

③ 贺寨平:社会经济地位、社会支持网与农村老年人身心状况,中国社会科学,2000 年第 3 期,第 136 页。

④ Danette Hann, Frank Baker, Maxine Denniston, Dean Gasme, Douglas Reding, Tom Flynn, John Kennedy,R. Lyn Kieltyka:The influence of social support on depressive symptoms in cancer patients Age and gender diffeneces,Journal of psychosomatic Research52(2002),p283。

⑤ Brenda W. J. H. Penninx, Theo Van Tilburg, Dorly J. H. Deeg, Didi M. W. Kregsman, A. Joan P. Boeke and Jacues T. M. Van Eijk:Direct and buffer effects of social support and personal coping resources in individual with arthritis,Soc. Sci. Med. ,Vol. 44,No. 3(1997),p393。

在研究的细化过程中,研究者还发现,不仅不同的人对于社会联系的需求不同,且这种对于联系的需求会随着时间改变、人格不同或环境变量的改变而发生改变①。与此同时,提供社会支持的来源不同,则社会支持的作用也会不同。研究者发现,青少年主要从母亲那里获得肯定与支持;从朋友处获得陪伴与亲密支持②。

(一)社会支持对心理健康的影响

对于社会支持与心理健康的研究,虽然时间不长,但是发展迅速。无论是从整体的角度,用社会学和社会流行病学的方法对社会支持与个体心理健康关系所作的宏观分析,还是从个体的角度,采用临床或实验方法对社会支持与某一特定心理病症关系所进行的微观研究,都显示出社会支持对个体心理健康的有益影响,社会支持的心理保健功能得到了广泛承认③。

尽管社会支持对于健康影响的理论分析框架并没有完全建立④,然而库汉(S. Cohen)等对于社会支持影响健康的可能作用机制的研究,受到了大多数学者的认可,即社会支持影响心理健康的主效应模型和缓冲器模型。

1. 主效应模型(the main – effect model)

社会支持具有普遍的增益作用,无论个体目前的社会支持水平怎样,也无论个体是否面对压力情景,只要增加社会支持,就会提高个体的健康水平。主效应假设来自于研究的统计结果,即统计过程中出现了社会支持对于个体身心反应症状作用的主效应,而未出现社会支持与不良生活事件之间的交互作用,所以称为主效应模型⑤。

① Thomas R. Lynch,Tamar Mendelson, Clive J. Robins, K. Ranga R. Krishnan, Linda K. Joerge, Courtney S. Johnson ,Dan J. Blazer:Perceived social support among depressed elderly middle – aged, and young – adult samples:cross sectional and longitudinal analysis, Journal of Affective Disorders 55 (1999), p160。

② 刘春梅,李宏英:青少年社会支持系统发展特点的研究,心理科学,2002 年第 25 卷第 4 期,第478 页。

③ 李强:社会支持与个体心理健康,天津社会科学,1998 年第 1 期,第 67 页。

④ Karlein M. G. Schreurs and Denise T. D. De Ridder:Intergration of coping and social support perspectives:implications for the study of adaption to chronic disease ,p90。

⑤ 施建锋,马剑虹:社会支持研究有关问题探讨,人类工效学,2003 年第 9 卷第 1 期,第 60 页。

这一现象可以通过马斯洛的需求层次理论来加以解释,社会支持不仅可以通过提供物资支援满足个体的基本生理需要,同时也能够满足个体的安全、交往、爱与尊重的需求,其对于缺失性需求的满足有着重要的意义。因此,也就能够较好地提高和改善个体的身心状态,维护和增进个体的心理健康。

2. 缓冲器模型(the buffering model)

不同于主效应模型,缓冲器模型认为,社会支持指是在人们面临高的生活压力的情况下发挥作用,它使人们免受或较少受压力事件的影响,从而促进健康[1]。

研究者发现社会支持要发挥缓冲器作用,需要满足一定的条件,如研究者认为只有当不同的社会支持与相应的特殊情境引发的应对要求相符时,也即支持的种类要与压力事件相匹配,才能起到缓阻压力作用[2]。也有研究者认为,个体对可得的资源能加以运用,才能够起到缓阻压力的作用[3]。

作为缓冲器的社会支持主要通过人的内部认知系统发挥作用。一般学者主要采纳了科恩的观点,认为社会支持可能在压力事件与健康状况的关系链条的两个环节上发挥作用[4]:社会支持影响着个体对潜在的压力性事件的知觉评价,即个体因为拥有社会支持,从而提高了感知到的自我应对能力,降低了对于刺激有害性的判断,从而降低了对刺激严重性的认知;而在判断刺激成为应激后,足够的社会支持能够导致压力的再评价,抑制不良反应或产生有利的调整性反应,从而降低甚至消除压力的反应症状,或者直接影响生理活动过程,从而达到缓冲的效果[5]。

社会支持通过提供情绪支持而增强免疫功能,由于社会支持减少了对应

---

① 宫宇轩:社会支持与健康的关系研究概述,心理学动态,1994 年第 2 卷第 2 期,第 34 页。

② Karlein M. G. Schreurs and Denise T. D. De Ridder:Intergration of coping and social support perspectives:implications for the study of adaption to chronic disease ,p90.

③ M. A. R. Tijhuis, H. D. Flap, M. Foets and P. P. Groenewegen:Social support and stressful events in two dimensions:life events and illness as an event,Soc. Sci. Med, vol. 40, No. 11, 1995, p3.

④ 宫宇轩:社会支持与健康的关系研究概述,心理学动态,1994 年第 2 卷第 2 期,第 35 页。

⑤ 施建锋,马剑虹:社会支持研究有关问题探讨,人类功效学,2003 年第 9 卷第 1 期,第 59 页。

激的感知,从而降低了由此引发的情绪反应,改变了可能发生的生理唤醒水平,从而增强了免疫功能,并且这一状况在控制了心理抑郁和健康行为变量的影响后,社会支持与免疫之间的正相关关系仍然存在①。

　　社会支持的缓冲作用可以进一步细化为应对资源和应对策略两方面:作为应对资源的社会支持包括由别人提供的信息等内容,这些资源可以帮助个体很好地应付压力;而作为应对策略,社会支持不仅可以帮助个体采取问题取向的应对策略,同时也可以提供回避(如情感发泄等)的方式②。

　　另外,在社会支持所能提供的物质支持与信息支持,对于个体有效提高压力应对的能力有着重要的作用。

　　研究者认为,当利用整体结构性测量社会支持概念的时候,结果常常支持主效果模型,而当利用特殊功能性测量时,结果则往往支持缓冲器模型③。因而有可能的是,这两种理论倾向的产生不仅与研究的方法和对象不同有关,同时也反映出了社会支持的两种不同的功能——主效应模式倾向于维护增进健康,缓冲器模式偏重于预防与治疗的功能。

(二)社会支持与人格因素

　　尽管社会支持被认为对于心理健康有着积极的促进作用,然而也有很多研究提出了不同的观点。有研究发现,人格因素可能是社会支持与身心健康的中介变量,也可能是影响身心健康的直接原因,这就使得社会支持对于身心健康的影响作用变得不那么明确④。

　　这类研究认为,社会支持受到人格因素的影响,人格因素不仅会影响个体对与社会支持的感知,同时也会影响个体的社会交换感,这是因为在社会交换过程中,可能产生两种截然不同的情绪:个体如果感知到自己给予的支持比接受的支持多,就会产生不公平感与反抗情绪;而如果个体感知到自己

---

　　①　吕倩等:心理社会因素与人类免疫功能,心理学动态,2000 年第 2 期,第 69 页。
　　②　Karlein M. G. Schreurs and Denise T. D. De Ridder: Intergration of coping and social support perspectives: implications for the study of adaption to chronic disease ,p93
　　③　宫宇轩:社会支持与健康的关系研究概述,心理学动态,1994 年第 2 卷第 2 期,第 34 页。
　　④　宫宇轩:社会支持与健康的关系研究概述,心理学动态,1994 年第 2 卷第 2 期,第 37 页。

给予别人的支持少于自己所接受的支持,就会产生负疚感和羞耻感,只有这两种感觉达到平衡,社会支持才能产生积极效用①。而交换定向和公共定向这两个人格特质在这个过程中,影响着个体的情绪产生。具有交换定向的人期待直接的,可以相比的回报;具有公共定向的人则是从需求出发,不强调互惠。在提供与接受平衡的状况中,社会支持的积极作用对于两种人都是相同的,但是如果提供与接受失衡时,社会支持只对公共定向的人起到增进健康的作用。

然而,也有研究认为,虽然人格因素对于社会支持可能产生一定的影响,但是社会支持仍独立于人格因素,对健康产生影响。在《社会支持、人格在生活事件、心理健康关系中的作用》一文中,研究者指出,社会支持低下本来就可以导致个体产生不良心理体验,如孤独感、无助感,从而使心理健康水平降低②。

而在另外的关于老年人社会支持、健康和幸福感关系的研究中也发现,个体感知到的社会支持在抑郁、孤独和生活满意度这三个维度上,对主观幸福感有着直接的预测作用,人格因素虽然会影响社会支持,但是不影响社会支持与幸福感之间的显著关系③。

另外,正如很多学者提出的,社会支持对健康有间接影响,即社会支持通过增强自我价值感和自我效能等作用,来促进个体应对应激的能力。

(三)社会支持与主观幸福感、健康行为

由于社会支持不仅仅对于心理健康有着直接的影响作用,研究者也证明了,社会支持与个体的幸福感,以及健康行为的发生与维持,有着重要的影响作用。

一项关于社会支持与幸福感的研究表明,社会支持与主观幸福感的情感

---

① 宫宇轩:社会支持与健康的关系研究概述,心理学动态,1994 年第 2 卷第 2 期,第 38 页。

② 许崇涛:社会支持、人格在生活实践、心理健康关系中的作用,中国临床心理学杂志,1997 年第 5 卷第 2 期,第 93 页。

③ Jeffrey H. Kahn, Robert M. Hessling, Daniel W. Russell:Social support ,health, and well-being among the eldly:what is the role of negtive affectivity? Personality and Individual Differences,35,2003,p12.

方面有着重要的相关关系。正向情感、负向情感和快乐感作为幸福感的情感指标,主要受人际支持、支持的利用度、亲密度和适应性四个因素影响①。

另外,对支持的利用程度,关系到个体快乐与否。因为个体如果多参与团体活动,在遇到困难与烦恼时善于利用各种社会支持,可以帮助排遣负性生活事件对身心健康的不利影响,增加正向情感和快乐感②。

研究者还发现,扩展的社会联系提高了个体卷入健康提升行为的可能,使得个体远离威胁健康的行为。此外,那些正在经历健康问题的个体,如果有充足的社会支持就可以获得建议与服务,或是物质或经济上的援助,从而增进健康③。

(四)关于社会支持负面影响的探讨

此外,并非所有的社会支持都会对心理健康有着积极的作用,研究者发现不仅不同的社会支持可能在不同的情境中发生不同的效应,同时,社会支持也可能会产生负面影响,导致心理不良状况的产生。最突出的例证是在考试的应激事件中,越多的社会支持可能造成更大的压力这一特殊情境。此外,由于个体可能会因为其他支持提供者的过度保护而产生无能力感④,阻碍了个体的自我效能感,同时也可能增强了个体的依赖感。

同时,社会支持还可能使得个体运用回避的应对策略应对应激,虽然在短时间内这一方式可能产生积极的影响,但是对于个体长远发展而言,这种应对方式的积极效果将会消失。此外学界还认为,社会支持提供者及其提供

---

① 池丽萍,辛自强:幸福感:认知与情感成分的不同影响因素,心理教育与发展,2002 年第 2 期,第 29 页。

② 池丽萍,辛自强:幸福感:认知与情感成分的不同影响因素,心理教育与发展,2002 年第 2 期,第 31 页。

③ Maria Melchior, Lisa F. Berkman, Isabelle Niedhammer, Maline Chea, Marcel Goldberg: Social relations and self – reported health: a prospective analysis of the French Gazel Cohort, Social Science &Medicine,56(2003),p2。

④ Eliasbeth H. M. Eurelings – Bontekoe, Rene F. W. Diekstra and Margot Verschuvr: Psychological distress ,social support and social support seeking:a prospective study among primary mental health care patients,Soc. Sci. Med. 1995 ,Vol 40 ,No. 8, p1083。

的支持内容可能是决定社会支持的影响积极与否的关键①。

研究者已经发现，社会联系的矛盾方面对较差的心理健康的影响作用比社会联系积极的方面作用更大②。然而，如何消除社会支持的负面影响，将是社会支持研究的重要内容。

第四节　自我与健康

作为应对资源，自我的力量和社会支持是直接影响个体采用何种应对方式的重要因素，从而影响个体健康。如果说社会支持作为外在的因素作用于健康，那么自我则是作为内在的因素对健康产生影响。尽管在本章中，对于应激、社会支持与自我和健康关系进行了分别的论述，然而在实际情况中，这三者往往是共同作用于健康。本节将对自我的概念及研究历程作简单回顾，同时对自我与健康关系的研究成果进行总结，了解自我作用于健康的方式。

一、自我的概念以及研究历程

对于自我的研究，各个不同学科中都有所涉猎。有学者认为，关于自我的研究可以从学科领域划分为两大类：一是社会学取向的自我观点，二是心理学取向的自我观点。社会学取向的自我观点关心的是社会结构与自我概念的关系，具有此种倾向的研究者注重研究他人、客体和环境对于个体自我概念的影响，而心理学取向的自我观点关注认知结构与自我观念的关系，研究的重点是回答他人、客体和环境如何影响人的心理过程的问题。

詹姆斯（W. James）于1890年将自我概念引入美国心理学，他将自我分为

---

① Brenda, E. Honga, Wolfgan Linden, Bahman Najarian: social support intercentions, do they work, Clinical Psychology Review, 22(2002), p48.

② Brenda, E. Honga, Wolfgan Linden, Bahman Najarian: social support intercentions, do they work, Clinical Psychology Review, 22(2002), p48.

三个层面:一是物质性的自我,二是社会性的自我,三是精神的自我①。詹姆斯的研究尽管在当时并没有完全引起心理学界对于自我的重视,但是也由此揭开了心理学研究自我的历程,而詹姆斯对自我的划分,对后来关于自我的很多重要理论架构有着重要的影响作用。

20世纪20年代,西方心理学兴起了自我研究的高潮。精神分析学派、社会心理学以及认知心理学等各个领域对于自我的研究都有丰富的论述。而关于自我的研究基本上可以分为两大类别:一是理论构建取向的研究,二是心理测量学研究取向的理论②。

在对自我的结构研究历程中,学界经历了这样的过程:从对自我的单一维度的研究,发展到多维度的分析模型;从单一层面到多层面递进;对整体自我的讨论逐渐被更为细致地称为自我所代替③,这使得自我这一概念不断得到丰富。此外,关于自我的研究也从原来的单一的对于社会互动的强调,发展到对于个体内部认知过程与自我关系的研究。

二、自我研究的有关理论

关于自我的定义存在很大的分歧。西方社会心理学的各流派,如精神分析学派、人格心理学、自我发展的社会学理论(主要指符号互动论)以及人本主义心理学等都曾对自我进行过概念阐述和理论建构④。这里将主要介绍精神分析的自我理论、社会认知的自我理论以及现象学自我理论观。

(一)精神分析学派中的自我理论

在精神分析学派中,关于自我的理论可以大致分为两大类,一是早期相对于人格结构中本我和超我而存在的自我(ego),二是相对于客体关系中的

---

① 李美枝编著:社会心理学——理论研究与应用,台北:大洋出版社,1986年9月初版,第123页。
② 刘凤娥,黄希庭:自我概念的多维度多层次模型研究述评,心理学动态,2001年第9卷第2期,第136页。
③ 曾向,黄希庭:国外关于身体自我的研究,心理学动态,2001年第9卷第1期,第45页。
④ 乐国安,崔芳:一项关于大学新生自我概念特点的研究——对南开大学部分新生的开放式调查报告,2003年,第22页。

自我(self,也称为自体)的理论。

在弗洛伊德的人格结构中,自我(ego)就是作为调节本我与超我矛盾的调节结构,它遵循现实原则,趋向于以某种现实的方式来满足本我的欲望①。弗洛伊德认为,人类的心理是由两个基本力量对抗而成的:盲目本能欲望综合的本我以及家庭、社会禁令内化总和的超我,自我正是这两者的调和物。然而在经典精神分析中,自我并不是研究的重点,也不是人格结构的关键,本能理论才是经典精神分析的关注对象。

在新精神分析学派客体关系理论中,研究者强调自我、他人、自我与他人关系的心理表征的早期发展,他们放弃了本能理论,转而强调社会文化的影响作用。他们对自我进行了定义,关注个体如何建立起自我感,并如何保护其完整性。根据客体关系理论家们的观点,自我、他人以及自我与他人关系的表征是一个有组织的系统,个体尽力维护这个系统中各个组成成分之间的紧密性、连贯性和整合性②。精神分析是以功能来界定自我的。

另外一种以功能界定自我(self)的方式,进一步拓展了自我的功能,认为自我是应对与防御两个基本过程的合成体,自我既包含了应对所拥有的现实性、理性和开放性的特征,又包含了防御所拥有的非现实性、非理性和封闭性的特点。而自我的应对与防御总是既相区别,又相混合③。

(二)社会认知理论中的自我

自我的社会认知观是以认知心理学的概念和研究方法为基础的④。在这一类研究中,强调自我的认知结构以及其对信息加工的影响作用。

凯利(H. Kelley)在提出构念学说时,曾对自我进行过分析,她认为自我可以是运用构念的个人或角色,同时也可以是一个高级的核心的构念。而构念

---

① K·W·夏埃,S·L·威里斯著,乐国安等译,《成人发展与老龄化》,华东师范大学出版社2003年3月版,第227页。

② L·A·珀文著,周榕等译,《人格科学》,华东师范大学出版社2001年版,第276页。

③ 陈勃:自我的防御和应对:弗洛伊德理论与皮亚杰理论的联合点,北京师范大学学报(社会科学版),1999年第5期,第71页。

④ L·A·珀文著,周榕等译,《人格科学》,华东师范大学出版社2001年版,第278页。

正是指导人行为的高级认知结构。爱泼斯坦也提出了类似的自我观,认为自我是一个有组织的概念系统或理论①,自我指导信息的组织,同时还可以指导行为。

马卡斯(H. Markus)之后提出自我的认知结构——自我图式是关于自我认知的类化,它来自于过去的经验,同其他的认知结构一样,自我图式影响与自我有关信息的加工过程。

在社会认知理论研究领域中的自我,是一种内部的认知结构,认为自我的重要功能是对于外界信息的解释以及对这一解释进行反应,强调自我在信息加工的过程中的作用。

(三)现象学理论中的自我

现象学理论中自我研究最具代表性的是罗杰斯。在他看来,自我是个体的现象领域中(包括个体对外界及自己的知觉)与自身有关的知觉与意义②。罗杰斯认为,自我具有以下的特点:第一,自我概念是对自己的知觉;第二,自我是有组织、连贯的、有联系的知觉模型,具有相对稳定性,第三,自我虽然具有无意识成分,但以意识或进入意识的内容为主③。

在罗杰斯的临床医学研究生涯中,他发现个体对于自我的描述具有非常重要的价值,自我不仅控制着个体对于环境知觉的意义,同时还决定着他的反应状况。正是在这一基础上,他发展出了现象学的自我理论。

(四)Shavelson 的自我多维度多层次模型

在 Shavelson 等人的研究中对自我概念的结构进行了划分,认为自我概念可以分为一般自我概念和特殊自我概念,一般自我概念又可以划分为学业自我概念和非学业自我概念,而自我概念于具体领域结构,就构成了相应的子

---

① L·A·珀文著,周榕等译,《人格科学》,华东师范大学出版社 2001 年版,第 277 页。

② 王登峰:自我和谐量表的编制,中国临床心理学杂志,1994 年第 2 卷第 1 期,第 19 页。

③ 刘化英:罗杰斯对自我概念的研究及其教育启示,辽宁师范大学学报(社会科学版),2000 年第 23 卷第 6 期,第 37 页。

领域①。

他们认为,自我应包括以下的要素:组织结构性,多层次性,多维度性。最开始的层次上是稳定的,随着层次的加深,愈加依赖于特定的环境,因此也就愈不稳定;随着年龄的增长,维度增加。②

这一自我概念模型对自我进行了全面描述,不仅从自我的横向层面将自我划分为学业自我和非学业自我,同时也将一般自我与特定环境结合的自我区分开来;同时还对自我的纵向发展进行了分析,认为自我的维度随着成长而不断增加。

与此同时,这一概念还涵盖了影响自我的因素,即过去的经验以及情境因素对于自我发展的影响,同时也表明自我是在社会互动中形成,并且随着时间的发展而有所发展。这一理论模型对于全面掌握了解自我及其发展有着重要的作用,同时也可以将自我变成可操作性的定义,进行更为深入的研究。

三、自我与健康

(一)自我同一性与健康

由于自我受到情景因素的影响,因此,在不同的环境中,个体有不同的自我概念,虽然学界认为自我的复杂性对于健康有着重要的影响作用,但是如何将这些不同的自我组织起来,形成一个较为稳定并且具有一定整体性的结构,则成为个体自我发展的重要内容。有学者指出:"人最普遍与持久的目标就是在合适的范围内保持自我一致。"③

自我同一性问题成为个体适应环境的重要体现之一。有学者认为自我一致性提供了凝聚感和整体感,而缺乏一致性是与冲突和压力相关联的;与

---

① 刘凤娥,黄希庭:自我概念的多维度多层次模型研究述评,心理学动态,2001 年第 9 卷第 2 期,第 137

② 曾向,黄希庭:国外关于身体自我的研究,心理学动态,2001 年底 9 卷第 1 期,第 41 页。

③ 陈勃:自我的防御和应对:弗洛伊德理论与皮亚杰理论的联合点,北京师范大学学报(社会科学版),1999 年第 5 期,第 71 页。

此同时,一致性能够提供预测,而缺乏一致性,就使得个体无法预测自己未来的行为,从而影响健康①。

有学者对自我的统一功能及其对人格的影响作用进行分析时指出,如果个体未能形成统一的自我概念,或未能充分发挥自我概念在实现人格结构整合化过程中的统一作用,就会导致不协调的和未整合的人格结构,从而使整个人与其行为以及与外部世界都产生冲突。正如埃里克森所言,自我发展的重要问题是"个体如何力争调和早期的主要问题,即在持续一生的可信赖的整体感和与之相抵的破碎感之间达到平衡。"②

由此可见,统一的自我感不仅能够使个体很好的预测自己的行为,还可以消除不一致带来的冲突与混乱。

对于个体而言,造成自我混乱的因素有三个方面。

一是与自我经验不一致导致的自我混乱。自我既反映经验,又影响经验的获得。个体在早期生活中的经验影响自我的形成,而形成的自我一方面对现实进行解释,一方面又需要整合在新的生活任务和情境中获得的新的经验。个体只有在过去经验的基础上将新的经验整合到自我这一体系中,形成统一的自我概念,才能更好地解释未来可能发生的事情,适应现实的需要。

而在个体发展的过程中,有一些不同的经验以及不同的生活任务,这就产生了一些危机时候,如果个体能够顺利渡过这些危机时候,在原有经验的基础上整合新的经验发展自我概念,则可以获得人格的发展,否则将引发混乱与人格异常。

二是自我内部不统一。由于自我并不是单一层面的唯一维度的概念体系,在不同的情境中会产生不同的自我概念,因此如何将这些自我概念整合成一个系统就成为个体适应环境的重要内容。有研究者按个体自我评价的不同类型将自我划分为现实自我、理想自我和应该自我三个部分。而研究表

---

① L·A·珀文著,周榕、陈红、杨炳钧、梁秀清译,黄希庭审校:人格科学,华东师范大学出版社,2001年8月第一版,第285页。

② 余祖伟:从埃里克森的青年其人格理论探讨大学生健康人格的培养,广西高教研究,2001年第3期,第26页。

明现实自我与理想自我、应该自我之间的不一致会导致个体的负面情绪①。
而负面情绪会直接影响个体的身心健康水平。

三是自我与人格中其他结构之间的冲突。这一理论主要是精神分析学
派所持有的观点。弗洛伊德曾经指出,本我、自我、超我是人格的三个子系
统,当自我能够很好的平衡三者间的关系时,人的精神就是健全的,而当自我
无法协调好三者的关系时,人就容易失常。而在关于心理神经症的研究中,
学者们指出"自我"之间存在着内在冲突,如果内在冲突处理不当,人就容易
发生神经症和心理躯体障碍②。

(二) 自我图式与健康

即使建立了统一的自我概念,也不一定就能够达到健康的状态。这是因
为即使可以形成统一的自我概念,个体也会形成不同的自我图式。

在贝克对抑郁症患者的研究中,发现那些对自己、对他人、对世界持有否
定看法的人,或形成否定自我图式的人,更容易导致直觉和思想的系统歪曲。
由于自我图式在信息加工过程中,会对与自我图式一致的信息更容易感知,
也反映得更为迅速,同时,个体在此过程中对于信息的解释也会受到自我图
式的影响,因此,持有否定自我图式的人更容易引发消极记忆,片面强调事件
的消极方面,从而造成无价值感与否定感,导致抑郁的产生③。

具有负面自我概念的人,由于自我同一性的需要,往往会坚持自己的图
式,这就导致正面事件由于不符合自我概念损害人的健康。这也可以解释在
心理治疗中,医生遭到来访者抗拒的原因,因为对否定的自我图式这一核心
构念的质疑,威胁了个体的同一性,造成了个体的抗拒。

然而也有学者认为,尽管自我验证是可能直接导致自我图式的增强,然

---

① 在希金斯的自我差异理论研究中,他发现个体这三种不同的自我之间发生差异时,会导致不
同的情绪结果。在实际自我与理想自我的差异中个体因为自身的愿望、理想未能实现而处于肯定性
结果缺失的状态,因而易导致抑郁类型的情绪反应,而在实际自我与应该自我差异中,个体会因为认
为自己未能履行职责,将受到惩罚、责备,这种否定性结构常导致焦虑类型的情绪。这一研究结果在
同类型的跨文化研究中有不一致的见解,然而,跨文化研究却都肯定了不一致会产生负面的情绪。

② Alf Gerlach:心理神经症的防御机理,德国医学,2001 年第 18 卷第 3 期,第 128 页。

③ 李林仙,黄希庭:试论反应性抑郁形成的心理过程,应用心理学,1995 年第 1 卷第 2 期,第 57 页。

而自我增强的意愿也可能影响个体的自我图式,从而产生积极的效果。研究进一步指出,这两种不同的自我动机过程是一种动态的平衡选择过程,与环境对现实的需求状况有关①。

然而,学界一致认为,客观的自我评价与健康的自我形象是心理健康的重要标志,否定的自我图式必然影响自我评价的准确性,影响自我悦纳的程度,进而影响健康的自我形象的形成,从而影响身心健康水平②。

（三）自我效能感与健康

前文对自我同一性以及自我图式的探讨主要集中在一般的自我状态中进行,通过自我效能感与健康的研究,我们就可以进一步揭示在具体情景领域中自我是如何影响健康的。

近二十年来,自我效能理论广泛地用于人类行为的研究,包括人的心理健康和临床研究。这一理论构成班杜拉社会认知理论的重要内容,他认为,个体的自我效能感是指个体对自己能够完成某个人物或活动的能力的信心、信念或主体对自我的感受和把握③。

班杜拉认为,自我效能感在两个水平上影响人类的健康。其一是个体对自己处理应激的能力的信念会影响其身心调节系统,具体的运作过程是:个体的自我效能感不仅影响自主神经系统的唤醒水平,同时影响儿茶酚胺以及内源性鸦片肽的释放,自我效能的不足,会引起前两者的生化水平明显提高,从而降低免疫功能④。其二,自我效能感还会影响人们对个体健康习惯和生理老化的直接控制上⑤。班杜拉发现,个体的自我效能可以有效促进健康信念的产生与健康行为的维持,其在心理治疗领域中也对抑郁、成瘾行为的治疗等有着积极的作用。

---

① L·A·珀文著,周榕等译,《人格科学》,华东师范大学出版社2001年版,第276页。
② 樊富珉,付吉元:大学生自我概念与心理健康的相关研究,中国心理卫生杂志;2001年第15卷第2期,第76页。
③ 郭本禹主编:《当代心理学的新进展》,山东教育出版社2003年版,第7页。
④ 吴增强:自我效能:一种积极的自我信念,心理科学,2001年第24卷第4期,第499页。
⑤ 张鼎昆,方俐洛,凌文辁:自我效能感的理论及研究现状,心理学动态,1999年第7卷第1期,第42页。

在一篇关于成瘾行为研究关于自我效能的分析中,可以看到,在不同的时期,针对不同人群的不同的自我效能不仅能够有效地预防成瘾行为的发生,同时在成瘾行为产生之后能够有效地降低其对于个体的危害。如抵抗性自我效能就是针对成瘾人群的,这种自我效能能够有效抵御来自外界的不良影响,使得个体远离成瘾行为;而其中恢复性自我效能则能够帮助个体在旧病复发之后,仍能相信自己能够恢复,具有应对这一状态的能力[①]。

第五节　对健康的诊断与促进

如前所述,对于健康的认知是不断发展的,在健康应用领域中,也由于健康内涵的不同而导致了一系列的变化,由此产生的关于健康问题的预防等工作也有了明显新的发展。

一、健康诊断

健康诊断是根据评价标准与检测结果,对个体或群体的健康状况和水平进行判断认识的过程。由于健康概念的扩大,健康诊断的内容以及方法也随着发生了发展,从单一的生物医学模式下的诊断发展成为整体性健康诊断。

(一)医学的健康诊断及其内容

以生物医学模式对个体进行诊断,重点在于了解个体的某种生理机能是否能够正常运转。这种模式下的健康诊断,主要是针对以往所认为的"没有疾病就是健康"的健康观来进行的,因此探查个体生理功能是否健全就成为这一健康诊断的重要内容。

其主要的诊断途径是通过受限法和任务导向法来完成的。受限法就是个体在特定的时间内完成某些正常活动身体受限的情况;而任务导向法是个

---

① 马晓东,郭本禹:成瘾行为研究中自我效能的几种类型,心理科学,2001 年第 24 卷第 6 期,第745 页。

体能够感受到的健康情形是如何影响其特定的躯体活动的①。受限法是通过功能性的测量,了解个体的基本生理功能运转是否正常,而任务导向法则加入了个体的主观认知感受。

在这一诊断形式中,应该注意到生物医学采用一系列的生理指标,连同症状表现,加上个体对于疾病的感受状况共同决定诊断结果,这就从多个角度来描述个体的生理功能正常与否,从而进行健康测量与诊断。

这一诊断的基础是对疾病的致病因素、病症等反映疾病对个体影响状况的研究,通过实验或者临床表征进行总结,总结出一定的规律,并以此为客观标准,对同类型的疾病表征进行测量和判断,从而得出结论。由于具有微生物学、生物医学的基本理论以及研究,因此这种诊断往往因为其具有相对的客观性成为健康诊断的重要内容。这一诊断形式对于健康水平的判断有着重要的意义,即使是在整体测评健康的诊断中,也起着基础性的作用。

然而这种诊断模式只注意到生理方面,缺乏对于整体健康的关照,因此随着健康概念的发展,这种模式的局限性也逐渐突显出来。如对一些无法明确找到致病因素的疾病,或是由于心理原因导致的身体上的疾病状况等等,这种诊断模式也就失去了对某些疾病的测量准确性。

(二)整体健康观下的健康诊断及其内容

随着人类对于自身健康的关注,以及健康分析模型的发展,对于整体健康的强调导致了人们观念的革命。生理－心理－社会模型的诞生,标志着人类对于健康的追求的提升。而根据这一模型展开的健康诊断,也必然反映着模式本身具有的特征和突破。这一点突出反映在整体健康观中健康诊断的多维度性这一特点上。如有研究者认为,健康测量应包括 5 个维度:生理健康、心理健康、日常的社会功能、日常的角色功能和自测健康②。

以往对于健康的诊断,往往停留在对于生理机能健康与否的判断上,然而随着整体健康观的发展,健康的测量内容也由此丰富起来。相对于生理－

---

① 许军综述:健康评价,国外医学社会医学分册,1999 年第 16 卷第 1 期,第 2 页。
② 许军综述:健康评价,国外医学社会医学分册,1999 年第 16 卷第 1 期,第 2 页。

心理－社会模式,健康诊断也就相应地扩大了测量的内容。由于新的健康概念对于个体适应性的强调,人的社会属性,心理因素等等内容进入到健康诊断的视野中。现今的健康诊断不仅包括生理健康的测量,同时也包括心理健康的测量、社会健康的测量。

其中心理健康的诊断,在心理学相关领域中获得长足的发展。不同的研究者从各个角度对心理健康的不同内容进行了相关的研究,研制出多种测量心理健康的量表以及问卷,以了解个体的认知、行为、情绪的基本状况,测量个体有效适应环境的能力与水平,以及包括生活满意度在内的主观幸福感的状况,同时也包括诊断个体有无心理异常,以及其对生理健康水平的影响情况。

而关于社会健康的诊断则强调个体的主动适应,同时也关注周围环境的协调及稳定。有学者认为社会测量是检验社会支持与社会关系对个体躯体和心理完好状态的影响①。而将社会角色作为评价社会健康的直接客观指标,将社会支持与社会网络作为社会健康评价的见解指标②。

二、健康诊断的评价方法

(一) 众数原则

对于健康的诊断,往往需要进行对比区分出健康与非健康状态。众数原则是所有健康诊断的基础,众数原则又称为社会常模。不论是针对生理的医学诊断,还是针对心理的心理健康诊断,特别是社会健康诊断,往往都是以社会常模为基础的。

医学诊断需要大量的医学临床经验以及试验结果,其基本的评判标准也是建立在大量的同类型事物的共同属性的基础上的。因此一般的状况往往就是诊断的标准,即社会常模影响医学诊断。

对于心理健康而言,尽管存在不同的判断标准,然而,社会常模仍然是重

---

① 刘更斯综述:社会健康测量,国外医学社会医学分册,1994 年第 4 期,第 149 页。
② 刘更斯综述:社会健康测量,国外医学社会医学分册,1994 年第 11 卷第 4 期,第 150 页。

要的判断依据。认为大多数人是正常的,偏离就是不正常,这种思路是总结出健康状态与异常状态一般区分的重要依据。

对于社会健康而言,社会常模的重要性就表现得尤为明显。由于个体对于社会文化的适应形势作为判断个体社会健康的标准,因此,社会中一般个体的行为模式就是社会常模的基本体现,如果有所偏离就可以表现出个体对于社会适应的不良,从而产生不良的社会健康状况。

(二)精英常模

精英常模是心理健康判断中的一种特别思路,人本主义心理学家马斯洛认为,如果一个社会文化条件本身就是异常的,则应该把那些自我实现者的心理品质作为心理健康的标准,才能够正确的反映个体的心理健康状态。

这就为众数原则提供了一个修正的可能,由于健康状况可能受到多种因素的影响,而社会文化本身的影响又会通过各种方式作用于个体,因此,精英常模能够为健康诊断提供修正作用,能够更好提高受到社会文化因素影响的个体健康诊断的准确性。

精英常模表明,总存在一些个体能够很好地适应环境,他们受到社会文化因素的影响,但是却能够进行独立判断,避免不良影响作用,同时也为一般社会成员促进自身健康提供了一种示范作用。此外,在不同的社会文化中,这种精英模式也为健康状况较差的社会,改变自身的状况提供了一种参照与借鉴。

(三)专家评价

专家评价是健康诊断的重要评价方法。那些在医学、心理学等领域有着丰富经验、良好的职业技能的从业者,是个体健康诊断的特有的重要来源。一般来说,个体总是通过医生、心理医生等来确定自身的健康状况。而专家的评价往往也是借鉴众数原则,因此这一评价方法主要体现了诊断主体对于健康诊断结果的重要性。而在整体健康模型中,可以发现,单一的健康专家也许并不能够完全正确地对个体进行健康诊断,当个体的心理障碍仍处于初期,如果不会直接影响到躯体功能,也许就不能够被专家确诊,这将可能影响个体心理障碍的进一步发展,从而导致严重的后果。这就要求当今的健康专家也具有相应的整体健康观念,从而才能够更好地对个体的健康状况进行测评。

(四)健康自评

在众多的健康诊断中,个体对自身健康状况的自我感知往往是最为重要的内容。个体之所以前往健康机构寻求各式各样的帮助,是因为他们对自身的健康状况有了基本的感知和判断。而这种对健康水平的自我感知,往往被研究者所忽略。这种形式简单、要求较低的诊断评价,却是大部分健康诊断发生的前提条件。

一般而言,这种评价方式往往是以个体对于自身健康水平的感知、基本身体不适的体验,以及基本的健康知识的了解为基础的。它往往反映了一个社会健康教育的普及程度,因此,提高健康知识的普及对于健康自评有着重要的影响作用。

此外,研究者也认为,自感健康不可避免地受到人群不同健康认知、期望和判断标准的影响[1],因此,自测健康与被测健康要结合起来共同反映个体的健康状况[2],既要以自测健康为主,也要允许被测健康予以修正,从而达到准确反映个体健康的目的。

然而上述四种健康诊断,都具有一定的社会文化背景,因此,在对健康进行诊断时都需要注意社会文化因素对于诊断结果准确性的影响。因此,对于社会成员的健康诊断离不开对相应社会文化背景的考察。

三、健康诊断的指标以及内容

对于健康的诊断,往往需要一定的指标。在健康测量史上,发病率、死亡率曾经是唯一较易获取的有效反应健康状况的指标。之后,随着健康概念的

---

[1]　李士雪,吕少丽:人群自感健康评分及其影响因素研究,中国公共卫生,2003 年第 19 卷第 6 期,第 681 页。

[2]　杨云滨等:一般人群自测健康的研究,中国行为医学科学,2000 年第 9 卷第 2 期,第 89 页。

发展,期望寿命概念、潜在寿命损失概念、无残疾期望寿命等等,都一度成为健康测量的指标①。然而,这些指标虽然有所发展(从以死亡为观察的终点,到以有无残疾到观察的终点),但都是关于健康的负项指标。

调整生存质量年的提出,更新了健康定量化测量指标的特点,是一种综合性的评价健康状况的新指标。它不仅考察个体寿命的生存时间,同时还考察个体的生存质量,通过生存时间为横轴、以生命质量的权重为纵轴所绘制的坐标图反映健康状况②。

调整生存质量年的测量分为三步,首先是对人体健康状况进行分类,将健康状况分为可观察到的伤残以及主观感受到的压抑状态两方面,其次是计算不同健康状况下的权重,然后绘制坐标曲线反映健康状况。

这一新的指标由于加入了个体自身的主观感受以及对健康状况的权重,因此体现了测量对象从群体向个人的转化,同时,由于引入了反映生命质量的适应能力与幸福感等等正性指标,使得健康测量指标更为全面地反映健康状况。同时,由于不同健康状况的对比权重的产生,使得健康测量的多维化在这一指标中也得到了体现。

四、健康促进

健康促进是当前世界上最为推崇的提高健康水平的过程与途径。健康促进理论由健康教育发展而来,是健康教育理论的深化和扩展。健康促进已成为一种全新的公共卫生理念③。

(一)健康促进的概念及其基本内容

上世纪70年代后期提出的健康促进概念发展迅速,根据被普遍认同及引用的世界卫生组织的定义:"健康促进是指促进人们维护和改善他们自身健

---

① 许军综述:健康的定量化测量,国外医学社会医学分册,1998年第15卷第4期,第145－147页。

② 张新平编译:测量健康状况的新指标——QALYs,国外医学社会医学分册,1997年第14卷第1期,第22页。

③ 赵亚光:健康教育与健康促进,江苏预防医学,1997年第4期,第62页。

康的过程,是协调人类与他们之间的战略,规定个人与社会对健康所负的责任"。①

健康促进概念认为,健康问题不仅仅是个体可以享受的权利,更是社会的责任,是社会发展的标志。在健康促进概念中,特别提出了社会对健康的责任,这就使得有关健康问题的一切都需要得到社会的关注与支持,健康促进由此将社会层面的政策也纳入到讨论的范围中。

有学者认为,广义的健康促进是指所有有利健康的行为规划活动的总和,包括协调、干预、立法、教育等行为。可以表示为健康促进 = 健康教育 + 环境支持。狭义的健康促进则是除健康教育以外的推进健康的策略活动,特指改善外部大环境的行为活动,即社会的、经济的、政治的、文化的以及自然生态等大环境的改善。

在广义的健康促进定义中,健康教育在健康促进中起主导作用,这不仅是因为健康教育能促进个体行为改变,而且可以激发领导者拓展健康教育的政治意愿、促进公众的积极参与以及寻求社会的全面支持,从而促成健康促进氛围。可以说,没有健康教育也就没有健康促进②。

然而,健康促进不仅仅是健康教育。与健康教育相比,健康促进更强调客观的支持与主观的参与,客观支持包括政策和环境的支持,主观参与则包括个人与社会的参与意识与参与水平③,同时健康促进还包括为健康教育提供的强有力支持的政策、组织和法规等手段,其中政策支持是一个重要的条件④。

如前所述,健康促进概念与以往的健康教育不同,它发展了健康教育理论,不仅强调客观的支持,同时还强调主观的参与。

---

① 赵亚光:健康促进内涵及现实意义探讨,中国健康教育,1998 年第 14 卷第 10 期,第 36 – 37 页。

② 刘华,傅华:健康教育与健康促进的发展,中国全科医学,2001 年第 4 卷第 10 期,第 758 页。

③ 顾学琪:关于健康促进与疾病控制,中国健康教育,1998 年 14(5),第 11 页。

④ 励晓红,吴擢春,冯学山:健康促进理论与实践面临的问题,中国健康教育 2002 年第 18 卷第 6 期,第 396 页。

健康促进同时纳入了个人、群体和社会三个层面,认为促进健康不再是孤立的个人行为①,不再仅仅是针对疾病的危险因素开展工作,强调从微观、中观以及宏观的角度共同开展健康教育,修正不健康行为,优化生活方式和促进环境的改善,同时强调社会在健康促进中的责任以及作用,强调政府政策在整个健康水平提升中的重要责任。此外,健康促进还强调环境因素在人类健康促进的过程中占有重要地位,这使得健康促进行为变成一个全方位,整体性的健康水平提升的工作。

由于健康与疾病取决于环境、社会经济、文化政治和个人因素,因此疾病控制也不能从单一的生物学意义上来解决②,因此,健康促进不再仅仅是卫生工作人员以及相关的病患的关系,必须通过全社会跨部门的整合的力量来解决,成为全社会共同努力共同关注的事件,才能真正实现健康促进。

(二)健康促进的策略框架、工作过程以及实现

世界卫生组织在加拿大召开的第一届国际健康促进大会上,于《渥太华宪章》中提出了健康促进的理论框架和基本策略:健康促进包括公共卫生政策的支持,营造支持性环境,个人技能发展,社区组织与社区发动以及重组卫生资源五个方面,这些内容的有效性正在为实践不断证实③。

而健康促进的工作过程可分为五个阶段:①需求评估;②项目计划;③动员资源;④实施项目和过程评价;⑤效果评价;⑥报告结果。这六个阶段是相互衔接的,又彼此交叉。整个工作过程是不断循环的④。

健康促进不仅需要整个社会的合作才能够发挥作用,同时也需要针对对象不同的特点来开展健康促进计划。已有的健康促进的分类可以划分为学科分类,地域分类,行业分类,以及人群分类。对于不同的分类健康促进的内容是不同的。如人群分类主要区分的是健康人群、亚健康人群以及病残人

---

① 赵亚光:健康促进内涵及现实意义探讨,中国健康教育,1998 年第 14 卷第 10 期,第 37 页。
② 孙碧英:试论健康促进理论在疾病预防控制中的应用与思考,中国健康教育 2001 年第 17 卷第 11 期,第 663 页。
③ 顾学琪:关于健康促进与疾病控制,中国健康教育,1998 年 14(5),第 11 页。
④ 张安玉:健康促进的理论和模式,中国慢性病预防与控制,2000 年第 8 卷第 2 期。

群。其中针对病残人群的就是使病残人员的健康状况最大限度的得到恢复,对亚健康人群而言,则需要采取一系列的法规、政策、医学干预以及健康教育来实现健康促进。①

　　尽管健康促进在实践以及理论研究的领域取得了很多的成绩,然而在研究的方法上却存在着很多问题。健康促进的实证研究还因为存在的各种问题而无法实现②。同时由于健康促进需要全社会的共同参与,而如何提高政府制定相关法规、政策的有效性,以实现健康促进等,都成为健康促进的重要问题。

---

① 鄂启顺:健康促进在不同人群的实现,中国公共卫生管理,2002 年第 18 卷第 2 期,第 91 - 92 页。

② 励晓红,吴擢春,冯学山:健康促进理论与实践面临的问题,中国健康教育 2002 年第 18 卷第 6 期,第 397 页。

第七章　大众传播与应用社会心理学

　　自古以来,人类社会中就存在着各种各样的传播方式,其中传播范围最广、影响效果最深的,非大众传播莫属。

　　大众传播存在的历史极为悠久,但只有在人类发明了造纸术与印刷术之后,信息才得以被大量复制,知识才得以被广泛传播,教育才得以普遍施行,人类的文明才迸发出鲜活的生命力,开始进入大众传播的新时代。随着近现代科学技术的发展,电报、电话、电影、电视、电脑以及网络等各种交流传播工具技术的纷纷面世,传播完成了从印刷媒介向电子媒介的飞跃,使人类世界发生了天翻地覆的变化。正如媒介大师麦克卢汉说的,"任何新媒介都是一个进化的过程,一个生物裂变的过程。它为人类打开了通向感知和新型活动领域的大门。"[1]新媒介的出现,毫无疑问地会对人们的行为和观念带来影响,对社会与文化造成冲击。

　　在信息时代的今天,大众传播的影响无处不在、与日俱增。超越时空与地域的信息传播,使地球变成为被覆盖在社会大众传播网络下的一个小小的村落。形形色色的信息用各自的方式不断改变着人类社会。小处如个人的心理结构、态度、观念和行为,大处如社会生活、文化习俗乃至国家形象、国际关系,无一不受着大众传播的制约与影响。人们甚至无法想象,今天的社会如果失去了大众传媒,人们将会变得怎样的手足无措,世界将会变得如何的

---

① E·麦克卢汉 & F·秦格龙著,何道宽译,《麦克卢汉精粹》,南京大学出版社 2001 年版,第422 页。

混乱无序。

在这一章中,我们将先对大众传播进行简单分析,然后关注大众传播的影响与问题,探讨大众传播与人们的观念态度与生活行为之间的关系,最后讨论介绍对大众传播的评估和干预。

第一节　大众传播分析

一、大众传播的涵义

1945 年 11 月,"大众传播"的概念首次在伦敦发表的联合国教科文组织的宪章中被提出。此后,西方学者对大众传播的界定进行了多方面的研究,其中最常被引用的是杰诺维茨在 1968 年提出的定义:

"大众传播由一些机构和技术所构成,专业化群体凭借这些机构和技术,通过技术手段(如报刊、广播、电影等等)向为数众多、各不相同而又分布广泛的受众传播符号的内容。"①

结合这个定义,我们可以进一步分析出某些为大众传播所固有的、区别于其他传播形式的特性:

1. 大众传播中的"发送者"是一个有组织的群体,这个群体从事的是信息生产和传播,这一系列的活动是在特定的组织目标和方针指导下进行的。

2. "接受者"被发送组织看作是一个具有某种普遍特性的群体或集体,并不特指社会的某个阶层或群体。这说明大众传播进行的是大面积的传播活动,对各阶层各群体都能造成广泛的社会影响。

3. 传递渠道不再仅仅是由社会关系、表达工具和感觉器官所组成,而是包括了大规模的、以先进技术为基础的分发设备和分发系统。这些系统仍然

---

① D·麦奎尔＆S·温德尔著,祝建华等译,《大众传播模式论》,上海译文出版社 1987 年版,第 7 页。

含有社会的因素和属性,因为它们依赖于法规、制度、习俗和期望。

4. 大众传播中的信息可以大量生产并不断被复制,常常是十分复杂的符号结构物以及具有象征意义的物质载体。它既有商品的属性,又有文化的属性。

5. 大众传播是一种制度化的社会传播。由于大众传播的内容与社会观念、价值和行为规范具有直接关联,由于传播过程的特殊性赋予它的巨大社会影响力,因而无论是在哪个国家,都会把它纳入社会制度可以约束控制的轨道和范围中。任何国家在进行国家调控时都不会忽略对大众传播的使用。[1]

二、大众传播的内容分析

大众传播的基本构成要素可以分为五个部分:传播者、传播内容、传播媒介、受众、传播效果。其中,传播内容是传播的中心环节,对传播媒介表达的内容进行研究具有非常重要的意义。

传播的过程本质上是一个信息传递的过程,大众传播的内容也就是所传播的各种"信息",这种信息指的是能够表征体现事物、现象和观念的各种符号与意义。按照信息论的奠基人香农的观点,信息就是用来消除或减少收信人的某种不确定性的东西。[2] 大众传播信息因为受一个社会的文化、政治、经济等环境因素的影响,受社会制度、传播媒介、时空地域等背景条件的制约,因而具有着丰富多样的内涵与特性。

(一) 大众传播内容的特性

大众传播的信息不同于一般人类社会接受和使用的信息,它传播的范围广泛,信息的来源众多,并且存在着一定的共同性。

第一,综合性:大众传播媒介向社会传播的内容是综合的,形式是多样化的。随着各种具体的大众传播媒介专业化程度的日益提高,出于让各专业媒介通过有效传播进而整合社会的需要,媒介内容体系的综合性出现了不断强

---

① 郭庆光著:《传播学教程》,中国人民大学出版社 1999 年版,第 111 – 112 页。
② 段京肃著:《传播学基础理论》,新华出版社 2003 年版,第 176 页。

化的趋势。

第二,公开性:大众传播的内容是面向整个社会的,因而是公开的,不具有隐蔽性。只有在出于不同的传播目的时,才会通过特定的手段和方式,强化或淡化这种公开性。大众传播是面向大众的传播,不同于人际间的面对面传播。

第三,开放性:大众传播的内容是一个变化着的开放系统,它必须适应社会发展的需要进行适时的变化与调整,顺应社会的潮流和对信息的需求。

第四,大众性:大众传播媒介所传播的内容是以社会大众作为诉求和消费的对象。随着现代社会的发展,大众传播媒介的专业化导致了大众传播的分众化,从而使大众传播更进一步地深入触及到社会大众的各个群体和人群之中。①

(二)西方对大众传播内容的研究

1. 传播内容的分类

根据 H·德弗勒等对美国大众传播系统的分析,"低级趣味内容"是支撑美国大众传播系统的主要内容。他们认为:

"任何一种媒介的内容都可以大致分为以下三个范畴:

低级趣味的内容:即那些不断触怒批评家,广泛传布并拥有广大受众的内容,例如强调暴力的犯罪电视剧、有线电视、录像带和电影中的公开色情,日间连续剧,供认隐私的杂志,犯罪漫画,挑逗性音乐,或其他被广泛认为起到降低情趣、败坏道德或刺激社会所不容许的行为的作用的内容。

无争议的内容:即那些也是广泛传播并有广大受众,但媒介批评家很少议论的媒介内容。这一范畴不涉及有关媒介对于大众影响的争论问题。例如电视天气预报,某些新闻的内容,既非交响乐亦非流行乐的音乐,专业性杂志,健康主题的电影以及许多其他的内容。这类内容被认为既不提高也不降低趣味,不会被看作是对道德标准的威胁。

高级趣味的内容:即那些有时得到广泛传布但并不一定拥有广大受众的媒介内容。媒介批评家认为它趣味高雅,能起到提高道德、教育和某种鼓舞的作用。例如严肃的音乐,意味深长的戏剧,政治讨论,艺术电影以及从事政

① 胡正荣著:《传播学总论》,北京广播学院出版社 1998 版,第 212 页。

治评论的杂志。这类内容作为批评家们坚决反对的低级趣味材料的对立物，而受到批评家们的倡导。"①

低级趣味内容之所以能吸引大量受众成员，原因在于娱乐内容是社会通俗文化中的主要内容。由于其形式简单、内容通俗，大多数受众都能够对之加以理解，因而倾向于选择接受这类信息。美国大众媒介的主要目的就是谋取商业的成功，这必然促使大众传播媒介选择一些能引起人们感官刺激的内容，以吸引更多的注意力来达到其盈利的目的。"越来越多的媒介管理者不把公众当成受众，而是当作市场——作为要被俘虏的'目标'，好像他们是我们的敌人，或至少是必须被哄骗去买一份报纸或收看新闻的人。"②

从另一个角度来看，今天的大众传媒传播主要是构建一种大众文化，一种能为大多数民众所共享的、能大批量复制和生产并广为流传的通俗文化。大众文化的积极意义就在于，它能使文化在普通大众中普及，具有强烈的反精英文化的色彩。它的消极影响在于，"它以商业原则取代艺术原则，以市场要求取代精神要求"③，一味迎合低级趣味，以自身形式的刺激与多变来掩盖传播内容的肤浅与贫乏，使人们沉溺于感官享受与娱乐，丧失批判的眼光与独立思考的能力。

2. 受众对传播内容的选择

根据社会心理学的研究成果，在传播活动中，受众由于受个人的文化背景、价值观念、生活经历和心理活动影响，对某些信息会出现偏爱或排斥的表现，其中起主动控制作用的是受众的选择性心理。美国学者克拉伯在《大众传播的效果》一书中将受众的选择性心理归纳为选择性接收、选择性理解和选择性记忆。④

① H·德弗勒＆S·鲍尔-洛基奇著，杜力平译，《大众传播学诸论》，新华出版社1990年版，第150页。
② S·贝尔吉著，赵敬松译，《媒介与冲击：大众媒介概论》，东北财经大学出版社2000年版，第24页。
③ 胡申生 李远行 章友德等著：《传播社会学导论》，上海大学出版社2002年版，第210页。
④ 胡正荣著：《传播学总论》，北京广播学院出版社1998年版，第267页。

（1）选择性注意：在信息爆炸的今天，一个人每天要面对的信息难以胜数。但任何一个受传者都不会将所有接触到的信息照单全收，而是会根据自己原有的态度、观念或者实际需要，对某些信息作出具有明显倾向性的关注。正如社会心理学家费斯廷格的认知不和谐理论认为：对每个人来说，决策、选择和新信息都具有引起不一致感知的潜力；而这种不和谐构成了一种"心理上的不舒适"，它将促使有关的个人去寻求支持自己已作出选择的各种信息。

（2）选择性理解：被人们注意到的信息不一定就是能被完全接受的信息。信息在进入到人们的注意中之后将面临着人们心理上的第二次选择，即选择性理解。

选择性理解分为两个层次：一个层次是指人们只对某些与自身利益相关或形成强烈刺激的信息进行深层次的思考和理解，其他信息则被放弃或省略。另一个层次是指受众"由于兴趣、信念、原有的知识、态度和价值观念等等这些认识因素上的差异，具有不同认识结构的人们实际上对任何复杂的刺激都会产生不同的认识并赋予不同的意义。"[①]

在信息的理解上下意识地朝自己熟悉或希望的方向思索，选择性理解可以看成是人们在纷繁复杂的社会生活中采取的一种自我防卫的措施，以保护自身原有的价值标准和思想观念，以获得生活的稳定感和安全感。

（3）选择性记忆：由于自身的知识、经验和社会经历的不同，每个人都拥有自己特定风格的记忆库。信息在经过选择性理解的阶段后，有一部分将进入个人的信息库，这是受众接受信息心理过程的最后一个环节。人们会倾向于记忆与自己观点吻合的赞同性信息，同时也会无意识地遗忘和自己原有态度不吻合的信息。在人们潜意识中进行的选择性记忆，同样也强化着受众原来持有的态度。

3. 内容传播方式对受众的影响

关于内容的传播方式对受众的态度改变的研究，有 W·麦奎尔（W. J.

---

① H·德弗勒＆S·鲍尔–洛基奇著，杜力平译，《大众传播学诸论》，新华出版社1990年版，第220页。

McGuire)提出的"免疫理论"。① "免疫理论"认为,人的思想如果没有经受过反面宣传的锻炼与考验,一旦受到对立观点的攻击,个人的观点态度就极易因经受不起辩驳而发生改变。增强人们思想的抵抗能力有两种方法,一种是加强正面宣传,称为"滋补法";另一种是让人们事先接触到一些站不住脚的,容易被反驳的反面论证,从而让人们能够形成一种自卫的防御机制,这种方法称为"接种法"。进一步的实验证明,接种法比滋补法更能抗御态度的改变。当人们承受了第一次对他们基本信念的攻击并加以反驳之后,就会形成一种通用有效的免疫力。这种通用的免疫力使人们即使接触到对立态度的攻击也不会动摇自己的信念,并且在遭遇攻击后会积极寻求新的支持自身原有观点的证据,使原有的态度更为坚定。

三、大众传播模式分析

所谓"传播模式",就是指通过科学的抽象在理论上把握传播的基本结构、基本过程的基础上,用以最简要地描述传播的主要成分、传播过程的主要环节及这些成分、环节和有关变量之间的主要关系的模型图式。这样的模式能够简洁直观地展现传播过程的基本特征与主要构成。

(一)传播过程的直线模式

美国学者 H. 拉斯韦尔首先在他的论文《传播在社会中的结构和功能》中,提出了传播过程中的五种基本要素。认为描述传播行为的一个方便的方法就是回答下列的五个问题:

谁（Who）

说了什么（Says what）

通过什么渠道 （In which channel）

对谁 （To whom）

取得了什么效果?（With what effect）

① McGuire, W. J. Inducing resistance to persuasion: Some contemporary approaches. In L. Berkowitz (Ed.), Advances in experimental social psychology. 1964. Vol. 1, p192 –229. NY: Academic Press.

这五个基本要素按照一定的结构顺序排列,就成为了著名的"拉斯韦尔5W 模式"。① 这一模式表现为一直线递进的形态,这个模式为人们理解和研究传播过程的结构和特性提供了具体与基本的出发点。大众传播学的五大领域:"控制研究"、"内容分析"、"媒介分析"、"受众分析"和"效果分析",就都是沿着拉斯韦尔模式的思路展开的。

图 7-1　拉斯韦尔模式及其相应的传播过程诸基本要素

(二)社会系统下的传播模式

1. 赖利夫妇模式

早期的传播模式研究一般都忽略了社会环境的影响,传播如同是在脱离社会的真空中发生的,但事实上传播并不可能在社会真空状态下进行。对此,J. W. 赖利和 M. W. 赖利在《大众传播与社会系统》一文中提出了一个有别于传统观点的系统模式,将大众传播看作为整个社会大系统中的一个子系统②。

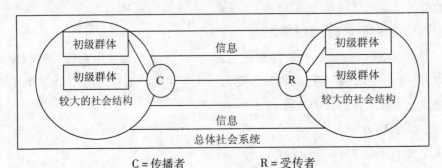

C = 传播者　　　　　　R = 受传者

图 7-2　赖利夫妇模式:在社会系统框架之中的传播系统

---

① D·麦奎尔 & S·温德尔著,祝建华等译,《大众传播模式论》,上海译文出版社 1987 年版,第 17 页。

② D·麦奎尔 & S·温德尔著,祝建华等译,《大众传播模式论》,上海译文出版社 1987 年版,第 47—49 页。

模式中的基本群体是以其成员间的亲密关系加以区分的,比如说家庭。作为传播过程中的传播者或接收者,个人在传播和接收信息时均受到基本群体的影响。个人传播信息的时候会根据基本群体的影响而采用特别的方式去选择和制作;个人接收信息时也会按照基本群体的指导去理解和作出相应的反应。这是由于处于群体中的人们有一种遵从性的心理。

基本群体也不是在社会真空中发挥作用的,而需把它们看作是一个更大的社会结构的组成部分。基本群体的态度和行为受到两方面的影响。一方面是成员间的相互影响制约着群体的态度和行为,另一方面群体又受到更大的社会结构的影响。这些更大的社会结构同样也能够直接影响群体内的个人。

如图所示,赖利夫妇将传播系统置于一个包罗一切的社会系统的框架之中。将传播过程看作是一个系统活动的过程。从事传播的双方都可被看成是一个个体系统。这些个体系统不是孤立的,而是分属于不同的群体系统,而这些群体系统的运行又是在更大的社会结构和总体社会系统中运行的。大众传播过程既受内部机制的制约,又受到外部环境和比之更大的社会过程的影响,同时还能反过来影响这个更大的社会过程。可见大众传播是一个具有多重结构的、复杂的、有机的综合系统。

2. 马莱茨克的大众传播过程模式

德国学者 G. 马莱茨克提出了更为复杂周密的"大众传播过程模式"。这个模式有别于过往研究者仅就一两个因素分析大众传播的问题,充分、周密地考虑到了包括社会心理因素在内的各种社会影响因素及其具有的作用。[①]

马莱茨克是根据传统分析的基本要素——传播者、讯息、媒介和接收者——来建立自己的模型和展开对传播过程的分析。

(1)影响和制约传播者的因素

来自媒介的"压力"或"约束":每一媒介都会向传播者提供一种特殊的约

① D·麦奎尔 & S·温德尔著,祝建华等译,《大众传播模式论》,上海译文出版社 1987 年版,第50－57 页。

束与可能性的混合物。比如说报刊记者与他们的电视台同事在报道同一事件时有不同的观察条件。

传播者的自我形象：这种因素不仅仅包括传播者把自身的作用看作为一个个人，而且包括他如何理解自己作为一个传播者的作用，不管他是把自己视为事件的解释者，某些特殊思想的捍卫者，或者只是客观事件的一面镜子；或者还是他是否认为自己的职业角色允许他提出自己的行为准则。

传播者的个性结构：马莱茨克假定个性影响传播者的行为。同时他又指出，其他因变量可能会减少个性影响的重要性。

工作群体中的传播者：大众传播者总是在一个群体中工作，依赖于他周围的同事和专家，因此他的自由在某种程度上受到工作群体的规范与价值观的限制。

媒介组织中的传播者：各种大众媒介组织规模、宗旨、所有制形式和政策对于传播者个人来说，都是重要的环境因素。记者个人持有的信念和态度可能与其组织持有的不同，媒介组织可以强制记者服从明确的或不言明的规则。然而，记者也有可能回避这些规则。

拥有媒介内容的公众形成的压力和约束：大众传播媒介传播者的生产公开受到公众审查和评议，这就会从心理和法律两个方面给传播者的工作加以约束。

传播者的社会环境：传播者对媒介内容进行选择、制作、把关的方式，取决于他的社会环境，而不仅仅是取决于工作群体和媒介机构的其他方面所构成的环境。

（2）影响和制约接收者的因素

接收者的自我形象——个体对自身、自己的角色、态度和价值观的感知，构成了他在接收传播时的态度。比如说我们往往会拒绝接收那些与我们价值观不相符的信息。

接收者的个性结构——社会心理学家常常假定某些类型的人比其他一些人更容易受影响。例如，人们常常认为自卑的人比别人更容易被劝服，这一点在大众传播中也同样适用。不同个性的人受传播的影响也不尽相同。

接收者的社会环境——这个因素是指周围的社会、接收者生活于其中的社区、他所属的群体以及与之相互影响的许多其他的个人。一个人越是承认自己是一个群体的成员，与该群体价值观相悖的讯息就越难影响他的态度。

（3）影响和制约媒介与讯息的因素

制约媒介的一个重要因素是接收者心目中的媒介形象。它导致接收者对媒介内容的需求和期待，因而这种形象对于接收者对内容的选择、对内容的感受和反应的方式都具有重要的影响。媒介的知名度和可信性即是这一形象的重要组成部分。

马莱克茨着重从社会心理学的分析角度出发，为大众传播过程的研究列出了一份详细的研究清单，并且揭示出大众传播过程是一个包括社会心理因素相互影响的复杂的互动过程，无疑丰富和奠定了社会心理学在大众传播研究中的实际内容和基础，揭示了大众传播过程中存在的社会心理过程。

第二节　大众传播的影响和问题

21世纪的今天，大众传播已经进入了电子媒介时代，人类社会对大众传播产生的依赖日益加深。大众传播事业的发展，为人们带来了全新的生活方式与娱乐方式，为人们注入了新的观念，改变着人们的思想，影响着人们的判断。不论人们对今天的大众传播评价如何，喜爱与否，有一点我们均不可否认——随着大众传播的高度普及与广泛渗透，人们的生活和社会的发展与大众传播的联系日益紧密。人们不禁要问：大众传播究竟对个人和社会乃至整个社会文化产生了怎样的影响？它是如何造成这些影响的？在社会上它又如何引发了一系列的问题？这都是这一节所要考察与分析的问题。

一、大众传播对个人的影响

大众传播对个人的影响是显而易见的，它一直也是人们关注的焦点。社会心理学的研究对这个问题提供了一些重要的理论分析，揭示了大众传播影响个体的内在心理与行为机制。

(一)相关理论的分析

1."枪弹论"

这种理论将受众看作是完全被动接收传播内容的个体,大众传播对他们的影响就如同枪弹的射击一样。个体在传播的过程中一旦被传播击中,他们只能是毫无招架之力地全盘接受,彻底改变他们原有的观点和态度,从而实现传播的目的。

该理论也被称作为皮下注射理论。"皮下注射论"把媒介内容看作是注入受众静脉的针剂,根据行为主义心理学的"刺激—反应"原则,假定受众会以某种可预见的方式做出反应,这种假定成为宣传效果分析的理论基础,因此人们可以期望和预测媒介讯息与受众反应之间存在着紧密的一致性。

2."两级传播论"

该理论认为,来自媒介的消息首先抵达意见领袖,接着由意见领袖将所见所闻传递给其追随者。所谓意见领袖,是指信息传播中一些具有特殊影响力的个体,他们拥有改变个人或团体思想和行为的力量。这个理论说明,个人并不是与社会隔绝的,而是处于一定的社会关系网络当中,因而人们对于信息的接受和回应也不是直接与即时的,而是通过他们所具有的那些社会关系传递进行的。

3."模式化理论"

该理论首先提出了一个理论假设,即传媒传播的内容实际上包含和展示了几乎所有可以想象的行为模式,受众很容易从其中有选择地获取自己所喜好的行为模式信息。受众是通过接触传媒并对自己感兴趣的行为模式加以模仿,从而习得新的行为方式。这一模仿与习得的过程可以分为四个阶段。(1)注意:受众通过接触媒介并对其中自己感兴趣的某一行为模式产生注意;(2)认同:受众接受认可媒介人物某一行为模式的行动实际效果;(3)模仿:受众在实际行动中再现他所认同的行为模式;(4)强化:受众的模仿行为给其带来预期的回报,从而强化了他的模仿行为。这种强化既有来自个人对自己行为后果的评价和认识所产生的影响(自我强化),也有来自观察他人(包括媒介人物)模仿行为的后果所产生的影响(替代强化)。①

上述的几种理论分析,共同之处即在于都承认大众传播对个体受众具有着重要和显著的影响,而且其影响与个体受众自身的心理行为密切相关联。无论是被动与随从的个体或主动有偏好的个体,大众传播的影响都在相当程度上取决于个体受众自身的心理特征与行为方式,从而揭示了微观层面上大众传播影响实际发生进行的过程与机制。

(二)大众传播对个人影响的层次问题

大众传播对个人的影响可以分为不同的层次。如果仅影响到感觉和知觉,那属于浅层次的影响,如果进一步影响到了思维和情感,那就属于中层次的影响,而如果更进一步影响到了意志、个性心理品质、价值观念等深层内化的方面,那就属于深层次的影响。大众传媒传播不同的内容,受众就会受到不同的影响。例如,新闻性信息、知识性信息以及某些娱乐服务性信息,只是让受众了解并知晓了某些现象、事件和事物的内容,并不直接期望受众能即刻改变原有的观念与态度、做出有别于过往的行为举动。这样的信息多等同于一般性的消息,对传播受众的影响往往并不深刻持久。而评论性信息、舆论性信息、宣传性信息乃至某些娱乐性信息所包含的内容中往往容纳了较多和较鲜明的说服因素、劝导因素以及期望祈求的因素,因而其对传播受众的影响就明显大于消息性的新闻和知识的信息传播,并对受众具有着持久深刻的影响作用。传播者常常利用这类信息,以试图影响受众,使受众在思想上、态度上或者行为上向传播者期望的方向改变。

二、大众传播对社会的影响

(一)相关理论的分析

1.“议程设置”理论

议程设置理论认为,在当代社会,传播媒介参与了“社会现实的构建”,即

---

① 胡申生等著:《传播社会学导论》,上海大学出版社 2002 年版,第 28 页。

媒介的传播活动,能影响人们对现实的构想以及对重要问题的感知。①

　　人们除了关心自己的事情,也会关心公众的事务和重要的社会事件与问题,并据此对周围环境形成一定的认知和对一些重大的事情做出判断。然而人们的认知视野和活动范围又是有限的,人们对社会环境的认知通常要依赖于大众传播。从这点看来,大众传播不仅是人们的信息来源,而且还是人们的影响来源。

　　传播对人的影响可以分为三个层面:认知、态度和行为。传播的"议程设置功能"对人们施加的是一种初期的影响,即认知层面的影响。大众传播媒介只注意社会中的某些问题,而忽略其他的一些问题,是从传播素材的选择上去影响人们对社会的认知,但难以左右人们的态度和行为。"在许多场合,报刊在告诉人们应该'怎样想'时并不成功,但是在告诉读者'想什么'方面,却是惊人的成功。"②

　　大众传播营造的是一种关于现实世界的"虚拟镜像"。这种"虚拟镜像"未必是对外部世界的真实和直接的"镜子"式的反映,而往往是传播媒介根据自己的价值观和报道方针,从现实环境中"选择"出它们认为重要的部分或方面进行加工整理,然后以"报道事实"的方式提供给受众的一种有目的的取舍选择活动。人们无法得知这个由大众传播媒介虚拟出来的镜像与真实世界相符与否,而只能据此对周围环境形成一定的认识和做出一定的判断。因此,大众传播对引导和加强人们对现实问题的关注与重视方面具有明显和重要的影响作用。

　　由于大众传播的议程设置功能,大众传播提供的就不仅仅是客观的信息,而且是一种主流社会所公认的价值观念和思想体系。世界各地的众多媒介尽管一再淡化他们的宣传色彩,一再宣传它们的"价值中立"、"不偏不倚",但他们都在通过议程设置对受众进行思想观念上的有导向的影响。

①　张咏华著:《大众传播社会学》,上海外语教育出版社1998年版,第330页。
　　S. E. 泰勒等著,谢晓非等译,《社会心理学》,北京大学出版社2004年版,第507－508页。
②　郭庆光著:《传播学教程》,中国人民大学出版社1999年版,第215－216页。

尽管大众传播的议程设置虚构的镜像阻碍了大众对周围的环境作出正确的判断与认知,但不可否认的是,它也能促进社会形成一股凝聚力与向心力,能在一定程度上作出正确的引导、消除各种有害信息的不良影响,消融各种不同意见的对立。"通过议程设置,媒介可以使意见相左的团体就某些共同的议题达成某种一致,从而实现不同团体之间的对话。在这个意义上说,议程设置起到了建立共识的机制,使民主得以运作。"①

2. "沉默的螺旋"理论

该理论探讨的是大众传播与社会舆论的关系。所谓社会舆论,就是公众的意见与看法,是社会全体成员或大多数人的共同信念,也可以说是信息沟通后的一种共鸣。② 从社会心理学的观点看来,舆论是一种社会控制的机制。它未必是事实上的"多数"意见,但至少是表面上的或人们感觉中的"多数"或"优势"意见,它通过人们的从众心理来制约个人的行为,因而起着社会控制的作用。③ "沉默的螺旋"理论强调的就是这种大众传播进行社会控制的功能。所谓"沉默的螺旋",是指持不同观点的人们不愿意发表与媒介所提供的舆论观点相悖的看法。④ 媒介的舆论越是在社会范围内扩展,持不同观点的人们就越不可能发表与流行观点不同的看法,赞同与反对两派的力量对比呈现出一种螺旋形的模式。

该理论的社会心理学依据是:一个人自己的意见在极大程度上依赖于他人的想法,或者更确切地说,依赖于对他人意见的理解。如果人们持有的意见与周围的人不同,就容易被孤立起来。因而人们在表态之前都会小心观察,了解哪些观点是占优势的或得到支持的,哪些是不占支配地位的或是正在失去优势的。当出现自己的想法不符合主流的观点的情况时,出于害怕被

---

① W·赛佛林 & J·坦卡特著,郭镇之译,《传播理论:起源、方法与应用》,华夏出版社2000年版,第266页。

② 时蓉华著:《新编社会心理学概论》,东方出版中心1998年版,第413页。

③ 郭庆光著:《传播学教程》,中国人民大学出版社1999年版,第222页。

④ S·贝尔吉著,赵敬松译,《媒介与冲击:大众媒介概论》,东北财经大学出版社2000年版,第321页。

孤立的心理,人们一般都会保持沉默,不愿说出自己的观点。

至于社会中什么样的观点将占据优势地位,这经常是由媒介规定的,由此显示出大众传播产生的巨大社会影响。正是大众传播在社会中构造出一个"意见的环境",使得人们往往产生一种错觉——一种以为大家意见一致的错觉,并且据此作出自己行为上的反应。在这个意义上,传播媒介具有"创造社会现实"的巨大力量,传播不仅影响着大众现实的关注,也影响着大众对现实的思考。

3."观念培养"理论

该理论的基本假设是:长期观看电视的受众理解现实世界的方式更容易受传媒所塑造的价值观念类型的影响。也就是说,电视将原本在价值观念上有明显区别、处于社会不同层面的受众,整合到电视世界反映的主流文化所倡导的价值观念之中,促成了社会成员价值观念的趋同化。

社会作为一个统一体,需要某种"共识"来进行整合,以缓解社会各个利益群体的矛盾与冲突,维护社会中现存的制度。在这一方面,大众传播的内容为人们的认识、判断和行为提供了共同的基准,为整个社会形成"共识"起到了巨大的促进作用。另一方面,受众极其容易将大众传播中所构建的内容当作是真正的现实加以接受,潜移默化地形成一种脱离社会现实的"主流"社会价值观念。

4."知沟"理论

"知沟"理论是关于大众传播与社会阶层分化的理论。人们一般认为,大众媒介的发展将会在很大程度上促进信息的增长,社会中的各个阶层均会受益于这种信息的增长。但事实证明,信息流的增长往往产生负效果,即在某些群体内知识的增长远远超过其他群体;这些群体在信息的获取与理解方面将会产生差距,这就是"信息沟"。"信息沟"的出现,将会扩大一个社会群体与另一个社会群体之间在某些特定问题上的知识距离。而"信息沟"的发展趋势是逐渐扩大的。"随着大众传播向社会传播的信息日益增多,社会经济状况较好的人将比社会经济较差的人以更快的速度获取这类信息。因此,这两类人之间的知识沟将呈扩大而非缩小之势。"①因此,"信息社会面临的一个现实问题,就是如何防止和解决信息富有者和信息贫困者的两极分化以及由此带来的新的社会矛盾。"②

(二)大众传播对社会的影响

作为当代社会人们交流与沟通的主要工具,大众传播充当着一个矛盾的角色。一方面,它缩小了世界的空间;让人们了解到更多的信息、有了更多的选择余地,为人类社会提供了一个宽广便利的交流平台;另一方面,它又侵害了人们的私人生活空间,使用各种令人眼花缭乱的手法左右着人们的认知、态度与行动,诱导着人们"自由地"做出他们预想的选择,得到他们事先已经精心安排好的结果,运用标准化的方式将各种意识形态、价值观念灌输到人们的头脑之中,内化为人们自己内在的动机与需要。

由此可见,大众传播对社会的影响具有着正反的两面性。从积极的一面看,大众传播的发展推动着当代社会文化的发展,维护着社会现有的规范,强化了社会的控制能力,促进了社会的整合功能。从消极的一面看,人类在标准化、同一化的大众传播面前逐渐丧失掉了原有的独立个性。如托夫勒所说:"所有这些传播媒介工具,打上了完全相同印记的信息,传遍了千百万人的脑际,正如同工厂铸造相同规格的产品,销售给千万个家庭去使用一样。大规模制造出来的标准化的'事实',标准化的副本,大规模制造出来的成品,通过几个集中的'思想工厂'加工,源源不断地流向千百万个消费者。"③大众传媒所宣传的价值观念在人们"社会化"的过程中逐渐地内化为人们自身的价值观念。

三、大众传播的问题

(一)信息污染的问题

所谓信息污染是指由于某些信息的传播、泛滥而造成对社会某一方面危

---

① W·赛佛林 & J·坦卡特著,郭镇之译,《传播原理:起源、方法与应用》,华夏出版社 2000 年版,第 274 页。
② 郭庆光著:《传播学教程》,中国人民大学出版社 1999 年版,第 232 页。
③ 托夫勒著:《第三次浪潮》,三联书店 1983 年版,第 88 页。

害的现象。①

近些年来,由于网络技术的发展,信息污染引发的社会问题日益严重。例如利用互联网传播有害数据破坏社会的正常运作、发布虚假信息制造社会恐慌、滥发商业广告欺骗消费者、在网上散播谣言随意侮辱诽谤他人等。

社会中信息的污染是五花八门的。虚假的信息会误导人们作出错误的形势判断,所作的决策与客观现实严重脱节错位,从而造成各方面的损失。例如关于健康、食品等的媒体广告宣传往往就混淆和误导了大众的认知判断与行为选择。有些信息过分强调娱乐性,使人们沉溺其中,从而转移了人们对社会发展的主导潮流的注意,削弱人们的进取精神,破坏了社会发展内在动力。而污秽越轨的传播信息则将导致社会意识和道德观念的败坏,干扰和破坏了人们正常的社会化过程与成长发展,妨碍了人们正常健康人格的培育与形成。

(二)信息超量的问题

信息超量是指在社会的信息传播活动中信息的流量过大,超出了传播通道的容纳能力,也超出了受众的基本需要和承受能力,引发了传播者预料之外的其他后果。②

随着大众传播技术的发展,信息传播的效率日益提高,各媒体间的竞争也日益激烈。各种媒体为了争取和吸引更多的受众,都会不约而同地在增加信息量方面大做文章,从而最终导致了信息超量问题的发生。

社会中充斥了过多的传播信息,就势必会分散了人们的注意力。人们在经历了长期大量的信息轰炸后,对任何信息都会产生麻木的感觉,使得一些重要的信息反而得不到人们及时的关注。同时,由于各种信息的互相干扰,传播很难取得事先预期的一致效果,这又会造成传播资源的浪费。曾有这么一则笑话,说的是一个人想知道什么时候吃苹果最好。有的报纸说饭前吃最好,有的又说饭后吃为好。那人在两种明显矛盾的说法面前无所适从,结果

---

① 段京肃著:《传播学基础理论》,新华出版社 2003 年版,第 194 页。
② 段京肃著:《传播学基础理论》,新华出版社 2003 年版,第 192 页。

只好一边吃饭一边吃苹果。这个笑话虽然夸张,但也说明了一个问题:在大量信息的反复冲击下,人们很难形成对某种事物的认识与判断。即使勉强作出判断,也可能是极不合理的。信息传播的本意在于帮助人们形成正确的认识和判断,而信息的大量传播事实上又妨碍了人们正确认识判断的形成。在信息爆炸的当今社会,这确实是一个令人困惑与难以回避的问题。

早熟儿童的问题即是信息超量影响的一个明显的例子。电视的传播使人们通过电视这种大众媒介能够对原本独属于某种年龄、性别或地域人群的信息进行共享,原来成年人很少与儿童讨论的问题,由于电视从而成为了他们可以共同面对和一起讨论的问题。同时,观看电视也模糊了儿童时代与成年时代之间的界线。在过去印刷媒体统治社会的时代,儿童获知成人世界信息的途径是有限的,一般只有通过"阅读"这种平面的、缺乏想象的了解途径。而电视描绘和诠释世界用的是图像这种及时动态、感性直观的方法,因而使得过去对儿童信息获取的各种限制变得困难,从而使儿童时代的天真质朴过早地丧失了。

"电视消除了曾经把不同年龄和阅读习惯的人划分成为不同社会阶层的障碍。电视的广泛使用相当于一个广泛的社会决定,允许孩子们参加战争和葬礼、求爱和诱惑、犯罪过程和鸡尾酒会……电视把孩子们扔进了一个复杂的成年人世界,电视鼓励孩子们去询问在没有电视时他们没有听说过或者没有读到过的行为。"[1]

(二) 犯罪诱导的问题

绝大多数社会心理学家都赞同,暴力传播会增加公众尤其是儿童的侵犯行为,从而为犯罪行为的滋生提供了不容忽视的诱因。然而暴力从来都是文化娱乐产品中的一个占压倒性优势的主题。[2] 作为商业盈利性的传媒机构,其在对传播内容作出选择时主要的考虑就是对市场需求作出有针对性的

① S·贝尔吉著,赵敬松译,《媒介与冲击:大众媒介概论》,东北财经大学出版社 2000 年年版,第 321 页。
② 章志光主编:《社会心理学》,人民教育出版社 1997 年版,第 333 页。

反应。

　　由于现代大众传播往往具有非常直观形象和生动具体的特性,这就使得人们面对传播时极易不作分析地予以全面吸收。大众传播媒介在效果上也具有着明显的暗示性,往往将对犯罪暴力和不法侵害的反击与侵犯行为混为一谈,甚至予以正面的渲染和赞扬,这往往极大地诱使了人们的模仿行为,为侵犯行为提供了可供学习的榜样。当媒介对社会犯罪或恐怖事件的进行予以详细的报道时,人们——尤其是青少年——极易从中学习和模仿到犯罪的手段与方法,并可能不加区别地很快运用于行为活动之中。班杜拉(A. Bandura)的社会学习理论将这种影响描述解释为一种个体的观察模仿学习的过程。此外,大众传播媒介在表现手法上采用的宣泄方式,也将诱发出许多消极情绪的发泄。一些电影、电视、书刊为了吸引人们的注意,在性欲、物欲、占有欲和攻击性宣泄上大做文章,对人们的心理也会产生极其混乱的消极影响。久而久之,人们将会对各种暴力或犯罪的行为表现熟视无睹、习以为常,在面对真正的侵犯行为时无动于衷,甚至逐渐放松对自身侵犯性行为的约束与自律。

第三节　观念态度与大众传播

　　尽管在社会心理学界对态度的界定仍没有完全公认一致的看法,但大多数研究者都赞成态度是个体所持有的一种具有一定结构和比较稳定的内在的心理状态,由认知、情感和行为意向三部分组成。态度不是生来就有的,而是在后天的社会生活中逐渐形成的,受到社会生活环境中各种因素的影响和制约。在众多影响因素中大众传播扮演了十分重要的角色。在现代社会,大众传播日益发达,形式多样,内容丰富,为人们提供各种生活信息,提供价值观念,即使娱乐性节目往往也渗透着社会的规范和行为准则等。大众传播是人们认识社会的有效工具,对人们观念、态度的形成和改变具有及其重要的导向作用。国内外的许多学者研究了大众传播对观念态度的影响,并积累了许多有启迪意义的研究成果。

一、态度的形成和改变与大众传播

社会心理学关于人们态度的形成和改变进行了大量的研究与理论探讨。社会化理论认为一个人的态度是在后天社会化的过程中形成的,在从生物人成长为社会人的过程中,个体对周围世界逐渐形成各种态度。影响社会化的因素主要包括家庭、学校、同辈群体和大众传播媒介等,随着这些社会生活环境的变化,态度也会相应的转变。

学习理论认为人们态度的改变过程实际上是一个学习的过程,这种学习的基本过程实质是在强化支配和控制下所进行的特定刺激与特定反应的联结过程。此外,在改变他人态度时除了要了解和掌握刺激和强化作用的特性外,还要对个体本身的情况有所了解。因此,改变他人的态度则首先要了解他人的原有态度,了解他人过去所经受过的强化经历,只有这样才能在改变他人态度的过程中充分有效地发挥刺激和强化作用。态度改变的学习理论附加基本原理并未超越行为主义学习理论的范围。①

态度形成和改变的三阶段理论认为,态度的形成要经过很长一段时间的孕育,态度的改变也不是一蹴而就的,而是要经过服从、认同和内化三个阶段。以霍夫兰(C. I. Hovland)为代表的耶鲁学派在二战后做了大量关于沟通和态度改变的实验研究。需要强调的是,耶鲁学派的研究属于人际传播而非大众传播,但对于态度的形成和改变与大众传播的研究提供了参考框架。

在观念态度与大众传播的关系上,美国著名传播学者乔治·格伯纳在60年代提出了观念培养论。该理论认为媒介培养了人们共有的有关社会现实的观念和价值观;各种电视节目把相对而言连贯的形象和信息系统地带入千家万户,培养人们的观念和态度等。格伯纳等人的观念培养研究试图测定,在控制其他因素的情况下,大量观看电视的受众成员与观看电视较少的受众

① 全国 13 所高等《社会心理学》编写组:《社会心理学》,南开大学出版社 2000 年版,第 167 – 168 页。

成员之间在何种程度上对社会现实持不同的观念。观念培养论的一个重要概念是"使主流化",或称"使相似化"。格伯纳等人提出:电讯对人们观念等的影响,在于使之主流化或相似化,即培养反映主流文化意识的观念;电视的独具一格的特点包括:使数量巨大的不同受众长时间大量地共同接触集中制作、大量散播的重复的故事、内容和信息系统。久而久之,令人们对现实世界的看法趋于与文化主流一致,这就是"使主流化"。传播学界对观念培养论有一系列争论,但这一理论越来越受到学界的重视。①

大众传播在形成和改变人的态度方面具有极其重要的意义。大众传播对个体态度的影响是持久的,尤其在信息社会,人们湮没在大众传播中,无时无刻不受大众传播的影响;大众传播对个体态度的影响是多元的,大众传播为人们提供了丰富的内容,甚至一些观念态度是相互矛盾的,这为个体提供了一种充分选择的框架。态度一经形成就具有一定的稳定性,但这种稳定性不是绝对的,通过大众传播可以改变个体原有的态度。大众传播在改变人的态度上有重要作用,按照态度改变的程度来说,可以分为以下三种情况。

第一,当传播内容与受众原有的态度一致时,可以增强受众固有的观念和态度。对于各种传播内容,受众往往根据兴趣爱好、价值观念,或者赞同、接受,或者反对、拒绝。在众多的传播内容面前,人们往往选择那些与自己原有的观念态度相一致的内容,寻找支持、赞同自己观念态度的那些内容。

第二,部分地改变受众的观念态度。当大众传播内容与受众原有的观念态度不一致或完全相反时,可能会减弱受众原来的观念态度,使之部分地发生改变。

第三,完全改变受众的观念态度。受众对于某事坚决反对,但经过大众传播的宣传,由反对转变为支持和赞成,或者由支持赞成到反对,这是一种彻底的改变。例如,计划生育推行初期,人们受"多子多福"、"儿孙满堂"等传统观念的影响很难改变原有态度,但经过大众传播的广泛宣传,人们逐渐认识到计划生育的必要性,逐渐支持赞同这种政策。

_____

① 张咏华著:《大众传播社会学》,上海外语教育出版社1998年版,第74-78页。

二、刻板印象与大众传播

刻板印象是重要的社会心理学概念,所谓刻板印象是指对某类事物或某类群体持有的一种比较固定的看法。刻板印象是一种特殊类型的态度,属于态度的认知部分。例如,我们常认为陕北人憨厚老实,山东人豪爽直率,法国人浪漫热情等等,这些认知都是典型的刻板印象。刻板印象是对认知对象的简单化、概括化、过度类型化和僵化,具有稳定性的特征,一经形成难以改变,它的实质是一种错误的认知机能。刻板印象来源于直接经验、人际交往等,但大众传播是其重要来源之一。刻板印象可以是个人所特有的,如果是社会上众多人共同持有的,我们称之为社会刻板印象。大众传播与社会刻板印象有密切联系,有时大众传播直接制造了刻板印象,并通过广泛的传播使之强化并成为社会刻板印象。

在大众传播媒介中,性别角色刻板印象是普遍的。在我们每天所看的报刊杂志电视节目中,男性大多是社会角色,如经理、医生、律师、侦探、工程师等等,而女性多是家庭角色,即使有工作往往在能力上或地位上也低于男性,多半是年轻漂亮的秘书、护士等;电影电视中的男性多数是强壮、刚强、独立、勇敢、好斗的形象,有雄心、智慧等品质,而女性形象则柔弱、顺从、依赖、敏感、胆小、爱哭、情绪化等等;男性多被描述成具有冒险精神和机智灵活的强者,而女性多被描述为需要男人的爱慕和支持、在遇到危险时需要男人保护的弱者。"即使在电视新闻中,有关妇女问题的报道也往往放在后面。一项对 5000 条电视新闻节目的研究表明,85% 的新闻是涉及男性的,而 90% 以上的新闻是由男性报道的。"[1]

广告是大众传播中的主要内容之一,广告中同样存在着大量的性别角色刻板印象。在广告中母亲总是以贤妻良母的形象出现,为孩子端饮料,为丈夫端上可口的饭菜,对丈夫和孩子爱意浓浓;而男性多以专家、学者等权威的形象出现,来劝服人们购买某种商品。

---

① S. 奥斯坎普著,乐国安等译,《应用社会心理学》,知识出版社 1991 年版,第 295 页。

　　男女性别角色刻板印象的形成固然受到社会历史条件的制约,受到政治、经济、心理等各种因素的影响,但大众传媒无疑广泛传播并强化了这种刻板印象,使男性更处于社会的中心地位,使女性更处于边缘化,潜移默化地影响着个体的发展,一点一滴地塑造着个体按照不同的性别角色成长。在日常生活中,性别刻板印象也有一定的应用。例如,市场调查公司在招聘入户调查的访问员时都会考虑刻板印象的影响,一般都选择女性,而不选择男性,因为在人们心目中,女性一般来说比较善良、较少攻击性、力量也比较单薄,因而入户访问对主人的威胁较小;而男性,尤其是身强力壮的男性如果要求登门访问,则很容易被拒绝,因为他们更容易使人联想到一系列与暴力、攻击有关的事物,使人们增强防卫心理。

　　大众传播中除了性别角色刻板印象,还有很多。电视剧中的后母往往都像坏心眼的巫婆,常常刁难、虐待前妻的子女;在看美国电视节目时,我们也许会发现在处理黑人和白人角色时,经常会有不公平的待遇,黑人的教育程度低、犯罪率高,而白人不但学问好,并且有温馨美满的家庭。刻板印象在大众传播中是广泛存在的。刻板印象为个体认知提供了一条"捷径",个体可以根据社会刻板印象获得对认知对象的初步认识和了解,但刻板印象产生的更多的是消极影响,常常使个体一叶障目,以偏概全,大众传播者只有认识到这一点,采取有效措施,才能预防和消除刻板印象。

三、政治观念与大众传播

　　传播学创始人之一、社会学家拉扎斯菲尔德(P. F. Lazarsfeld)1932 年在美国研究了无线电媒介的传播行为,包括受众、投票行为动机、竞选宣传、大众媒介效果以及人与媒介的影响力比较。他用社会学方法对 1940 年的总统选举进行了详细调查,于 1944 年发表了题为《人民的选择》的调查报告。调查发现许多人在选举中态度的改变与大众媒介的宣传没有关系,如果说有作用,也是通过"意见领袖"的转达而间接实现的。大众传播信息首先传到这些意见领袖,再由他们传递给一般选民,这就是"两级传播"理论。①

今天的总统竞选几乎完全依靠大众传播来宣传候选人。"在1984年的总统一般选举中,共和党的媒介开销为2390万美元;民主党的花费为2150万美元。在1996年,克林顿总统和共和党挑战者鲍伯·多尔每人在媒介广告上的投入为4000万美元。在过去的12年里,每位总统候选人在媒介上的花费已经增加了一倍。"②大众传播有助于公众对候选人持赞同态度,候选人都会加强与大众传媒的沟通,成为利用媒介的专家。但也有研究表明,大众传媒更可能强化选举意向而不是改变选举意向。

大众传播对政治观念的影响尤其表现在对青少年的政治社会化方面。"政治社会化是个体学会现有政治制度所接受和采用的规范、态度和行为的过程,或者说,是个体的政治态度和政治信念形成的过程。政治社会化的目的是将个人培养和训练成为遵守政府规定,服从国家法律,行使正当权力,承担应尽义务,促进政治稳定的合格公民。"③研究表明,社会大众主要是把大众传播媒介作为最重要的政治信息来源,利用传媒了解政治事件。国家也通过大众传媒宣传有关社会制度和意识形态的内容,使人们树立起相应的政治观念与态度。

四、大众传播策略对受众态度的影响

"传播策略是指在传播活动中,传者为了完成传播活动的总任务而采用的一些符合受者心理活动特点和规律的手段和方法。"④同样的传播内容而采用不同的传播方式和技巧,最终对观念态度的影响也不尽相同。

(一)单面传播和双面传播策略

对于某一问题进行说服或宣传时,通常会有两种不同的做法。一种是仅

---

① 沙莲香编:《传播学——以人为主体的图象世界之迷》,中国人民大学出版社1990年版,第38
—41页。
② S·贝尔吉著,赵敬松译,《媒介与冲击——大众媒介概论》,东北财经大学出版社2000年版,第319页。
③ 全国13所高等《社会心理学》编写组:《社会心理学》,南开大学出版社2000年版,第46页。
④ 刘京林著:《大众传播心理学》,北京广播学院出版社1997年版,第190页。

向受众陈述能够证明自己观点的看法和论据,而对于自己反对的观点闭口不谈,或者是只强调自己所反对的观点的缺陷和不足,称为单面传播;另一种是既详细阐述自己的观点,同时对自己所反对的观点也加以介绍,甚至提供一些不利于自己的材料,客观地指出优缺点,称为双面传播。霍夫兰的研究表明,这两种传播方式的效果没有绝对的高低优劣之分,只有在考虑了其他有关因素的前提下,才会产生不同的效果。在他的研究中,士兵的受教育程度是影响传播效果的一个重要变量。单方面传播易使受教育程度较低的士兵改变态度,而双方面传播易使受教育程度较高的士兵改变态度。另外,士兵的原有态度也是一种重要影响因素。当原有态度与传播信息较为一致时,单方面的传播更有效;当原有态度与传播信息矛盾时,则双面传播更为有效。

其他的一些研究者也对单面传播和双面传播的效果进行了比较研究,与霍夫兰的实验相似,但增加了"反宣传"。研究结果表明,双面传播由于包含着对相反观点的说明,这种说明就像事先接种疫苗一样,能够使人在以后遇到对立观点的宣传时具有的抵抗力。双面传播的这种效果被称为"免疫效果"。

(二)明示结论与暗示结论

明示结论是传播者将自己的观点明白无误地告诉受众;暗示结论是将自己的观点隐藏于信息材料之中让受众去揣摩、体会。这两种方法是重要的传播技巧,各有优劣。明示结论可以使观点鲜明但容易引起反感,暗示结论可以使受众在不知不觉中接受传播者的观点。根据众多研究结果表明,在论题比较复杂的场合,明示效果更好;受众教育程度和理解能力低时应该明示结论;而当议题简单、受众教育程度高、有能力充分理解时暗示效果会更好。

唤起恐惧也是重要的传播策略,在健康保健方面有许多经典实验。此外,传播策略还有很多,比如对传播时机的把握,诉诸理智还是诉诸情感,预热策略、淡化处理策略、美化或丑化策略、信息呈现顺序的策略以及大众传播的首因效应和近因效应等等。大众传播者只有掌握这些传播策略和技巧,综合考虑各种因素,才能使大众传播的信息更有说服力。

总之,大众传播对观念态度的影响是一个极其复杂的过程。有关观念态度与大众传播关系的研究,至今仍然面临很多困难。如人们日常生活中接收各种各样的信息,大众传播与其他信息源交织在一起,很难分离与控制,因此要精确地测量大众传播媒介对观念态度的影响是非常困难的。此外,还有传统研究方法的局限性,以及时间、经费的限制等等。尽管如此,大众传播对观念态度的形成及改变具有重要影响作用的认识,已逐渐成为人们广泛接受的共识。

第四节　生活行为与大众传播

由美国心理学家华生提出的行为主义是西方现代心理学的主要流派之一,被视为心理学史上的一个里程碑。"行为主义的历史功绩在于,它从外部(刺激)与内部(反应)的结合上解释心理现象,在一定程度上克服了以往社会心理学单纯的外因论或内因论。……然而行为主义学派否定意识的作用,用行为反应取代人的心理活动,有严重的机械论和人兽不分的缺点错误"[1]。但是,"行为主义深刻地影响了后来的社会心理学研究和传播学研究,传播中的传递与反馈研究,受到了'刺激—反应'模式的强烈影响,这可以从早期传播学中的'皮下注射理论'和'枪弹论'中看出来。"[2]在这些理论的假设中,受众在信息接受过程中是完全被动和无条件接受的,这一点显然是不正确的。

20 世纪 60 年代由班杜拉等人提出并发展起来的社会学习理论是以刺激—反应的观点为基础并通过实验的方法来扩大探讨社会环境(如他人、群体、文化规范或风俗习惯等)如何影响个体产生某些习得行为的一种理论。该理论认为,儿童通过观察和模仿他人而形成许多自己的行为类型;人的一切社会行为都是在社会环境影响下,通过对示范行为的观察学习而得以形成、提高或加以改变的。社会学习理论从开创到现在已有了很大发展,他们关注社会行为、学习和强化、实验室实验等方面的研究,因此在社会心理学理

---

① 沙莲香著:《社会心理学》,中国人民大学出版社 1988 年版,第 5–6 页。
② 沙莲香编:《传播学——以人为主体的图象世界之谜》,中国人民大学出版社 1990 年版,第 35 页。

论中成为重要的流派之一。

　　按照社会学习理论的观点,大众传播媒介是提供观察学习的极其重要的渠道,它无所不在,无法避免,甚至难以抗拒,而且大众传播媒介几乎描绘出各种可以想象的行为方式,从而为个体提供了模仿学习的行为模式。当个人对大众传播描述的行为方式予以注意、观察甚至有所移情和认同时,在日后环境条件有着相似的刺激或诱导时就会促使个人产生外现的模仿行为。这种社会学习和模仿的现象在处于社会化阶段的青少年身上表现得尤为明显。

　　大众传播对日常生活行为的影响是多方面的,在侵犯行为、消费行为、健康行为以及人们的生活方式、流行时尚、闲暇生活等各个方面,大众传播都具有着显著和重要的影响。大众传播对行为的影响具有着正反两面性。一方面,大众传播中的历史英雄和各行各业的模范人物都会成为人们学习和效仿的榜样,从而对人们的学习、工作乃至整个社会产生积极的影响;另一方面,大众传播中的暴力、色情和反社会的内容对个体尤其是青少年又具有着很大的消极影响,诱导和引发人们滋生不良的行为动机甚至走上了违法犯罪的道路。

一、侵犯行为与大众传播

　　侵犯行为的研究一直是社会心理学所关注的重要研究内容之一。所谓侵犯行为是指有目的、有意图地伤害他人的行为,也就是说这种行为必须是主观故意的。大众传播为人们提供了大量观察学习的机会,根据社会学习理论提出的观察模仿的观点,自然可以推论出电影电视节目中的侵犯行为会对观众产生不良影响。自从 20 世纪 40 年代以来,电视中的暴力行为就成为引起人们广泛争议的社会问题。事实上,大众传播中的暴力内容对青少年犯罪的诱发作用已被许多研究所证明。

　　社会心理学家班杜拉指出,人们可以通过观察他人的行为表现而学习到这种行为,侵犯可以通过观察学习而获得。为了证明这个结论,班杜拉等人进行了一系列的实验。他们让儿童和一个成年人呆在实验室里。实验者让一部分孩子看到成年人默默地做自己的事情,约 10 分钟;而让另一部分孩子看到成年人用铁锤狠狠地击打一个高约 1.5 米的充气娃娃,进行大约 10 分钟左右的暴力侵犯。前面是控制组,后面是实验组。然后让小孩子玩十分有趣的玩具,正当他们玩得很兴奋的时候,实验者把玩具收走,故意给孩子们制造挫折,随后从单面镜后观察孩子在 20 分钟内的行为,小孩周围也有充气娃娃和铁锤。结果是,看到成年人击打充气娃娃的孩子比看到一个默默工作的成年人的孩子表现出更多的侵犯行为,他们也对充气娃娃拳打脚踢并怒骂。

表 7 – 1　儿童观察不同榜样后的侵犯行为①

组　别	榜样行为	侵犯行为总量	
		身体的	语言的
实验组	侵犯的	12.73	8.18
控制组	中性的	1.05	0.35

　　这项研究表明,直接的观察学习可以使儿童学习到侵犯行为,但通过大众传播媒介间接的学习是否也可以使儿童受到同样的影响? 西方心理学家为此进行了十年的追踪调查。调查者选择 800 多名 8、9 岁的儿童,收集了每名儿童喜欢观看的节目与其攻击性(由同学评价)情况,发现那些喜欢看有相当数量暴力节目的男孩,同那些喜欢看极少暴力节目的男孩相比,他们在人际关系上更具攻击性……十年之后,一半以上的原受试者接受了研究者的访问,谈了他们喜欢看的电视节目,并通过实验测量其犯罪倾向,并仍由其同伴评价其攻击性。调查结果表明,9 岁男孩喜欢暴力电视节目的程度和其 19 岁时的攻击行为存在正相关(如右图)②。

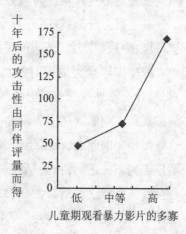

图 7 – 3　儿童观看电视法暴力节目与成年后的攻击性

---

①　时蓉华著:《社会心理学》,上海人民出版社 2002 年版,第 308 页。
②　刘京林著:《大众传播心理学》,北京广播学院出版社 1997 年版,第 53 页。

　　美国议会在 1952 年就曾举行了关于电视暴力对人们影响的公众听证会，1972 年发表的由一个美国外科联合会报告的调查结论仍肯定了，在某种条件下，电视中的暴力行为会鼓励一些儿童的侵犯行为。1982 年美国国家精神健康学会组织一批行为科学家进行调查，结论是进一步肯定了电视暴力与儿童青少年侵犯行为之间所存在的因果关系。[①]

　　除了系统地研究外，现实生活中大量的事实令人触目惊心。据一项调查表明，在某少年管教所服刑的 300 名少年犯中，有 1/3 的人犯的是流氓罪，而其中很多孩子是看了黄色书刊、录像后走上歧途的。2003 年末河南平舆破获一起特大系列杀人案，案犯黄某在短短两年的时间里连续杀害 17 名无辜青少年并碎尸。杀人狂魔黄某在狱中供述，他酷爱看武打录像、凶杀恐怖片，自感杀人刺激。他回忆说，最早看过的一场录像叫《自由人》，讲的是一个杀手独来独往的故事。他觉得"杀手很酷，与众不同，很想体验做杀手的感觉。"黄某杀人案是对不良大众传播内容进行行为模仿的一个典型案例。

　　基于以上分析，许多专家学者呼吁为了下一代的健康成长，为了净化社会环境，应该控制大众传播中的暴力内容，社会心理学家则更进一步指出，应该在减少媒体暴力的同时积极创造更多的反暴力的电视电影的媒体内容。对此，社会心理学家费斯巴哈与辛格（S. Feshbach & R. D. Singer）则提出了不同的观点。他们通过实验研究后指出，"观看暴力节目有宣泄的效果，不但不会增加侵犯的倾向，反而还会减少一些侵犯的行为表现"[②]。当人们在日常生活中遇到不公正的待遇或者挫折时，往往会产生敌对情绪，观看暴力节目可能会转移宣泄这种情绪，发泄敌对情绪具有缓解侵犯行为的安全阀作用。观看暴力节目是否可以作为"安全阀"充当发泄敌意的出口还是一个悬而未决的问题，有待于进一步论证。当然持这种观点的人只是少数，多数研究则表明，观看暴力媒体节目与侵犯行为确有着显著的正相关关系，要改变这种影响则需要对媒体的传播实施积极的干预。

---

①　S. Taylor 等著，谢晓非等译，《社会心理学》，北京大学出版社 2004 年版，第 433 页。
②　S. Feshbach & R. D. Singer, Television and aggression. 1971. San Francisco: Jossey－Bass.

二、消费行为与大众传播

大众传播日益影响人们的消费行为,大众传播社会学界对大众传播与日常消费行为的关系进行了许多的研究。日本学者竹内郁郎曾细致研究了各种关于商品、服务的信息和人们自身的经验、观察等"信息输入"在人们做出消费决策("输出")的过程中所起到的影响作用,并以图示加以概括,如下图所示①:

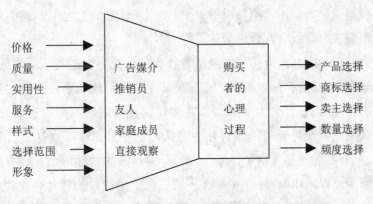

图 7 - 4　消费者心理的关联要素

如图所示,在各种传播渠道中,广告媒介排在最前面。当代社会,广告是常常影响人们的消费意向过程进而对消费行为产生作用的重要因素。1993年,美国广告学及酒类商品消费研究专家约瑟夫·费希尔发表《广告、酒类商品的消费及酗酒》一书,书中对世界各国有关大众传播与酒类商品及酗酒的研究作了综合考察,将它们归为"考察受众接触关于酒类商品的媒介讯息的情况研究"、"调查广告对于个人影响的实验和半实验研究"及"探讨广告的变化性及其与酒类商品消费率和酗酒现象出现率之间关系计量经济学研究"三

---

① 竹内郁郎编,张国良译,《大众传播社会学》,复旦大学出版社 1989 年版,第 134 页。

个范围。该书所考察的有关研究多达数百起,可想而知,若统计整个大众传播与日常消费领域的研究,数目自然会更大得多。①

广告对消费行为产生重要影响,正因为如此,现代企业都会主动和媒介建立良好的关系,大企业更会花费巨额资金在媒体上做广告,通过媒介宣传自身的产品和服务,影响受众的消费行为。除了广告的直接劝服以外,电影电视中人物的服饰、手饰以及所使用的手机、照相机等各种物品都会对受众的消费行为产生影响,甚至会在短期内迅速流行;电视中介绍各地风土人情的节目可能会刺激受众的旅游消费;有时新闻、娱乐等节目也能左右人们的消费行为。可见,大众传播媒介从多个方面影响人们的消费行为。这种影响除了积极地引导人们正常消费以外,也可能误导消费,产生消极影响,比如诱发超前消费、炫耀性消费、鼓励奢侈等等。

社会心理学家在大众传播影响消费行为的研究方面进行了不断的尝试,努力将已有理论的指导与实际应用的方法技术紧密地联系在一起。从社会心理学的角度来看,社会大众的消费行为与其自身的自我知觉密切相关,通过诱导和激发大众对自身的具有社会意义的自我意识和实现这种自我的内在动机,就有可能改变大众个体以个人需要或目的为目标的消费行为。社会心理学家艾伦(E. Allen)的研究发现,②通过赋予消费者一种具有社会意义的自我标识,能够有助于个人形成相应的自我意识并对自身消费行为的动机与行为的作出解释,进而使消费者作出符合这种自我知觉的消费行为。与一般的电视广告宣传侧重消费带来的影响和后果的方法相比较,自我标识的电视广告宣传对引发关注社会意义的消费行为具有更为有效的影响。

三、健康行为与大众传播

人的健康不仅是指生理上的健康,还包括心理和社会状态的健康,因而一个人自身的心理因素和社会因素对其的健康都具有着重要和不可忽视的

---

① 张咏华著:《大众传播社会学》,上海外语教育出版社 1998 年版,第 237－246 页。
② J. 韦恩特著,张少波等译,《应用社会心理学》,东南大学出版社 1991 年版,第 142－144 页。

影响。健康行为指的是有助于个人保持良好健康状态的行为习惯与行为方式,例如饮食习惯、日常生活中的护理保养和锻炼、定期的健康检查和疾病防疫等。良好的生活习惯和正确的行为方式对促进和维持健康具有重要的作用。

健康行为的形成是一个包括了多方面因素与条件在内的学习过程,其中重要的是人们的健康观念、对自我效能的认知以及抵御不良影响的自我控制能力。例如对于一个吸烟者来说,要戒除吸烟的习惯,涉及到其对吸烟行为的价值观念、对结果影响的态度认同、对戒除吸烟的自我坚持以及对吸烟诱惑的自觉抵制等。在这些方面,周围其他人的影响以及个人自身的条件因素都可能随时改变和左右戒烟行为的习得,而大众传播的影响同样具有着重要甚至显著的作用。

大众传播不仅可以提供有关健康的多方面知识,产生健康教育的作用;而且还对人们起到了影响行为选择的咨询建议作用。关键之处并不在于信息是否被传播本身,而在于信息如何被传播以及对大众心理产生了什么样的影响。

运用能够唤起或引发人们恐惧和焦虑的传播在很多时候对人们改变或放弃不健康行为往往有着较好的效果,因为这种传播能够促使人们重视传播的内容,并关注有关的各种可以减少焦虑的行为信息。但是如果传播所激发起的恐惧和焦虑过于强烈,或者是缺乏有关健康行为选择的信息,则会使人们或者是逃避和拒绝传播的影响,因为这让人感到无法承受;或者是对传播信息作出否定的评价,认为这不是真实的。因此在实际的传播中,激发恐惧焦虑的方法需要予以精巧的设计和逐步实施的安排。[①]

接受传播的信息给人们带来的实际或可能的结果也是影响人们考虑接受传播信息的一个重要因素。有研究发现,在说服人们接受经常的疾病检查时,有效的传播方式是一种强调损失的方式,即强调不做检查的损失与可能

① L. Devos－Comby & P. Salovey. Applying Persuasion strategies to alter HIV－relevant thoughts and behavior. 2002. Review of General Psychology,6,287－304.

代价;而在说服人们参与预防疾病行为,强调获利的方式则更为有效,即强调预防所能获得的好处与收益。原因在于,不同传播方式的效果是与人们看待自身健康问题的认知方式相联系的,人们多是抱着害怕或担忧患上疾病而去检查疾病的,但又是抱着保持健康的希望而去参加预防或健康活动的。[①] 因此在诸如公益广告和健康宣传的传播过程中,确定所要影响或改变的目标行为往往是有效传播的前提条件。

第五节　大众传播的评估和干预

在科学技术迅猛发展的今天,大众传播媒介也获得了空前的发展,特别是 IT 产业、网络技术的发展日新月异,新兴的电子媒介带来了大众传播领域的又一场革命,以一种前所未有的方式影响着社会生活。大众传播内容丰富多彩,形式灵活多样,为社会成员提供价值观念、道德规范、行为模式和生活方式等。大众传播对人们的价值观念具有导向作用,对人们的生活行为具有示范作用,对个体和社会的影响越来越大。社会学家已将大众传播列为除家庭、学校和同辈群体以外的影响社会化的重要因素。大众传播覆盖范围广、时效性强,一旦被歪曲利用,将给社会造成不可估量的损害甚至灾难,因而对大众传播进行评估并适当干预显得尤为重要。

一、大众传播的评估

美国学者拉斯韦尔关于大众传播模式提出了"五 W"学说,这个模式是大众传播的古典模式,尽管受到后来学者的批判,但他的模式至今仍是人们认识和研究传播过程的基本理论,在大众传播研究中具有广泛的应用性,受到世人的普遍重视。因而对大众传播的评估也被相应地分为以下五个方面。

---

① A. J. Rothman & P. Salovey. Shaping perceptions to motivate healthy behavior:The role of message framing. 1997. Psychological Bulletin,121,3 – 19.

（一）对大众传播者的评估

大众传播者可以指大众传播机构，即从事大众传播的社会团体和组织，如报社、电台、电视台和出版社等；也可以指通过传播媒介，对众多素不相识、无法预知的大众进行传播的人，如新闻机构中的编辑、记者、播音员、官方的新闻发言人等。大众传播者是传播过程的开端，是传播信息的收集者、加工者，是传播活动的首要因素，是大众传播赖以实现的基础。对大众传播者进行评估是大众传播评估中的首要内容。

是否坚持党性原则是评估中的重要标准。世界上几乎所有的国家都会对大众传播进行政治控制。在社会主义国家，大众传播活动要在政治上、思想上同党中央保持高度的一致，因为党性原则集中代表了全国人民的根本利益，是大众传播媒介为人民服务的基本保证。

是否遵守职业道德是对大众传播者评估的重要方面。职业道德是人们在特定的职业活动中所遵守的行为规范，大众传播者的职业道德是社会道德和行业准则的有机结合。1997 年中共中央宣传部、广播电视部和新闻出版署等单位联合发布的《中国新闻工作者职业道德准则》（以下简称《准则》），该《准则》指出："树立正确的世界观、人生观、价值观，自觉遵守新闻职业道德，应该是每一个有理想、有抱负、有操守和富于敬业精神的新闻工作者对自己的基本要求"，《准则》对新闻工作者的具体要求是：要全心全意为人民服务；坚持正确的舆论导向；遵守宪法、法律和纪律；维护新闻的真实性；保持清正廉洁的作风；发扬团结协作精神等①。这些要求为评估提供了参考框架。

此外，大众传播者是否有效地执行了党和国家制定的政策法规，从业人员是否经过专门的教育、专门的训练，是否掌握专门的技能和技巧，是否把群众的需要、群众的利益放在首位，以及大众传播者的态度、目标等等都是评估的主要内容。

（二）对大众传播内容的评估

大众传播内容是传播的中心环节，是传播者向受众发送的信息，是传者

---

① 赵玉明等编：《广播电视辞典》，北京广播学院出版社 1999 年版，第 688 – 690 页。

和受者间的桥梁。传播者希望生产出高质量的"产品"——内容;受众也希望获得满足多重需要的内容产品。内容是丰富多彩的,有些传播内容是信息性的,有些内容是娱乐性的,因此评估的标准也是多种多样的。但通常来说,传播内容是否客观、全面、公正,是否积极健康向上,提供的信息是否真实、准确、及时,对于任何内容的评估都是适用的。

(三)对大众传播媒介的评估

大众传播媒介是对社会公众进行传播时所使用的技术手段,如报纸、杂志、书籍、广播、电视、电影及新兴的网络传媒等等。媒介是大众传播的渠道,是传播内容的载体。大众传播媒介的日益多样化使传播活动不断复杂。对媒介的评估主要应包括以下几个方面。

大众传播媒介的知名度和可信度。一般人们都相信《人民日报》上刊载的内容,相信中央电视台播出的消息,这是因为这些媒介有一定的知名度和信誉,且有一定的权威性和社会地位。知名度和可信度是在长期的传播实践中获得的。

大众传播媒介的物质装备。在现代社会,"传播机构的竞争既是传播内容的竞争,在很大程度上又是设备、技术与资金的竞争。"①因此,是否拥有现代化的设备和技术应是评估项目之一。

大众传播媒介的风格和特色。这是媒介相互区别、吸引受众的重要方面。媒介评估还包括许多内容。社会的发展和科学技术的进步使媒介规模不断扩大。按照不同的标准对媒介有不同的分类,各种媒介有不同的特点,评估时必然有所差别,不能一概而论。因此对媒介的评估亦是一个十分复杂的过程。

(四)对受众的评估

受众是大众传播行为的接受者,是媒介产品的消费者,是传播活动的归宿。受众处于传播过程的中心地位,甚至他们可以决定传播者、传播媒介的

---

① 段京肃著:《传播学基础理论》,新华出版社 2003 年版,第 80 页。

发展前途。对受众的评估并不是评估受众本身,而是要通过受众来反映大众传播的质量和效果。

受众的数量可以反映媒介的受欢迎程度。据报道,《新闻联播》是世界上收视率最高的新闻栏目,每天近4亿人同时收看。央视的春节联欢晚会也是电视媒介中的奇迹,如今已成为普通百姓除夕时必不可少的"文化大餐"。举国上下,包括海外华人,十多亿人同时收看同一台晚会,在世界媒介史中也是绝无仅有的。一个电视节目成为一个民族的文化仪式,全球罕见,成为中国大众传播业中的一个著名品牌。

需要特别指出的是,受众是由社会各个阶层组成的,包括不同年龄、不同职业、不同文化水平的人,因此,受众具有广泛性和多样性的特点。他们的兴趣、爱好不同,关注的内容也不同。有一些内容是全世界人民共同关注的,比如奥运会的开幕式及各场比赛,全球就有几十亿人同时观看。1969年美国阿波罗号登上月球时,当时电视还不普及的情况下全世界就有5.28亿人同时观看现场直播。而有一些内容是某一地域或某个群体的人所关注的,或者是大众传播者专门为某些受众提供的,这就是有的学者提出的大众传播的"小众化"或"分众化"。比如,对于某种学术期刊来说,关注它的人只是该领域的专业人士。因此并不能仅仅通过受众的数量来评估大众传播,还应考虑受众与媒介的参与程度,受众的影响面等其他因素。

(五)对大众传播效果的评估

大众传播效果是传播的最终体现。传播效果的研究在大众传播研究中具有举足轻重的地位,在很长一段时间里,学者对传播效果的研究都投入了极大的兴趣和精力。大众传播的目的就是为社会提供各种信息,进而影响受众、影响社会,影响人们的态度和行为,是否取得最佳的传播效果是对大众传播评估的主要内容之一。传播效果有短期和长期、隐性和显性、预期效果和非预期效果的区别。有时大众传播的效果与传播者原来的预想相反,产生一种出乎传播者所预料的效果,这种效果往往是消极的。有些大众传播的效果是显著的,但有一些效果不是一下子就能看得出来的,对受众的影响是潜移默化的,是缓慢的,必须经过一段时间,传播效果才能显现出来,对于这种潜在效果的评估将非常复杂和棘手。

二、大众传播的干预

大众传播面向广大公众,具有舆论监督、监测环境、协调社会和传递文化等功能,社会影响力极大,对大众传播干预和控制十分必要。只有通过有效干预,才能限制大众传播的消极作用,进一步发挥大众传播的积极作用。实施干预和控制的形式和手段是多种多样的,通常可以分为内部干预和外部干预两种。

(一)内部干预

大众传播媒介可以通过制定行业准则来规范约束编辑、记者的行为,确立起从事大众传播事业的人必须遵守这些职业道德,从而达到对传播的干预和控制。此外,内部干预还体现在"守门人"对传播内容的取舍和修订方面。1947年社会心理学家勒温提出了"守门人"概念,后来被运用在传播过程的研究中,形成了"守门人"(把关人)理论。勒温指出"信息总是沿着含有'门区'的某些渠道流动,在那里,或者根据公正无私的规定,或者根据'守门人'的个人意见,就信息或商品是否可被允许进入渠道或继续在渠道里流动做出决定"①。"守门人"对信息的选择、加工是重要的内部干预机制。

内部干预机制的有效运用在很大程度上取决于传播行业规范与制度的建立以及传媒"守门人"的自觉自律,是一种传播前的制约机制。

(二)外部干预

外部干预是通过外部的力量对大众传播施加的影响,通常包括政治干预、经济干预和社会干预三个方面。

政治干预主要体现在国家政权对大众传播的限制和管理上,各国根据自己具体国情和实际需要对大众传播进行干预,没有完全不受政府干预的大众

---

① D·麦奎尔著:《大众传播模式论》,上海译文出版社1987年版,第134页。

传播事业,只是不同的社会制度对大众传播干预的方式、手段及程度不同而已。各国政府历来就重视对大众传媒的控制,将大众传播牢牢地掌握在统治阶级的手中,目的就是为了维护现存的社会制度,维护统治阶级或执政党的利益。在我国,社会主义制度和媒介的全民所有制为主的性质决定了传者和受者的根本利益是一致的,大众传播是人民的事业,是我们党的伟大事业,因此大众传播要代表党的利益,代表人民的利益,党和政府对大众传播进行政治干预的目的就是使大众传播媒介更好地宣传党的路线方针政策,更好地为社会主义现代化建设服务,更好地为人民服务。大众传媒必须"以科学的理论武装人,以正确的舆论引导人,以高尚的精神塑造人,以优秀的作品鼓舞人",大众传媒不得破坏国家和社会的稳定与团结。不同的国家对大众传媒进行干预的具体方式也不同,有的国家直接掌握和控制大众传媒,把大众传媒视为政党和政府进行社会统治与管理的有力工具;而有的国家通过制定法律法规实现对大众传媒的干预。需要指出的是,政治干预也有消极作用,比如对于某些对政府不利的消息、事件进行封锁或隐瞒,甚至掩盖事实真相等。

　　除了政治干预以外,经济干预也是一种十分重要的干预力量。在经济上对大众传播进行干预,这在资本主义国家表现得尤为突出,主要体现为垄断经营和广告控制两个方面。"垄断资本控制传播事业的方式主要有三种:(1)以强大的资本做后盾成立超大型媒介联合企业,对大众传播事业的主要部分进行垄断;(2)通过他们控制的议会党团或院外活动集团对公营传播媒介的活动进行干预;(3)通过提供广告或赞助来间接地控制和影响其他中小媒介的活动。因此,垄断是资本主义国家的大众传播事业的最大特征。"①在我国,随着媒介经营管理体制的改革,越来越注重经济效益,经济干预的力量相应地多元化。广告收入已成为大众传媒的重要来源,企业或其他社会团体通过广告费和赞助等形式使其播出某些内容,或者限制某些内容的播出。近年来,出现了"有偿新闻"等丑恶现象,损害了媒介的声誉,应予以重视。

————————

　　①　郭庆光:《传播学教程》,中国人民大学出版社 1999 年版,第 132 页。

　　社会干预是指除了政治干预、经济干预以外的其他社会因素对大众传播实施的约束和控制。广大受众是重要的社会干预力量。在"枪弹论"被抛弃以后,受众在传播活动中的积极作用已经被逐渐认识,受众不再被看作是完全被动地接受信息,他们可以通过各种方式对大众传播媒介施加影响进行有效干预。通过受众的反馈,传播者对传播内容和形式进行相应的调整,从而促进大众传播的发展。

第八章　其他领域中的应用社会心理学

应用社会心理学所涉及的研究领域十分广泛,这是因为人类自身是有别于自然世界中万事万物的社会性存在,人类社会也是以人类自身的行为活动所构建起来,因而凡是存在着人类行为实践与活动的地方,就必定存在、发生着人的心理活动与行为过程,因而也就存在着社会心理学研究和应用的天地与空间。

近些年来,应用社会心理学的研究不仅在沿着已有研究的道路上不断地有所进展与更新,例如在组织领域中有关组织公民行为(一种工作中的亲社会行为)的研究以及关于改革型领导与事务型领导的研究,在司法领域中有关警察取证和媒体报道对司法审判影响的研究,等等;而且也在不断地拓展和开辟着新的研究领域,将社会心理学的研究应用于诸如医疗系统、政治领域、环境资源保护以及社区建设等方面的问题和现象的研究中,将社会心理学的应用研究更为集中明确地指向于现实实际问题的分析与解决。在此将着重介绍已经取得较为系统的研究进展方面的内容。

第一节　医疗系统中的应用社会心理学

有关医疗系统中的应用社会心理学研究,关注的是病人看病求医的过程中医生和患者之间发生进行的互动影响的问题,包括相互的认识了解、互相的交流沟通以及相互的信任等。医患之间的这些人际交往与人际关系无疑

对疾病的诊治有着重要和不可忽视的影响,缺乏医患相互之间的充分交流与
沟通,往往会影响到疾病的正确诊断或及时医治,而医患之间的相互信任也
关系到医治方案能否顺利实施和医治效果是否能够保证。

一、医患交流

　　病人在求医看病时与医生的交往是一个复杂动态的社会过程,尽管其
中包含有一些基本和专业化的程序与步骤,以及用专业术语和专业方法进
行的问讯与检查,但整个过程都是在医生与病人之间面对面、一对一的交往
互动中进行的,问讯的语言方式、面容仪态、举手投足的动作等等,都会直接
地影响到病患的诊治。因此在疾病诊治的过程中,医患双方所面对的问题
往往首先是相互之间的交流沟通的问题。在诊治过程中,病人的自身感受
和经历、对疾病诊治的想法、疑问或愿望等如能得到充分表述和得到满意回
答,那么病人将会较好地配合医生的诊治,自觉遵循医生诊治的建议和
要求,同时医生也能够较好地对疾病进行诊治。反之,则病人将会不满意医
生的诊治,不遵循医嘱的要求,而医生也难以很好地对疾病进行诊断和
医治。

　　影响医患之间良好交流的因素是多方面的。① 对于病人来说,对医生所
说的医学用语的理解、对医生诊治态度的感受评价等都会影响到其对医生诊
治的回应,那些感到医生只是关注自己的病状,而没有重视病人自身的患者,
往往对医生的诊治持有不满和负面的评价;而在诊治过程中没有能够得到充
分表达和医生的及时有针对性回应的患者,也多会对医生的诊治持有怀疑并
不再会来找同一个医生诊治。对于医生来说,其本身受过的医患交流沟通的
学习和训练无疑有着显著的影响,医生本身的职业观念和个性修养也是其中
不可忽视的重要因素。那些能够不厌其烦反复回答和解释病人疑问的医生,
往往能够得到病人较好的评价;而细心负责的医生往往也能够得到病人较好

　　① J. L. Scarpaci. Help－seeking behevior, use, and satisfaction among frequent primary care users in Santiago de Chile. Journal of Health and Social Behavior. 1988,29,199－213.

的配合,使病人较好地遵循医嘱的要求。

一些外在的环境因素也会影响到医患之间的交流沟通。当等候就医的病人较多时,医生往往会倾向于缩短每个病人的问诊时间,这使得病人往往难以在较短时间内准确地讲述清楚自己的病状,尤其是当病人正被严重或恶劣的病痛所困扰的时候。另一方面,病人的一些疾病也许会涉及到个人的一些不愉快经历或不愿让其他人知晓,如果诊治的医室环境有他人在场,则无疑会使病人难以充分陈述自己的病情。

总之,在医患诊治过程中,医患双方的言语表达、神情仪表、态度和性情以及诊治的环境等,都会对医患之间的交流产生明显的影响,对医治过程的进行和医治的效果起到促进或妨碍的作用。

在改善医患交流方面,已有的研究表明存在着不少有效而且简便易行的方法技术。社会心理学知识的学习无疑是基本和必要的,还可以训练医生学习使用没有太多艰深难懂专业术语的语言与病人进行交流,这些技巧往往是在医生诊治经验的基础上形成的。此外,培养医生持有一种温和友善的态度和行为习惯也是有助于医患交流的有效方法,而且是只需要通过一些简单的动作和表情就能够做到的简便易行的办法。① 进一步改善医疗系统的规章制度也能够对改进医患交流起到积极的影响,例如通过开放医生信息的措施,增加病人对医生的了解;改善医疗诊治环境,使病人与医生在诊治的过程中能够保持较好的互动;以及医生与病人之间长期固定一对一诊治的安排。这些措施都能够较好地增进医患之间的交流与了解。

二、医患信任

在医患关系中,医患之间的相互信任也是一个重要的问题,关系着病人是否听从医生的医嘱,遵从医生的诊治建议和安排;也影响着医生给予病人的诊断和治疗。由于医患双方各自所拥有的关于疾病的知识与经验存在着

---

① M. R. DiMatteo,et al. Relationship of physicians nonverbal communication skill to patient satisfaction,appointment noricompliance,and physician workload. Health Psychology,1986,5,581−594.

较大差异,而且疾病诊治的结果对患者有着重要的影响,因而医患之间的相互信任往往很难建立,从而使病人不敢完全相信医生的诊治,不能很好遵循医生的医嘱;同样也使医生不能有针对性地、而多是依照惯例给予诊治。

解决医患信任问题的有效途径之一是改善和增进医患之间的交流和对医治建议措施的了解,以形成医患双方对医治方案的共同认识。有关的研究表明,病人对医生的医治不予相信和不愿遵从的原因主要有:病人得不到其所希望的关于诊断和治疗安排的详细说明与解释;医生的诊治看上去显得很随意很普通,或者是医嘱较复杂使病人难以遵守;这些都主要涉及到医治的服务质量方面,而不只是医治的专业水准问题。此外,病人对医生的专业水准所持有的判断和看法也会影响病人对医生的信任和评价。通过有针对性的量体裁衣似的诊治,及时地向病人说明解释病情和医治方案,以及提供耐心周到的诊治服务,关心病人执行医嘱的实际情况等等,都能够明显地增进医患之间的相互信任,提高医治的效果。

再有就是改变现有医疗系统所沿袭和固定的医患互动方式,使病人能够参与到疾病诊治的过程中,能够与医生就疾病的诊治进行协商和讨论,而不是单一地由医生控制着整个医治过程,病人只是被动地听从医生的诊断和意见。这样的医患共同参与医治的互动方式,不仅能够增进医患相互的交流沟通,而且能够使得医患双方共同承担起对医治决策和效果的责任,促进了相互的合作与信任。进一步增进更新医生在医治过程中的角色,使医生起到疾病诊治和健康咨询的作用,将医治决定的选择部分地交给病人,也能够较好地改善医患之间的信任关系。

第二节　组织领域中的应用社会心理学

组织领域是社会心理学应用研究最早进入并长期予以不懈努力的一个研究领域,社会心理学的研究对认识理解组织中的个体、群体乃至组织层面的各种行为以及分析解决其中所存在的问题,都具有着重要和显著的实际效用。对工作满意感、工作行为的激励、群体人际互动、领导过程等方面的研究成果,被广泛地应用于组织管理实践之中,并对其他一些相关的研究领域和学科专业产生了极大的影响。社会心理学在这一方面的应用研究仍不断地有新的进展,包括在已有研究基础上的进一步深入以及全新内容与方向的拓展。

一、组织公民行为

组织公民行为是亲社会行为在工作情境中的一种表现,是从助人和利他行为的角度出发观察和分析组织中诸如合作、团结、任务承担、实现组织目标等问题与现象。这样的研究不仅能够为人们认识理解组织中发生的行为过程增加新的指引和知识,也能够为寻求解决组织中各方面的问题提供新的思路与对策。

对于组织公民行为概念内涵的认识与理解,有着许多不同的看法。① 从表现形式上来看,诸如帮助同事完成属于他的工作任务、自愿承担自己工作份额之外的其他任务、自觉节省组织的资源或维护组织的声誉和利益等,都是以利他或助人为行为直接目标的组织公民行为。比较一致的看法是,组织公民行为即时指发生在组织中的亲社会行为,这种行为对组织的运作具有积极的影响,但与行为者个人在组织中所获得的奖励与酬赏没有必然与直接的相互联系。组织公民行为的表现形式可以根据其中帮助的对象的不同而作出区分,分为个体性和组织性的两种。前者主要是指发生在个体层面的、有利于他人和组织的行为,如个人服从组织要求的自觉自律、对其他组织成员给予的帮助等;后者主要指发生在个人与组织之间的、有利于组织的行为,如对组织发展的关心和对组织利益的维护、完成组织要求之外的、有利于组织的工作等。很显然,组织公民行为对促进组织的绩效、培养组织成员对组织的忠诚、形成组织中的良好团队等,具有着重要的意义。

---

① D. W. Organ. Organizational citizenship behavior: Its construct clean – up time. Human Performance. 1997,10,85 – 98.

　　已有的研究表明,影响组织公民行为的因素是多方面的,个体对组织的认知与态度以及组织对此的反应,都明显地与组织行为的产生相联系着。

　　组织中的个体成员在工作中,如果感受到组织的公平对待,感到组织对所有的成员都能一视同仁的话,那么这种持有公平感的个体成员就会表现出较多的组织公民行为,特别是有利于组织的公民行为。

　　组织成员对组织各方面的满意感也明显地联系着个体成员的组织公民行为。这样一种对组织感到满意的态度,能够激发个体成员对组织的凝聚和忠诚,热情地关心和服务于组织,自觉地维护组织的声誉和利益。

　　组织对个体成员给予的关心和支持也有着重要的影响。组织如关心个体成员的利益,支持他们合理的要求和建议,并能提供帮助实现其的目标,则组织成员的公民行为就会明显地增多。此外,组织的各种激励措施,如奖励、提升等,也在一定程度上对个体成员的组织公民行为发挥着相应的影响。

　　从社会心理学的角度来看,组织公民行为还涉及到组织中的团队、群体人际互动、组织文化与价值等方面的内容。组织公民行为的研究无疑是拓展和开阔了社会心理学在组织领域中应用研究的空间与天地。

二、改革型领导与事务型领导

　　有关组织领导者的研究长期以来一直是社会心理学关于组织研究所关注的一个问题,勒温早期关于领导风格的研究就是这方面研究的一个典型范例,带动了这以后关于领导风格类型和行为方式的一系列心理学的研究。以前的研究较多地关注于领导者个人所具有的人格特征和行为方式,关心的是与组织目标实现和任务完成相联系的领导过程;新近的研究则开始关注领导者对被领导者及追随者的影响和感召作用,分析探讨领导者影响被领导成员的不同风格和特征,在这种新的思路与视角的指引下,改革型领导和事务型领导的研究产生了。

　　领导者的个人特质以及行为风格无疑是领导成功的重要影响因素,过往的研究在这些方面也积累了很多的成果,然而就领导对群体中的成员施加影响,使之能达成共识,齐心协力地实现群体目标的过程来说,领导者对群体成员实施影响的过程无疑是分析与理解领导过程的核心内容。一些成功的领导人往往表现出对个体成员的巨大号召和感化的能力,藉此而使个体成员被组织动员起来和团结凝聚在一起。这样的领导者对其的追随者具有着巨大的影响力,表现出卓越的组织动员才能,因而被称为是改革型领导。① 具体来说,改革型领导能够为组织和群体确定和指引出富有创意、激动人心与前景美好的目标方向,能够制定实现这种目标的、充满希望的有效计划,能够给予个体成员及时有效的激励和指引,同时,改革型领导自身也往往拥有出众的个人魅力、赋予实际行动以价值和理想的感召力,坚毅和自信的个人品质等。改革型领导往往不仅影响和改变着组织,也影响和改变着时代与社会。另一种截然不同的领导就是事务型领导。这种类型的领导更像是正统和循规蹈矩的管理者,但他们比组织与群体中的普通成员更有责任感,更富有献身精神,能够为实现组织目标而严于律己,不懈努力。事务型领导对个体成员的影响是通过遵循组织的规章与结构,帮助个体成员确定正确的行为目标与方向,并及时地予以指导和支持,提供有效的建议和策略,对个体成员的行为给予有效的奖励或及时的纠正。事务型领导对实现组织的既定目标与方向能够提供强有力的支持和保证。

　　已有的研究表明,②这两种截然不同的领导之间还难以分辨出绝对的优劣与高低的差别,组织中对于改变更新现状的祈求和对于维持完善现状的期望往往同时存在,差别就在于组织所面临和身处其中的实际环境。在不确定和变化迅速的环境下,改革型领导显得更有利于组织的发展;而在稳定明确可预期的环境下,事务型领导则更有利于组织的发展。不同类型领导的选择取舍问题实际上是对不同的环境作出正确判断与回应的问题。这方面的研究无疑将心理学关于组织领导的研究向前推进了一大步。

---

① R. J. House & J. M. Howell. Personality and charismatic leadership. Leadership Quarterly. 1992,3, 81 – 108.

② D. A. Waldman et al. Does leadership matter? CEO leadership attributes and profitability under conditions of perceived environmental uncertainty. Academy of Managemental Journal. 2001,44,134 – 143.

第三节　政治领域中的应用社会心理学

有关政治过程的社会心理学研究由来已久,早期拉扎斯菲尔德等关于选民投票的研究以及之后坎贝尔等关于选民的研究,都围绕人们政治认同的观念与态度进行了开创性的研究,为日后政治领域中的社会心理学研究奠定了牢固的基础,确立了这方面研究的核心内容。近些年来,这方面的研究则进一步由政治态度观念对选举投票行为的影响扩展到了人们政治观念态度的形成与习得方面的研究,即关于政治社会化的研究。此外,关于社会不同的群体以及不同国家之间的政治冲突也开始进入社会心理学应用研究的视野和范畴之中,运用社会心理学有关社会认知、群体影响的研究分析探讨诸如不同种族和性别群体的冲突以及国际冲突,逐渐形成了社会心理学应用研究的崭新领域。

一、政治社会化

人们各自所持有的对政治党派与制度的认同,以及与此相关联的各种社会态度、道德观念和价值取向等,都是一个长期社会化过程的产物。家庭和父母在一个人成长的早期阶段所给予的影响无疑是重要和显著的,一些基本的政治态度与观念在成年之后也往往保持着较高的稳定与持久性,不再会发生太大的改变。但是对于这样一个过程的进一步深入的研究则表明,人们政治态度与观念的形成习得的社会化过程,是一个终身开放和变化着的过程,其中关键性年代和重大的政治事件具有着至关重要的显著影响。关键性年代指的是年轻一代开始独立并进入社会的时期,而重大的政治事件则往往是触发新的社会化过程的强有力的催化剂。这两方面因素的综合作用对人们政治观念的形成和改变具有显著的影响。

一些纵向的研究表明,①年轻时曾经参加或经历过重大政治运动或政治组织活动的人,如学生运动、政治选举等,其政治认同与基本政治态度在这之后的数十年成年时期内仍将保持不变,而国内不同社会群体和政治党派之间的冲突以及国际上的战争和危机等重大事件对年轻人政治观念和态度的影响远大于对成年人的影响。因此,父母和家庭对人们政治观念与态度的影响主要表现在早期的成长过程中,而且并不是持久不变的,当年轻人开始独立走进社会后,如读书上学和就业工作,发生在其社会生活中的政治事件对其政治观念态度的形成与改变则表现出更大的影响,在这种影响下所形成和确立的政治认同与意识形态上的价值取向往往更为持久稳定,在成年之后不易发生较大变化。

二、政治冲突

社会心理学有关社会认知和群体影响的研究内容在有关政治生活中的矛盾冲突的研究中得到了越来越多的应用,涉及到了不同社会群体之间基本权利的赋予以及国家之间意识形态的纷争和敌意的军事对抗行动。

在关于不同社会群体拥有政治权利如言论自由、享受平等、参与选举等方面,各种社会群体之间历来存在着观念态度上的明显分歧,这种分歧在达到了难以容忍的程度时即会导致各群体之间的相互冲突。人们对于与己不同甚至截然对立的观点主张持有着一种与生俱来的抵制、排斥和厌恶的心理倾向,其原因或许是在于人们认知上寻求一致协调的心理倾向,不一致的认知信息和环境刺激会引起人们心理上的焦虑和不安。然而社会心理学的研究进一步揭示了其中可能存在的群体因素的影响。人们对一些不同的观点主张之所以难以接受和不能容忍,除了观点主张本身的差异分歧外,还在于观点主张的持有者和表达者与人们自身的差异和不同。同样是言论自由的主张,但当它是由不同的群体所表达时,或是要赋予不同的群体时,则人们对

① D. O. Sears & N. A. Valentino. Politics matters: Political events as catalysts for preadult socialization. American Political Science Review. 1997,91,45－65.

此的态度认同会有着明显的不同。人们对其所不喜欢和厌恶敌视的群体,往往也会在态度认知上给予否定和拒绝,哪怕这个群体的言论主张是自己也认同和接受的。因此在对待享受民主和言论自由的问题上,从原则和较为抽象的层面上来说,人们或许都能赞同接受这是每一个人都应该拥有的权利,但是当具体联系到自己所不喜欢的某一个人或群体时,人们对此的看法就会发生改变。据此来看,现实社会中存在和发生的许多政治观点上的分歧和政治诉求上的冲突,起因是在于不同群体之间的偏见和好恶。通过增进和改善不同群体之间的交流与交往,则有可能更好地化解相互之间的分歧与冲突。

在国家之间的敌意对抗和冲突的问题上,也同样存在着人们的社会心理因素的影响。认知上的利己偏差对于敌方印象的形成具有明显的推动作用,往往进一步促成了自我实现的效果;①而将历史经验建构为一种集体记忆并予以不恰当的放大,则会进一步将敌意的认知转化为实际的对抗与冲突。②

政治领域中社会心理学应用研究的这些新进展,显现出社会心理学的知识与理论在一些宏观社会层面问题的分析解决上同样具有着富有潜力的应用价值和效用。

第四节　环境领域中的应用社会心理学

社会心理学在环境研究领域中的应用将应用社会心理学的研究带入了一个完全不同的天地,即人类自身如何与其所生活于其中的自然世界和谐相处的研究领域。虽然技术的不断进步使得人们的生存环境得到了不断地、符合人类生存需要的改善,但是技术的进步也在不断地滋生各种威胁人类生存的新问题。环境的污染和破坏,资源的过度开发和浪费,都已成为危害人类

---

① B. Silverstein & C. Flamenbaum. Biases in the perception and cognition of the actions of enemies. Journal of Social Issues. 1989,45,51－72.

② R. Jervis. Perception and misperception in international politics. 1986. Princeton University Press.

自身生存的严重问题。对技术进步的依赖造成了人们只关注对自然的改造，却忽视了改造自己本身。在这一点上，社会心理学的知识有着广阔的用武之地。

社会心理学在环境研究领域中的应用在近些年的发展中，正逐渐地超越出过往环境心理学研究的内容范围，集中地关注诸如环境保护、能源节约以及有利于可持续发展的消费行为和生活方式等方面的研究，显现出一片今非昔比的气象。通过将社会心理学有关社会认知和人际影响的知识与理论运用于各种涉及环境保护和节约能源问题的分析之中，应用社会心理学正逐渐地拓展出一块崭新而又有着广阔空间的研究领域，也对应用社会心理学研究在其他方面的进一步拓展起到了极好的启示和推动作用。

一、环境保护

环境保护的社会心理学研究涉及到诸如不随意丢弃废物垃圾、自觉爱护和美化环境等方面的内容。日常生活中人们对这些事情的观念意识自然是一个重要的方面，然而在实际生活中仍不时会忽略了这些问题，放弃了对自己的自律和道德要求。对此，社会的宣传教育、有效管理和严格惩处无疑是不可缺少的，社会心理学的研究则进一步揭示了促使人们放弃和改变不利于环境保护行为的心理过程与行为机制。恰尔迪尼（R. Cialdini）等的研究表明，[①]对于诸如随意乱丢垃圾废物的行为来说，存在着两种具有重要影响的社会规范，即侧重于说明和告诫人们什么是可以和应该做的、什么是不可以不应该做的强制性规范与只是表明和告知人们什么是人们有可能和会去做的描述性规范。人们对这两种规范的认知和意识直接影响着人们的环境保护行为。当人们看到了丢了满地的杂乱的废纸、果皮时，往往会觉得许多人都把垃圾丢在了这里，再丢一个也没关系；而当看到洁净的地上没有什么垃圾时，则会感到多数人都不会把垃圾丢在这里，在这里丢垃圾是大多数人都不

---

① R. B. Cialdini, et al. A focus theory of normative conduct: Recycling the concept of norms to reduce littering in public places. Journal of Personality and Social Psychology. 1990,58,1015 – 1026.

会做的。因而面对前者,人们更有可能随手丢弃废纸果皮等;而面对后者,人们随手丢弃的垃圾则要少得多。所以原因就在于前一种情境只是唤起了人们对描述性规范的感知,只是认识到人们在这种情景下会有怎样的行为表现;而后一种情境则使人们意识到了为多数人所接受认可的行为方式是什么,引发了人们对强制性行为规范的注意。进一步的研究也证明了过往行人的行为表现同样具有着唤起对不同规范的意识与重视的作用。[1]

在宣传和管理的实践中,强制性规范的认知唤起对减少和改变人们乱丢垃圾的行为有着更为有效的影响作用。态度鲜明、语言直接的宣传标语,他人的榜样示范以及直截了当地提醒和劝说,只要运用得当,都能够产生有效的影响。描述性规范的认知唤起只是在没有什么人随地乱丢垃圾的情况下才能产生积极的作用,而当有许多人都已丢弃了垃圾时则只会是产生消极的影响。

此外,为人们提供和创造有利于环境保护行为的条件与便利,去除妨碍环境保护行为的障碍与限制,如设置便利的垃圾回收装置等,而不只是简单的奖励或惩罚,同样能够促进人们保护环境的自觉合作行为。

二、节约能源

在节约用水和用电的社会心理学研究中,有关自我知觉和社会比较的知识内容得到了较多的应用,并显现出较明显的良好效果。

在日常生活中,人们对于水和电等生活必需的能源的使用往往与人们各自的生活方式和行为习惯密切相关,尽管在教育和宣传的影响下,人们能够形成并接受有关节约能源的观念和意识,认识到环境保护与维持生态平衡的重要意义,但在具体的生活与工作活动中,人们对自身行为的有意识地自律与约束仍时有缺乏,缺少节制地用水用电的现象仍随处可见。对于这种现象和问题,社会心理学的研究则表明,重要的是要让人们对自己的实际行为以

---

① R. R. Reno, et al. The transsituational influence of social norms. Journal of Personanity and Social Psychology. 1993,64,104－112.

及所产生的结果有所觉察与意识,使人们不仅知道自己应该如何做,而且能够清晰地认识到自己实际是在如何做,也即对自我有所认识了解,进一步影响和改变自我。而仅仅予以观念意识的强调,如标语广告的宣传提示;或是人为地约束限制,如定量定时使用;都不足以有效地改变人们缺乏节制的用水用电行为。阿伦森(E. Aronson)等人[1]的研究通过将人们不节约家庭用电的结果予以明示和进一步强调的沟通方法,成功地改变了人们使用家用电器的不节约的固有习惯。万乌哥特(E. Van Vugt)等[2]的研究通过安装用水水表,使社区居民能够自我检查监督用水的情况,从而也使得居民在旱季水资源缺乏的时候能够自觉地减少用水的数量。塞诺(F. W. Siero)等[3]在研究中则通过定期张榜公布个人节约能源的行为情况,如关灯的次数等,对每个人的行为表现予以及时和明确地反馈,从而明显地改变了企业员工浪费能源的行为。进一步地研究还通过进行相互之间的有意识比较,同样也收到了节约能源的效果。

上述这些研究都证明了,只要对人们的行为予以及时和清晰的反馈,激发人们的自我比较和与他人的社会比较过程,就能够唤起人们对自我内在观念和意识的注意,使人们关注和重视自己行为的实际效果以及自我的协调一致,进而自觉有意识地调整和改变自己的行为表现。这样的一种影响策略能够很有效地解决诸如节约用水用电之类的社会性两难问题,将人们所面对的互惠合作与自利偏好的矛盾对立,化解在个人自觉自愿的理性自利的过程之中。

① E. Aronson. Applying social psychology to prejudice reduction and energy conservation. Personality and Social Psychology. 1990,16,118 – 132.

② M. Van Vugt & C. Samuelson. The impact of personal metering in the management of a natural resource crisis:A social dilemma analysis. Personality and Social Psychology Bulletin. ,1999,25,731 – 745.

③ F. W. Siero,et al. Changing organizational energy consumption behavior through comparative feed-back. Journal of Envirronmental Psychology,1996,16,235 – 246.

结 束 语

应用社会心理学的研究涉及到人类社会生活的许多方面,并日益显现出其研究对改善和促进人类社会生活不断发展的重要作用。在诸如社区建设、社会问题的解决、消费行为、生活方式以及婚姻家庭生活等方面,应用社会心理学也都有着进一步开展研究和不断拓展的广阔丰富的潜在空间。

应用社会心理学的这些进展不仅表明了社会心理学研究的知识与理论所具有的影响和干预社会的现实效用与实用价值,同时也进一步强化了这门学科专业在应用研究过程中注重于影响对策和干预技术的应用特征,而这些方面的不断进展又进一步丰富和促进了社会心理学的基础研究。

应用社会心理学的发展需要社会心理学研究的支撑和帮助,需要以社会心理学基础研究的知识和理论为根基,需要从事社会心理学研究的专家学者的努力探索,但同时也离不开从事实际工作和其他专业领域研究的人们的合作与支持,也需要将社会心理学的基础知识和理论予以广泛传播和推广。

应用社会心理学的研究如同社会心理学的研究一样,具有着多学科交叉融合的特点,在研究的实际过程中不仅需要参照、借助于其他学科的已有研究,而且也逐渐地深入到其他学科研究的固有领域,触及到其他学科研究的专门问题。这种发展的动态与趋势为社会心理学的研究展示出一幅令人激动和神往的前景,有可能将使社会心理学及其研究的应用对其他学科的研究与发展产生明显的影响,有可能使其对其他一些重要社会科学学科的研究作出重要的贡献。

主要参考书目

S. 奥斯坎普著,乐国安等译,《应用社会心理学》,知识出版社 1991 年版。

J. M. 韦安特著,张少波等译,《应用社会心理学》,东南大学出版社 1991 年版。

乐国安主编,《应用社会心理学》,南开大学出版社 2003 年版。

乐国安著,《西方社会心理学新进展》,暨南大学出版社 2004 年版。

吴江霖 戴健林等著,《社会心理学》,广东高等教育出版社 2000 年版。

金盛华 张杰著,《当代社会心理学导论》,北京师范大学出版社 1995 年版。

周晓虹著,《现代社会心理学》,上海人民出版社 1997 年版。

W·萨哈金著,周晓虹等译,《社会心理学的历史与体系》,贵州人民出版社 1991 年版。

周晓虹著,《现代西方社会心理学史》,中国人民大学出版社 1993 年版。

高觉敷主编,《西方社会心理学发展史》,人民教育出版社 1991 年版。

H·闵斯特伯格著,邵志芳译,《基础与应用心理学》,浙江教育出版社 1998 年版。

J. 查普林和 T. 克拉威克著,林方译,《心理学的体系和理论》,商务印书馆 1984 年版。

G. 墨菲 J. 柯瓦奇著,林方等译,《现代心理学历史导引》,商务印书馆 1982 年版。

安倍淳吉著,罗大华等译,《犯罪社会心理学》,群众出版社 1992 年版。

沈政主编,《法律心理学》,北京大学出版社 1986 年版。

刘京林著,《大众传播心理学》,北京广播学院出版社 1997 年版。

张咏华著,《大众传播社会学》,上海外语教育出版社 1998 年版。

M. 德弗勒 S. B. 洛基奇著,杜力平译,《大众传播学诸论》,新华出版社 1990 年版。

S. E. 泰勒等著,谢晓非等译,《社会心理学》,北京大学出版社 2004 年版。

R. A. 巴伦 D. 伯恩著,黄敏尔等译,《社会心理学》,华东大学出版社 2004 年版。

E. 阿伦森等著,侯玉波等译,《社会心理学》,中国轻工业出版社 2005 年版。

D. G. 迈尔斯著,侯玉波等译,《社会心理学》,人民邮电出版社 2006 年版。

E. 阿龙森著,郑日昌等译,《社会性动物》,北京新华出版社 2002 年版。

R. F. Kidd & M. J. Saks. Advances in Applied Social Psychology. (Eds.). 1980. Lawrence Erlbaum Associates, Inc.

F. B. Bryant, et al. Methodological Issues in Applied Social Psychology. (Eds.). 1992. Plenum Press.

M. Shaw & P. Costanzo. Theories of Social Psychology. 1982. McGraw – Hill, Inc.

C. W. Franklin. Theoretical Perspectives in Social Psychology. 1982. Little Brown and Company.

D. T. Gilbert, S. T. Fiske, &G. Lindzey (Eds.) Handbook of Social Psychology. (4th ed). 1998. Boston, MA; McGraw – Hill.

E. T. Higgins &A. W. Kruglanski. (Eds.). Social Psychology: Handbook of basic principles. 1996. New York; Guilford.

A. B. Robert. & B. Donn. Social Psychology. (8th ed). 1997. Needham Heights; Allyn and Bacon.

R. S. Feldman. Social Psychology. (2nd ed). 1998. New Jersey; Prentice – Hall.